日本教习

汪向荣 著

创于1897 商务印书馆 The Commercial Press
2014年·北京

涵芬楼文化 出品

↑ 直隶师范学堂的日本教习，前排左起第三人为渡边龙圣

↑ 天津北洋法政学堂的日本教习（1908 年该校开办典礼时摄），前排右三为今井嘉幸

↑ 在北京、天津、保定的部分日本教习（前排左起第七人坂西利八郎，第九人为平贺宗之）

↑ 东文学社出身部分日籍教员

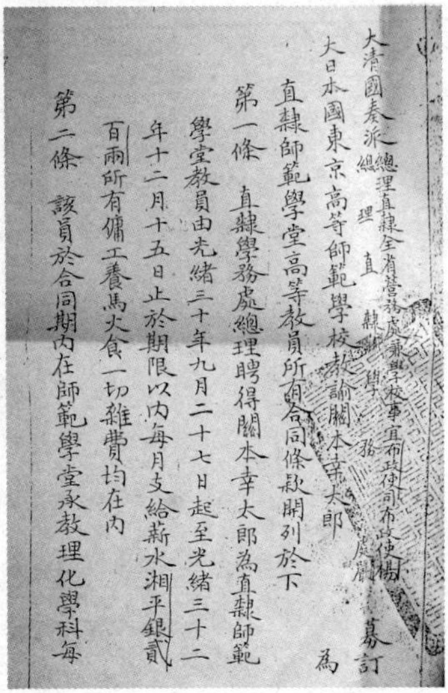

大清國奏派總理直隸全省營務處兼學校事宜布政使司布政使楊
總理直隸學務處嚴 募訂
大日本國東京高等師範學校教諭關本幸太郎為
直隸師範學堂高等教員所有合同條款開列於下
第一條 直隸學務處總理聘得關本幸太郎為直隸師範學堂教員由光緒三十年九月二十七日起至光緒三十二年十二月十五日止於期限以內每月支給薪水湘平銀貳百兩所有傭工養馬火食一切雜費均在內
第二條 該員於合同期內在師範學堂承教理化學科每

→ 直隶学务处与关本幸太郎所立的合同。原文共十九款，四页，每页接合处均盖有学务处关防

↑ 直隶师范学堂上理科实验课的情形，右起第一人为日本教习关本幸太郎

↑ 笔谈的主人源桂阁（大河内辉声）

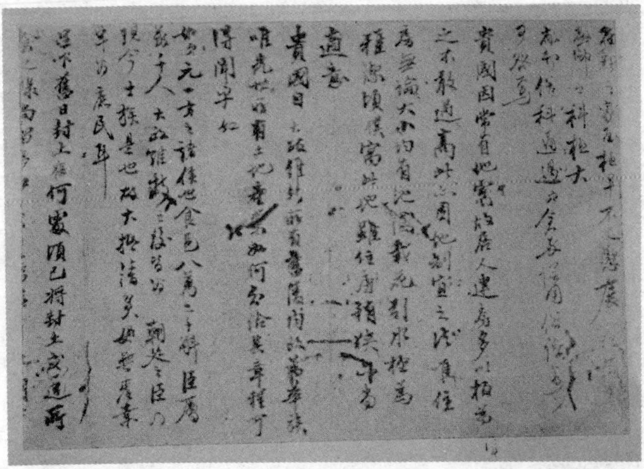

↑ 明治十一年（1878 年）二月二十五日何如璋与大河内辉声笔谈原稿（笔谈后所注者如“如”系大河内所记，代表笔谈者）

→ 日本在开始近代化时，曾翻刻中国介绍西洋文化的书刊，以吸收西洋文明，此为日本翻刻版《海国图志》之一

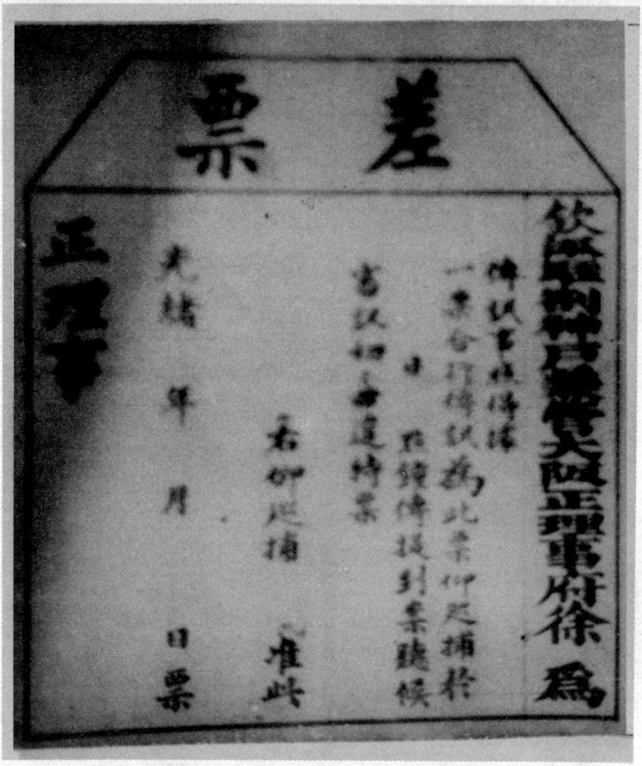

↑ 差票（甲午战争前，在日本的清国理事府用以拘传诉讼人用，此项差票，至甲午战败后取消，原件存中国国家博物馆）

↑ 著者与松本一家在 1943 年的留影（左起：著者、松本；第三人为松本次孙，现三球工业会社社长神谷日出男；第五人为松本长孙，前日本红茶会长松本洋一郎）

↑ 松本纪念碑（静冈县大东町）

目录

商务版序

徐建新

汪向荣先生的《日本教习》一书的中文版要出第三版了。在本书再版之际，商务印书馆的王明毅先生让我为此书再写一篇序言。所谓“再写”是说本书以前出版时都有先生的自序，先生在序言中对撰写此书的动机、经过和主要内容有明确和周到的介绍。所以对再序一事，我最初是有一些犹豫的，生怕会误解先生的学术原意或议论不当。汪向荣先生是我国中日关系史研究领域中著名的学者之一。我曾经是汪先生的学生，从1978年开始受教于先生，在先生退休后仍然和他保持着师生间的交往和联系，前后算起来也有二十余载了。那时候，先生每出版一书，大都会送我一册，无论是中文版的，还是日文版的。所以今天我的书架上有先生的大多数著作。这些著作至今都在鞭策着我不断学习，不断进取。想到自己对先生的治学还有一些浅薄的理解和体会，于是对王明毅先生的索求也就“恭敬不如从命”了。

汪向荣先生1920年生于上海，祖籍是上海青浦县。20世纪40年代初期，他曾赴东瀛求学。在日本，他先是就读于东京的东亚学校学习语言，其间得到该校创办人、教育家、对华友好人士松本龟次郎先生和早稻田第二高等学校教员实藤惠秀先生（战后任早稻田大学教授，文学博士）的关照。东亚学校原名东京高等预备学校，秋瑾、鲁迅、周恩来、钱稻孙等人早年留日时都曾在该校学习。后来先生考入日本京都帝国大学史学科，在日本东洋史学者矢野仁一、塚本善隆教授（战后任京都大学人文科学研究所所长）的指导下从事中日关系史的学习和研究。京都大学是日本史学界京都学派的大本营。京都学派的学者重考据，重实证，有乾嘉之风。汪先生后来回顾说，他的治学方法受京都学派的影响很大。在日本学习期间，他还写出了《中日交涉年表》和《中国人留日教育史》两书，前者1944年由北京中国公论社出版，后者没有出版，多年后他将其中的部分内容删定增补成册，即1988年出版的《日本教习》一书。

新中国成立后，汪向荣先生曾在北京人民卫生出版社等单位工作。1957年他被错划为“右派”，在此后的20年中一直受到不公正的对待。在那场史无前例的浩劫中，他的许多研究资料和手稿也在抄家后散佚了。至

“文革”结束，先生才被“摘帽平反”、落实政策，得以重返研究岗位。1978年，先生调入中国社会科学院世界历史研究所综合室（即今天的古代中世纪史研究室的前身）从事研究工作，1987年退休。2006年6月3日，先生因病在北京去世。

汪先生对待学问是十分专注的，除了做学问之外，他的个人爱好不是很多。说到汪先生的治学，他给人的第一印象就是“勤”和“快”。笔者认识汪先生是在1978年。那时社科院的研究人员是要经常“坐班”的，但是人们在单位里见到他的时间不是很多。他来所里上班，常常是先坐一下，然后就不见身影——到图书馆去了。除了世界史所的图书馆外，他常去的图书馆是北京图书馆（简称“北图”，即今天的中国国家图书馆）和中国科学院图书馆（简称为“科图”，馆址在今天王府井北大街中国社科院考古研究所所在地，90年代以后迁到中关村北四环西街）。那时候的北图和科图的工作人员大多认识汪先生。

在我国的日本史学界，汪先生的写作速度之快，成果之多，也是很出名的。从1978年至1987年退休之前，他公开出版的学术成果就有8种之多（其中专著5种，史料校注2种，史料汇编1种）。1987年退休以后，他仍然笔耕不辍，为学术界奉献了6项学术成果（包括专著4种，编著1种，译著1种）。现将先生的主要研究成果罗列如下：

一、研究专著：

《鉴真》，吉林人民出版社 1979 年

《邪马台国》，中国社会科学出版社 1982 年

《中日关系史文献论考》，岳麓书社 1985 年

《古代中日关系史话》，中国青年出版社 1986 年初版，1999 年修订再版

《中国的近代化与日本》，湖南人民出版社 1987 年

《日本教习》，三联书店 1988 年初版，中国青年出版社 2000 年修订再版

《古代的中国与日本》，北京三联书店 1989 年

《中世纪的中日关系》，汪向荣、汪皓合著，中国青年出版社 2001 年

《古代中国人的日本观》，上海古籍出版社 2006 年

二、史料汇编和史料校注：

《中日交涉年表》，北京中国公论社 1944 年

《唐大和上东征传》，〔日〕真人元开撰，汪向荣校注，中华书局 1979 年初版，2000 年再版

《日本考》（五卷），〔明〕李言恭、郝杰撰，汪向荣、严大中校注，中华书局 1983 年初版，2000 年再版

《中日关系史资料汇编》，汪向荣、夏应元合编，中华书局 1984 年

《明史日本传笺证》，汪向荣编，巴蜀书社 1988 年

三、译著：

《日本史概说》,〔日〕坂本太郎著，汪向荣、武寅、韩铁英合译，商务印书馆1992年

四、日文版专著：

《鉴真》，今枝二郎译，日本，五月书房1980年

《清国お雇い日本人》(《清国聘雇的日本人》)，竹内实译，日本，朝日新闻社1991年

《古代の中国と日本》(《古代的中国与日本》)，藏中近、由同来译，日本，樱枫社1992年

我将汪先生1978年至2006年发表的成果粗算了一下，总字数达270万字以上（其中有4种是与他人合作的成果，被译成日文的成果除外）。因此，称他是改革开放以来我国中日关系史学界最重要的学者之一，是绝不为过的。汪先生1978年以后发表成果较多与他在之前近四十年的学术积累不无关系。比如他研究唐代高僧鉴真的主要观点就形成于“文革”以前；他对近代来华的日本教习的研究是始于20世纪40年代。不过，汪先生笔头很快也是事实。

汪先生的学术专长是两千年的中日关系史。一个历史学家要想同时做到“通晓古今”和“有所专长”是很不容易的，往往是顾此失彼，“通”与“专”不能兼得。汪先生在学术研究中很好地把握了“通”与“专”的关系，他既能够做到通晓两千年中日关系的发展历史，又

能够对中日关系史上的重要人物和事件进行深入的专题研究。汪先生一生中并没有写过一部概述性的、通史性的中日关系史，他早年的著作《中日交涉年表》是一种大事记性质的著作，而不是通史。也许他本来就不想通过撰写通史的形式展示他的研究成果。他的成果形式始终是对各个时代中日关系的深入的专题研究，并通过这样的专题研究，努力在两千年的历史时空中探索中日关系和文化交流的发展过程和特点。比如，在追寻上古时代的中日交流时，他探讨了中日两国何时开始交往的问题以及中日交流的自然地理条件、中日两个民族是否同文同种等问题；在研究战国、秦汉时期的中日关系史时，他探讨了早期日本的中国移民问题、徐福东渡的问题；关于魏晋时期的中日关系，他重点探讨了日本弥生时代中后期的邪马台国的地理位置和社会性质问题及其同中国王朝的交往；在研究隋唐时期的中日关系时，他重点探讨了唐代高僧鉴真东渡的过程和历史意义、日本古代《六国史》中有关中日关系的记载等问题；关于中世纪宋元明清时代的中日关系，他分别探讨了“蒙古袭来”（元朝征日）、南宋时期的五山文化、明朝的中日勘合贸易、倭寇与明朝的抗倭、清代留居日本的唐通事等问题；关于清代后期至民国初期的中日关系，他重点探讨了清国聘雇日本教习的经验教训、中国近代化过程中留日学生的作用等问题。在上述研究中，汪先生都从史料出发，通过深入思考，提出了自己的学术观点，体现了他对两千年中日关系史的广博知识和深厚的学术功底。

汪先生在学术研究中非常强调史料的作用，重视史料的发掘和整理。中国在历史上很早就开始关注日本列岛上的事物，留下了大量有关日本和中日间交往的历史记载。但是，以往我国的日本史和中日关系史的研究比较重介绍、重概述，对中日双方史料的考证还不能说做得尽如人意了。比如，近代以来我国学界对我国历代官撰史书中日本和中日关系史料进行详细考辨的著作就不多见。20世纪80年代初，汪先生在《邪马台国》一书中运用中日双方的文献学、考古学的研究成果，对中国古代官撰史书《三国志•魏志•倭人传》进行了前所未有的详细考辨，并在此基础上提出了许多新的见解，促进了我国学界对日本弥生时代中后期的邪马台国和邪马台国时期的中日关系的研究。1984年，汪先生和中国社科院历史所的夏应元先生一起，对中国古代官撰史书中的日本传进行了详细的校勘和注释，编著了《中日关系史资料汇编》(1984年)一书。这部书至今仍然是研究古代至前近代中日关系史的必备资料书。

对日本真人元开（即淡海三船）撰《唐大和上东征传》的校注是汪先生一系列史料校勘成果中的代表作。唐高僧鉴真东渡的事迹是古代中日文化交流史上最脍炙人口的篇章，但历史上流传下来的有关鉴真的传记史料十分稀少，除少数“僧传”之外，只有日本奈良时代的文学家淡海三船的《唐大和上东征传》一书对鉴真的事迹做了较详细的描述。《东征传》成书于公元779年，后来在不同的历史时期被不断传抄，于是有了众多的版本，各版本之间的出入不少。汪先生耗时二十载，收集了数十种传世的钞本和刊本资料以及安藤更生、藏中近等日本学者的研究成果。他在对上述资料进行了详细的互校比较后指出，现存最早的日本“观智院本甲本”存在不少错误，而日本“《群书类从》本”是错讹较少的本子。随后，他以“《群书类从》本”为底本，校之以“观智院本”和日本“戒坛院本”等本，向学界提供了一个新的校勘本。同时，他对本书的地名、人名和专用名词做了大量的注释。他还撰写了《鉴真简介》和《<唐大和上东征传>作者及版本简介》两文作为校注本的篇首解题，文中详细介绍了鉴真和《东征传》作者淡海三船的行迹，以及本书各种版本之间的先后传承关系。《唐大和上东征传》中文校注本的出版为我国的鉴真研究提供了新的权威史料，是汪先生为中日关系史学界做出的一大贡献。

除了重视原始史料外，汪先生在研究中还非常重视前人的研究成果，并努力追踪国内外特别是日本学界的最新研究成果和研究动向。在开始一项重要的专题研究之前，他总会对研究史进行深入的考察，对研究史上的主要观点进行“一网打尽”式的收集，力求将自己的立论构筑在前人研究的基础之上。例如，在《邪马台国》一书中，他用将近一半的篇幅对公元8世纪以来，尤其是18世纪以来日本学界在邪马台国问题上的观点做了十分详实的介绍和评价，仅就这一部分而言，该书就有很高的学术参考价值。

日本的日本史研究和日中关系史研究实力较强，研究成果也较多，我国的研究整体上不占优势。但是这并不等于说，我国学者的研究只能亦步亦趋地跟在日本学界的后面，照搬日本学者的观点。汪先生在治学中始终强调中国人研究日本史和中日关系史应当有中国学者自己的立场和观点，强调在前人研究的基础上推陈出新。在研究中，他从不轻易地追随日本学者的观点，而是依据自己掌握的资料，提出自己的观点。比如，日本有学者认为弥生时代的东亚大陆的移民是为了满足日本列岛上的生产力发展的需要，以和平的方式移居日本的，他们的到来是为了向当时的原住民传授先进的生产技术。而汪先生通过对北九州地区的墓葬、人骨、青铜器以及中国文献记载的分析，认为早期东亚大陆的移民集团一定是一种有武装的集团，他们是通过武力征服才在日本列岛上定居下来的。笔者认为，汪先生的观点是可以成立的。因为在生产技术低下、资源竞争异常激烈的原始社会末期，以和平的方式进行大规模的种族迁徙，几乎是不可能的。汪先生通过上述研究还讲出了另一个道理，即两千年的中日交往不都是以友好的方式进行的，具体问题要做具体的分析，不能一概而论。

汪先生平时力主中日友好，他的文章中经常会提到中日两国的友好“是历史发展的潮流，是任何力量都阻挡不了的”这样的话。他的这种论断不是一时的内心冲动，也不是人云亦云的官样文章，而是通过长年的研究观察、认真思考后得出的结论。可以说，中日友好已经成为汪先生的一种坚定的信念。他始终认为日本人中有反动派，但也有好人。对于在历史上为中日两国的友好做过贡献的人，他都毫不吝啬地给予了肯定和赞扬，比如，日本东亚学校的创始人松本龟次郎先生在日本侵华、中日交恶的年代，始终主张日中友好。松本 1908 年至 1912 年任北平（北京）京师法政学堂的日本教习，对中国社会和中国教育状况十分了解。在 1931 年日本发动侵华战争的前夜，他曾向日本政界和中国有关人士上书，明确指出“向来中国人民之亲日或排日，都是我对华政策的反应”，即责任在日本方面。他称当时主张反华、侵华的日本政治家是“没有远见的政治家”。他还对 20 世纪二三十年代的日本社会思潮和舆论界提出批评：“日本人中，至今尚有挟甲午、日俄两次战争胜利之余威，动辄有轻蔑、侮辱中国人之言行；而任指导之责的报章杂志的报道记事，亦不加检点，不绝发出嘲弄中国之言辞。……由人民往来立场以言，实不得不提出，以促其注意、谨慎。”在处于军国主义政权高压下的日本国内，松本龟次郎先生能够公开提出上述见解，是需要胆量和勇气的。对松本龟次郎，汪先生给予了很高的评价，他曾写过多篇文章介绍并赞扬了连当代日本人也不熟悉的松本龟次郎的事迹。相反，对于那些破坏中日友好的人和事他也毫不留情地加以斥责和批判。

至于中日两国之间应如何友好，汪先生也有自己的理解。他反对空谈友好，反对把中日友好变成一种政治口号，他强调中日两国首先应当加强相互理解，主张“理解胜于友好，理解第一，友好第二”。他的这种观点不仅对于搞好中日关系史研究，而且对于我们处理好今天的中日两国关系都是有启发意义的。

《日本教习》一书是汪先生的主要研究成果之一，用先生自己的话说，此项研究标志着他“毕生的研究生涯的开始”，而且在后来的几十年中，“从未放弃过对其修订和补充”。先生对日本教习的研究始于20世纪40年代，最后出版于1988年，研究过程历经四十余载，可谓“四十年磨一剑”。其间收集和增补日本教习名单的过程颇为曲折。浩劫之下他收集的日本教习名单得以保存下来，本身就是一段传奇（参见本书的“修订版序”）。

日本教习的研究是近代中日关系史研究中的重要课题。一个国家的近代化离不开教育制度的近代化。就中国而言，在从封建社会传统的教育体制向近代教育体制转型的过程中，曾先后向日本、美国、苏联等国学习，引进它们的知识和经验。在这一过程的早期，主要是向日本学习。日本明治维新后，特别是20世纪初以后，大量中国人赴日留学，形成了近代中国人留学日本的第一次高潮。他们学成回国后对中国的教育近代化起了很大的推动作用。但是，关于日本曾派出数以千百计的教习来华执教一事，长期以来并不为国人所熟知。这主要是由于日本教习来华后分布在各地，有关他们活动的资料难以蒐集，因而要完整地复原近代日本对华的教习派遣制度并评论这一制度的功过，有相当的难度。正因为如此，该书出版后受到学界的高度关注，不仅在日本近代史和近代中日关系史学者中间，而且在研究中国近代史特别是中国近代教育制度史的学者中间广为人知，颇受欢迎。另外，先生的日本教习研究还惊动了日本学术界。不久，日本文部省拨专款让教育研究所对近代日本教习问题展开研究。于是又有了阿部洋先生的论著《中国的近代教育和明治日本》。

《日本教习》一书包括本次的再版在内，共有三个中文版，另外还有一个日文版。初版之后，每次再版时作者以及译者和编者都对本书做了一定的增补、修改和删节。因此上述四个版本的内容并不完全相同。1988 年三联书店出版了本书的第一版，随后，日本著名的中国近现代史学者竹内实先生就组织学生翻译了此书。在翻译过程中，译者们不仅严谨地再次核查了书中的教习名单，而且还根据日本读者的阅读习惯删减了书中的部分章节。当然这些都是在得到原作者同意后进行的。日文版删减的内容主要有：1.关于“笔谈遗稿”（清国公使与日本汉学家的笔谈记录）的研究部分；2.关于“神户理事府”的研究部分；3.关于江户时代长崎唐通事的研究部分；4.关于日本近代人物松本龟次郎研究的部分内容（参见竹内实先生为本书日文版所写的“监修者后记”）。

另外，在日文版出版时，汪先生还利用阿部洋、中村忠行、小川博等日本学者发表的新资料对本书的内容做了新的补充。2000年本书的中文版由中国青年出版社再版。这是本书的第二个中文版。第二版主要在初版的基础上修订的，同时根据日文版对一些人名和数据做了改订。现在的这一版是本书的第三个中文版，是依据中国青年出版社版本的再版。此次再版新收入了由天津南开大学历史系武安隆教授于1992年和2005年撰写的两篇关于日本教习的文章。这可视为对汪先生研究的补充。在上述研究中武先生为日本教习名单补充了88人。

近年来，日本教习的研究仍然受到学界的关注，比如，在中国留日学者李润泽先生的新著《1931年以前辽东半岛的中国人教育之研究——追寻日本统治下教育事业的真相》（日本侨报社，2014年3月出版）中，对20世纪初期中国奉天省聘雇的日本教习及其最终被取缔的原因进行了细致的探讨。上述中外学者的研究不仅将汪先生始创的研究推向深入，而且还进一步丰富了中国近代教育制度史和近代中日关系史的研究内容。可以说，这些研究也正是汪先生所期待的。

以上文字是我对汪先生学问的一些粗浅的介绍，希望读者在阅读本书的同时，也能够对先生的学问人生有些了解。是为序。

2014年9月于北京紫竹院昌运宫

修订版序

在这新世纪来临，和我进入八十春秋的时候，能重新修订《日本教习》问世，衷心感到无限欣慰。因为“日本教习”的研究，可以说标志着我毕生的研究生涯的开始；几十年来，我从未放弃过对其修订和补充，即使在我名入另册的三十年中。现在当我退出研究岗位十五年之际，再度对之加以修订、补充，怎能不高兴。

回首往事，实不胜感慨。

20世纪40年代初，和实藤惠秀先生稔熟后，我就提出他所写《留日史稿》中的日本教习一章要补充，要增加内容。因为这是中日文化交流中极为重要的史实，也是不能忘却的史实。他同意了，我们就为这一章的改写定下计划，主要的是充实名单。这样，我们两人一有时间就一同上图书馆，逛旧书店、书市，查找旧书刊，以补充遗漏的名单；还通过种种关系，走访一些当年在中国当过教师的人，这样增补了一些，但不多；后来觉得在日本遗留的资料，不可能还有很多，而当年他们活动地点在中国，必定还有不少资料可以找到；加上当年受过日本教师教育的人，在中国也还有；所以决定，他放弃此项研究，由我回国后继续从事。

按事情的正常发展而论，应该是这样的。实藤先生，他在对中国留日教育史的研究中，删去了“日本教习”这一项，以后他增订的《中国人留学日本史》里面，就没有这一部分。我回国以后，也的确补充了些当年日本教习的名单，对他们的活动和成绩也了解了部分。但想不到，没有多久，我就失去了从事调查的机会；以后又名列另册，一切都不可能了。这样尽管我的其他研究没有中辍，可对日本教习的研究不可能不中止了。丙午年初秋，一个由日本大学教授为主的代表团来，那时我还能见到他们，为怕自己一生钻研的资料丢失，所以把几经补充的名单副本托一位旧知带给实藤氏，请他保存或在此基础上赓续研究。

1977 年他见到我在《人民日报》发表的短文后，很快来了信，得到我回信后，他又来信重提研究日本教习之事。说目下在日本已很少人知道此事，在中国怕也如此，因此建议我尽快恢复此项研究。当我告诉他所存的资料、照片已荡然无存时，他又很快来信，不但把丙午托存的名单，而且还把40年代一同搜集到的有关照片的副本一并寄了来，使我能在这个基础上再度开始。

进入80年代，我已有可能搜集资料，并且把研究深入了一步。为了防止这批资料再度沦失，所以以名单为核心，写了一篇文章送出，希望发表。这样不但告诉同好，中国教育的近代化时，曾经借重过日本教习，而且也能因之而将名单印刷颁布；可是，很快就得到他们以“事隔久远，无从核实”为由而退了回来。没有办法，我转送香港，在中文大学谭汝谦氏的斡旋下，《明报月刊》发表了论文部分，名单因为太长而略去了。这一事实使我知道，对日本教习的研究，还是必要的；而全文的发表，也只是时间的问题而已。1985年，我准备退出研究岗位时，整理了已写出的研究成果，日本教习部分作为最后一批送交了出版社（由出版先后而论，这不是最后的。但送出是最后一批）。1988年《日本教习》初版本在北京问世；出版的目的，我是想保存这些资料。可是想不到这书出版后颇受欢迎，不像我的其他著作，曲高和寡。1989年，出版后方一年，我在京都，几位日译本译者要我为他们设法找几本，因为他们说在北京、上海等城市中，都售缺了，可是我也遍找无着，只能让他们用复印件工作。以后，日译本出版，也很快就售罄，这是我想不到的。

日译本是由竹内实教授监修，三位京都大学文学部毕业同学翻译的（以后由于篇幅限制，楠原俊代女士所译部分——《神户理事府》未能收入)。日译本中的教习分布表,比原版的要翔实,要多;因为不但我做了补充,而且对教习的姓名等,还由几位译者逐一核对、纠正。所以这次修订本的名单,就是以日译本为基础增补的。

日译本的印数比原版增加了一倍,但出版后仍不到一年就全部售罄。不少人因需要而写信给竹内教授,甚至有直接向我索要的。这情况表明,尽管这一段历史过去没有被中日双方所重视,但还是有需要的。这次的修订重印,是想在一定程度上满足这种需要。修订中,有几点需要说明:

首先,在原版最后(指的是中文本原版,下同)的一篇资料《明清之际任译司归化家族》抽删了,因为一则和本书其他各文内容不一致,虽然说,日本庆应大学教授小岛朋之在研究日译本内容取舍时,一再主张保留此文,但竹内教授最后也以与全书不一致而主张删除。其次,此文原是我年轻时摘录的读书笔记,不是什么研究成果。当时《译司统谱》这书,不但图书馆中有,就连旧书店中也可找到;可五十年后,再到日本时,一般图书馆馆藏书目中已找不到其名,旧书店中当然也不会有了。相信除极个别人以外,不会有人去研究了,但有志研究者,还可以查到原书的,所以抽删了作为资料附入的此文,不会发生什么影响。《神户理事府》一文,本也想抽去的,可此文所述,不但年代较近,而且涉及两国建交初的情况和民国以前历任理事的沿革,目下除此文外，也没有见有谈及的，因此作为参考的史实，仍保留了下来。

其他各文，多少做了些修订、增补。其中改动最大的，当推《日本教习分布表》。现在发表的名单，比最初实藤先生所制的，大概要多出四分之一左右，原表中的错误也相应纠正了不少，当然这分布表仍可能有遗漏和错误，仍希望提出修正。

有一些事实是在原书出版后发生或者在日译本出版后发生的，但其重要性却不能漠视，例如中日两国人民在80年代前后对一个当时作为日本教习到中国来执教，以后又毕生从事中国留学生教育的松本龟次郎先生的纪念活动；虽然他本人已作古，但这些纪念活动却对日后两国友好关系是有影响的，因此对有关章节做了相应的修改、增补。

此文还添加了一些有关的图片。很遗憾，有些极足以说明和反映当时情况的图片，例如日本教习教课时的情形，神户理事府移交牌籍（户籍）给日本地方官后的复照等，过去发表有关文章时还曾用过，可现在已无法找到，只能付诸阙如。特别要提出的是"笔谈"中两张照片，是实藤先生根据实物所照，和以后郑子瑜先生由缩微片放大的，并不相同，这两张照片可能是绝无仅有的了。正如当年我见到的笔谈稿中夹有烟叶以防蛀的原件一样，回忆起来，都极珍贵。

日译本的监修者竹内实教授在日译本中写了篇《后

记》，长达二十页左右（日文计算，以400字一页的稿纸为准，二十页译成中文约6500字左右），写得很好，不但对日本读者有用，就是对年轻的中国读者亦极有用。他不仅介绍了书中各文的背景，而且也述及两国文化交流失败的所以。原来想译出附在修订版中的，但由于文中有不少部分对我本人有过誉之处，这样就不能不割爱。

最后除了对修订版中利用过材料的各位表示谢意外，还想提一下，由于我辍笔已十五年，而且行年八十，精力日衰，笔下不免有重复或难达词意处，请原谅。

汪向荣

2000年1月20日

前　言

这一百年来，我们的民族和国家，是在苦难中奋斗和摸索过来的。在摸索的过程中，取得了一个宝贵的教训，就是落后是要挨打的。其实，这个教训，一百年前我们的先人就知道了，可是并没有重视，更谈不上汲取了，以致使苦难的过程，在中国延续了这样久。

鸦片战争的炮声曾惊动过中国，也惊动了日本。可是在中国，除了极少数知识分子以外，统治者一点没有醒悟，依然以天下帝国自居。没有直接受到炮火蹂躏的日本，却汲取了邻邦的教训，认识到了自己的落后，急起直追，在不长的时间内摆脱了挨打的局面。不但这样，还加入了侵略者的行列，直接打击和侵略不久以前还是其文化母国的中国。

午一战大败之后，才使中国的部分知识分子重视落后要挨打的教训，要求使民族、国家从落后中脱身。可是要怎样才能摆脱落后的局面，尤其是在阻力重重中摆脱落后，他们并不清楚。幸而向来受中国文化影响，不久前还同处积弱地位，而现在已跃居强国之林的日本，就在邻近。一批知道落后要挨打，而想急速脱离落后的知识分子，选择了日本作为效法的范本，提出要向日本学习。他们之所以选择日本，尽管说是由于路近、费省、文字风俗相似等等理由，但这都只是表面上人所共见的，实际上还是在于日本不但能在短期内从落后的境地中摆脱出来，而且还能摇身一变，由一个被侵略者而成为一个有力量欺侮、侵略邻国者。因此，中国的知识分子想从日本的经验中，学习怎样才能不挨打，怎样才能富国强兵。

当时的中国知识分子，特别是统治阶层中的知识分子，懂得要改变国家的面貌，要使国家能长治久安，要使国家能做到真正的富国强兵，必须从教育这一根本着手，所以他们把向日本学习的重点，置于教育上。

这种想法，从今天看来，不仅是正确的，而且是具有长期战略眼光的。

甲午以前，中国统治阶层中的知识分子，曾经提出过在教育方面，向当时先进国家的西方学习的建议，并且也陆续付诸行动了的；可是在顽固的保守势力反对下，很快被扼杀了。甲午以后，虽说局势有所变化，可保守势力的阻力仍然很大，因此他们想以教育作为重点，由根本上向日本学习的建议，要成为行动，还是困难重重的。不过顽固的保守派，他们迷恋于权和势，当他们觉悟到不改变目前的情况，就会动摇他们的统治基础时，就无可奈何地默认了这些建议。在这一背景下，成千上万的中国青年东渡到日本，不是求学，就是游历；成批的官吏，也在游历考察的名义下涌到日本。20世纪初年，大量中国留学生的麕集东京，其原因就在此。让国家民族的下一代，到先进国家去学习，培养他们改造旧社会的本领，本来是件好事，可是随之而来的动摇腐朽的统治基础的副作用，吓坏了顽固的保守派。在他们看来，改革，不要说革命了，比亡国更可怕。于是，又施展故技，企图阻止、破坏青年们到日本去学习。但是，时代是在前进的，人民的觉悟也不会永远停留在原地，1881年撤回全体留美学生和1882年停止向外派遣留学生的故事不可能重演，闭关锁国也不再能办到。在这种情况下，他们一面为出国留学设置障碍，一面又邀聘大批日籍教师前来帮助建设中国的新教育，使改革局限在统治阶层的控制下，按着他们的意图进行。既可以欺骗人民，蒙蔽要求改革的知识分子，而又没有动摇统治基础的危险。不过，历史有其一定的发展规律，并不依人的意志而转移。留日学生和应聘而来的日本教习，为中国的近代化留下了不可泯灭的痕迹，虽然都是失败的。

近半个世纪以来，研究中日文化交流史的人不少，但很少有人提及两国文化逆转的情况，也很少有人研究中国的留日学生，更不必说曾经在20世纪初活跃在中国各地的日本教习了。其原因，可能由于这些是失败的历史，不愿深究，也可能是因为资料缺乏，难以着手。

事情的确如此，可是历史总是历史，客观的存在是无法更变的，何况过去的历史，即使是失败的，也应该研究，以便能汲取教训。我在年轻的时候，曾经接触过这一段历史，收集过若干资料，也写过一些文章，想总结一些经验教训。尤其是关于日本教习方面的历史，因为其由盛而衰，为期极短，可是在中国近代化过程中，尤其是新教育的建立过程中，它的贡献是巨大的。这种历史不能湮没，也不应漠视。但在我着手研究的时候，虽然距离这段历史时期还不远，大部分当事人也都仍在，可是能搜罗到的资料却极少，尤其是有关日本教习方面的，例如想求一张完整的日本教习的名单，亦不可得。实藤惠秀先生虽然花了很大的力气，根据中岛半次郎先生以当事人身份编成的名单，做了增补，但显而易见还遗漏不少。要从事有关这方面的研究，没有一份接近全面的名单是无法进行的。为此，在40年代初期，我和实藤先生两人曾遍翻当时能见到的一些有关书刊资料，走访和询问了能知道的当时担任过日本教习的人，编出了一份比较满意的名单，准备日后以此为据进行更深一步的探讨。

回国以后，在很长一段时间中，没有可能发表我在中日关系史方面研究的成果，当然更不必说对近代中日文化交流方面的问题，特别是像日本教习那样比较敏感的专题有所探讨了，因此一些有关的资料、照片也没有得到利用的机会。1956年，我希望实藤先生能把这方面的研究继续下去，所以曾把一些在回国以后搜罗到的资料，抄了一份给他，其中包括对日本教习名单的补充。当时他正在修订留日学生史稿，回信要我在日本教习这问题上下些功夫；他表示，在他新撰的留学生史中，不想再详述日本教习的事，希望由我来写。这大概就是我和他在研究近代中日文化交流中两大重要问题上的分工。

很遗憾，在接到他信不久，我就不可能也没有机会接触到我的研究了，这问题就搁了下来。以后的事，更不必说了。我损失了所有的书籍和资料，其中当然包括有关留日学生和日本教习的；我也无从知道国外在这方面发表的研究成果，其中有实藤惠秀的《中国人留学日本史》。一直到二十多年以后的1978年，我重新恢复学究生涯，得到实藤先生的信后，才了解到这二十多年来台湾和海外的一些学者，虽然在留日学生的研究上有了不少进展，可是在日本教习这问题上，仍然是一片空白。实藤先生重提旧话，要我在日本教习的研究上做些努力，发表文章，作为近代中日文化交流史研究中的一环。他并且说，因为有前约，所以在他的《中国人留学日本史》中，对日本教习提得很简单，不像过去的《中国人日本留学史稿》中那样，希望由我补充。

当时，我虽有此心，也感谢他的好意；可是我已丧失全部卡片、书籍、笔记和照片，只凭记忆是写不出文章的。想起他那里还保存有和我同样的部分资料和照片，特别是增补后的名单，所以告诉了他实情，同时要求他把他保存的资料和照片都复制一份给我。很快收到了他寄来的资料和照片，并且告诉我，到目前（1979年）为止，日本方面也还没有从事这方面研究的，所以无法找到新发表的有关文章。虽然说他寄来的，没有“小将们”烧去的多，但毕竟有了从事研究的基础，比从零开始要容易得多。

不久，他又替我从东京的图书馆中，把我在40年代发表过的文章复制寄了来，使我又回忆起在一些小问题上的想法，有机会重新考虑研究的方法和观点。后来，我利用这些资料（名单是又经过增补、修订的），以我现时的方法和观点，写出了两篇有关日本教习的文章，分别在内地和香港的刊物上发表。实藤先生见到后，又很认真地提出了他的不同看法，并且把正在从事同样研究的日本文部省教育研究所的阿部洋先生介绍给我，还请阿部先生把当时外务省档案中的有关部分复制寄给我，使我对日本教习的名单又进行了一次补充。

我的想法是，日本教习的研究，应该是作为中日关系史，特别是近代中日文化交流史的一部分来加以探讨。因此，首先要了解近代中日两国在文化方面的变动情况。同时，日本教习和中国留日学生间的关系是极密切的。这几十年来我虽不再研究留日学生的问题，也不再写这方面的文章，但我仍愿提醒大家，要注意两者间的关系，特别是内在的联系。对于历史的观点，我不承认个人能决定历史，但也不否认个人能对历史起一定的作用，在日本教习的问题上也这样。这里收录了几篇，可能提得不很恰当，但的确是我的想法。

我很高兴地知道，日本方面对于日本教习的问题，也开始加以重视。文部省特别拨出专款指定教育研究所加以研究，阿部洋先生在1987年春天专诚到中国来收集资料，包括我这份名单。大概在我这本书出版的前后，文部省教育研究所有关日本教习问题的研究报告，亦将公诸学术界。我相信，日本教习这一问题将不再是留在两国历史上的空白。

我在中日关系史的研究上，花费了近半个世纪的时间，虽然道路不平坦，但毕竟还是走过来了，而且还将走下去。其所以能如此，主要当然是在于我自己的意志和决心，从我年轻时代立志以探讨中日关系史作为我终生事业之后，无论经历怎样坎坷，也没有灰心和气馁，没有中辍我的事业；这就不能不感谢师友们对我的帮助和鼓励，其中最应该一提的是实藤惠秀先生。从40年代开始，我们一同访求书刊资料，一同讨论研习；在我十分困难的时候，他勉励我，要我知道：需要我的时候一定会到来的，要我千万不能气馁；在我书刊、资料丧失殆尽的时候，他尽快把我们共同制作的资料、照片复制后送来，还提供我不少其他便利。尽管在战后我们没有再见面，他也看不到他所待望的有关日本教习专书的出版（文章，他是见到了的），但在这本专集有机会和大家见面的时候，我还不能不提到他，作为纪念，也表示感谢。我没有辜负他的好意，也没有违背他的意愿，尽我所能把有关日本教习的情况、资料介绍给学术界，希望能作为20世纪初两国文化交流史中一段重要历史，引起大家的重视，不让这一段重要的史实湮没。

有关日本教习的资料，我想在我们国内还是可以找到些的，虽然几经变乱，尤其是"文化大革命"中，几乎所有公私保存的资料、照片，都在消灭"封"、"资"的口号下销毁了。但我相信必然还有"漏网"的，特别是在比较僻远的地区。我希望这些资料，有一天能公开出来。这不仅在中日近代文化交流史上，而且在中国近代教育史上，也是弥足珍贵的。在档案中，主要是地方的档案和某些曾经聘用过日本教习学校的档案，只要没有被销毁，很可能会找到一些的。例如我曾在我母校前江苏省立上海中学的档案（被销毁以后仅存的一些）中，找到了名单中所漏列的日本教习名字。在历史档案馆中，也可以见到一些日本教习的名字。我相信在其他档案中，还能找到这类材料，因此希望读者们能加以协助，使这份名单更接近事实。

这里收录的一些文章，无论在资料或对一些问题的提法上，只要有使我信服的理由或证据，都是可以商榷、修改的。尽管我从事中日关系史研究的时间不算短，但在水平和观点、立场方面，不足的地方还不少；我的余年虽不很多，但还有时间来做修正，因此请读者们随时给予批评指教，我必将以十分感谢的心情来对待。

汪向荣

1987年12月底

中日文化地位的逆转

中国和日本的文化关系

一提起中国和日本的文化关系，常有人说中日两国“同文”。所谓同文，就是说文化关系相同；另一个说法是，过去日本因袭了中国的文化，近代中国又学习了日本的文化，两国间的文化关系，就是互相学习，没有什么特殊可言。这两种说法都有一定的理由，但都有很大的片面性。其实，中日两国既不同文，也不同种。过去日本曾向中国学习，近代中国也曾从日本输入西欧的文明，但都没有原样地保存下来，怎么能说没有特殊呢？中国和日本之间，在文化关系上，渊源相同，有共同相通之点；但也有其特殊与不同的部分。可以说，无论过去、现在或将来，中国和日本的文化，虽然不能否认彼此之间的关系，但文化关系主要是适应其民族国家的特殊生活环境和社会组织的，跟输入的原型绝不相同。

每个国家都有其生活环境、社会组织；这个民族、国家的文化，就是产生于这种生活环境、社会组织中，适应并且服务于这个环境、组织的。随着文化的发展，生活环境和社会组织也不断改变，新的环境和社会组织又产生新的文化。如此循环不已，才有人类的进步。文化水平较低的民族、国家，必然会从文化水平较高的民族、国家吸取营养，尤其是从其邻接的民族、国家中吸收。但由吸收而得的外来文明，如果不能适应其环境和社会组织，就不会得到发展；时间一久，必然遭受淘汰。对于中日两国间的文化关系，应该做这样的看待。

中国和日本，虽然地处邻接，民族血统中，也有彼此相混成分在内，但毕竟还是两个不同的民族、国家。他们的社会组织不同，生产水平也不一样，更重要的是这两个不同的民族国家生活在完全不同的环境中。过去，明治维新以前的日本，尤其是在古代，无论在文化上或其他方面都是很落后的，可是和其相近的中国，却早就具有世界上先进的文明和发达的生产技术；因此日本从中国吸收先进文明，以帮助其社会的发展，是件势所必然的事。隋唐时代，中国文化的大量输入到日本，就是这个原因；不过输入到日本的中国文化，并没有原样地保存下来，而是被日本人吸收消化，成为产生日本文化的营养品和肥料了。也就是说，这种先进的文化被日本吸收后，为了适应其生活环境和社会组织，逐渐形成了日本的独特文化，不再完全是输入当时的中国文化。由此可以说，中国文化和日本文化，在古代同出一源，正如西欧文化和古代希腊文化同出一源一样。进入近代以后，中国文化的水平、程度远远落后于日本，以至有些日本学者以与中国文化共源为耻，声言日本文化是一种没有受过任何外来文化影响，自行创造的独立文化。事实当然不是这样，客观的存在是谁也无法否认，也不能加以改变和掩饰的。作为日本文化标志的文字，尽管一再简化，删减使用汉字的频率，但汉字还在使用，而汉字就是来自中国文化的一个痕迹。此外，日本人在日常生活中，虽然第二次世界大战后有很多变化，但仍然保留着和中国相似的，或者可以称得上中国式的风俗习惯；也有许多在中国已失传了的习俗，日本却还可以见到。就在日本的社会组织中，也还能见到有古代中国社会组织的影子。根据这些无法否认的事实，可以认为：日本的文化是产生在其特殊的生活环境、社会组织中的一种独立的民族文化，并不是中国文化的一个分支；但也不能不承认，这种文化虽然是独立的，而其起源却是中国文化，是一种以中国文化为蓝本，经过吸收、消化而创造的文化。

所谓不受外来文化的影响这一点，当然是不存在的。严格地说，世界上没有一种文化是不受外来文化影响的。以中国文化来说，古代中国文化水平之高，在世界上是屈指可数的，而且由于数千年来的生活环境，始终是自给自足的自然经济，在这种情况下产生的中国文化也比较保守；虽然这样，也明显地可以见到有外来文化的渗入和影响，最明显的是从印度传入的佛教文化。佛教，由印度传到中国之后，经中国文化的吸收和消化，到以后再从中国外输的佛教文化，和印度原来的已完全不同。因此，只要能客观地对待历史，不持任何民族优越感的人，都不会不承认中国文化曾对日本文化发生过影响的；当然我们也承认，中国文化对日本文化的影响是随地区、时间而相异的。中国文化对日本文化影响最深的时间是古代，其地区是当时日本生产力最发达，即政治、经济、文化以及军事中心所在的地区。不过历史有其延续性，是不可割断的。今天日本的文化，还是祖承古代日本文化而来；其边鄙地区的文化，也是由文化发达地区扩散而致，所以今天日本文化虽发达，仍不能不认为曾受过中国文化影响的。

中日两国之间在文化上发生关系是很早的，应该说是有通交往来就开始存在的。

据现在出土的石器观察，早在新石器时代，黄海平原还存在的时期，中国大陆和日本列岛之间并没有大海相隔，人们可以徒步来往。但是这时候的事迹已不可考，虽然两地之间有些石器的制造工艺程序相类，但究竟是谁影响谁，还无法证明，所以就不加计入。

有文字可考的记载，应该是从后汉光武中元二年（公元57年）开始。当然，宋以后两国都声称徐福止王不来的地点，就是今天的日本。而徐福东渡，按《史记》的记载是秦始皇二十八年（公元前219年）的事。那时日本列岛还处于渔猎为生的绳文时代，没有开化。即使真有徐福其人其事，也真带去生产工具和种子，并率领百工前往，也由于彼此之间在文化方面差距过大，不一定能起多大作用。直到公元57年，汉光武帝正式把“汉委奴国王”的金印和其他物品，赐给日本列岛上朝贡的倭奴国王。中国的先进文明，包括文化和生产知识，才无疑地传到了日本，但和一般人民的关系，仍然不大。以后到女王卑弥呼时代，中日两国间的来往更多，汉文也成了当时东亚的国际通用文字，日本列岛上来中国朝贡所奉的表，应该是用汉文写的，其他方面也必然受到中国文化的影响。但由于当时没有实物或更多的文字记载留传下来，单凭《魏志·倭人传》的记载，是无法判定的；而且当时受中国文化影响的，仍然限于极少数人，对一般人民的影响还不是很大，所以也就谈不上吸收、消化乃至创造的事。因此在谈论中日两国文化关系的时候，对汉魏时期，一般也只一提，并不深究。

一般把晋武帝太康六年（公元285年，日应神天皇十六年）百济博士王仁携《论语》、《千字文》到日本，作为中国日本两国间文化接触的开始。朝鲜半岛在古代，是作为中国大陆和日本列岛间来往的桥梁的，汉在那里设立的四郡，不仅是作为汉帝国统治东夷各国的直辖机构，而且也是向这些国家传播中国先进文明的根据地。日本列岛和中国的交往，首先就是从朝鲜半岛上的乐浪郡开始的；当时日本列岛上的使者，都是通过乐浪郡的陪送引率，才到达洛阳的。

王仁，据日本史籍的记载，说是汉高祖的后裔，这不一定是事实。但当时中国大陆上一有战乱，往往就有大批人民向东面迁移，有些人就到达了朝鲜半岛。这些人不会就是汉高祖的后裔或同族，但他们到这些“蛮夷之邦”，肯定是把中国的先进文明带了去的，无论是文化，还是生产知识乃至生产工具等，都会促使这些民族、国家逐渐脱离落后的境地，进入开化、文明的。日本史籍记载，在古代到日本的中国移民中，有不少是皇帝裔孙，这大概是以讹传讹，不足为信，但他们传去中国的先进文明，促使日本开化，却是事实。

王仁的携带《论语》、《千字文》等中国儒家书物到日本，可以说是中日两国文化接触的开始。汉字的传到日本，并不是从这时候开始的；但是中国的思想，以儒家思想为中心的意识形态，却是以此为嚆矢的。由此以后三百年间，中国的先进文明，从文化书物、生产知识一直到风俗习惯都逐渐通过朝鲜半岛传到日本。这一时期两国间的文化关系，是间接的。

到公元6世纪末叶，隋文帝统一中国，国威大振的时候，日本列岛上也由于生产力的发展，生产关系和生产力之间发生矛盾，上层建筑也无法适应当时的情势，执政的推古女帝为了巩固其统治，就需要吸收中国的统治经验，革新朝政，使其和日益发展的生产力相适应。公元600年（隋文帝开皇二十年，日推古天皇八年），日本向中国直接派出了使节，企图直接从中国输入、吸收先进文明，不再通过朝鲜半岛间接地传入。以后又几次向中国派出遣隋使；除了使节以外，使团里面还包括到中国去学习的留学生和留学僧。小野妹子、鞍利通作、高向玄理、南渊请安和僧旻等，都是直到今天还见诸史籍的入隋日本人。而隋炀帝所遣的答礼使裴世清到日本，和其王相见，受到盛大欢迎的事，《隋书·倭国传》中记得很清楚。《隋书》和《日本书纪》中都载有当时两国来往的国书；只是由于没有依照中国封建王朝所要求的规格写国书，使隋炀帝十分气愤。这两次国书，都是用汉文书写的，这说明中国文化标志之一的汉字，在当时的日本已能加以运用了；经过几百年中国文化的熏陶，日本已经从传入而进到吸收阶段了。

推古女帝时所派遣入隋的留学生、僧，在中国逗留学习的时间都不短，尤其是高向玄理等。他们在中国长时期的留学过程中，不仅熟悉了先进的中国文化，而且也学会了中国的统治方法。他们回国以后，正值日本奴隶主之间矛盾十分尖锐，奴隶们的反抗也日甚一日的时候，他们把在中国学到的新知识用于帮助天智天皇，在大化革新中击败了保守的顽固势力。

大化革新，在日本历史上是和明治维新并称的重大政治事件。过去的历史学者称这次革新是一次唐化维新，可以说是在这次革新之后，才清楚地显示了中日两国间的文化关系。大化革新的中心内容，包括政制的改变等，都是向中国学习；但并不是照搬，而是按照日本当时的具体情况而做出恰当的改革。因此说，从隋代开始，中日两国在文化上，已有了直接接触的关系。由于当时日本在文化上，比起中国来落后太多，急需直追，所以由此以后，日本对中国文化的学习趋向高潮，中国文化在日本也开始大盛，到唐朝更进入极点。

唐代中日两国间在文化上的接触，不仅见诸两国史籍，而且到今天也还能见到其遗迹。唐代统治中国以后，日本就像派遣遣隋使一样，派出了更大的使团到中国，这就是历史上称为遣唐使的。遣唐使，今天历史上有记载可稽的，包括任命后没有成行的在内，从公元 630 年（唐贞观四年，日舒明天皇二年）派出第一次遣唐使犬上御田锹起，一直到公元 894 年（唐乾宁元年，日宽平六年）因菅原道真的奏章而停派遣唐使为止的二百六十多年间，日本一共派出了十九次遣唐使，其间成行的就有十二次之多。前期的遣唐使规模还不算太大，每次一条船或两条船，每船一百二十人左右；到后期，普通都是四条船，每船人数总在一百五十人左右。或者说，前期约在二百人上下，后期则在六百人左右。从这个数字看来，可以了解到日本为了巩固其上层建筑，维护统治者的利益，在由中国输入先进文明这点上，是多么的主动和积极。

当时遣唐使团中，设有固定名额作为留学生和学问僧之用，他们的任务就是到中国来学习先进文明。和遣隋使时的留学生、僧一样，他们在中国的时间都很长（后期因情况改变，就比较短了），学习的范围也很广，所以回国后的贡献很大，形成和促进了灿烂辉煌的天平文化。

除了遣唐使团和留学生、僧的功绩以外，中国方面在 6 至 10

世纪间两国文化的关系上，也做出了很大努力和贡献。最初只有日本向中国派遣使节，中国不过是偶尔有一次答使而已；在促进两国文化关系上，作用不大。可是到唐代，情况有了改变，不但有短期的送使，而且还有应邀访日的（其中较多的是僧侣）；他们之中，有一部分就长留在异国，没有再返回故土。他们在东渡之初，就意识到海风海浪的危险，准备埋骨他乡，所以无论在人员的配备上，携带物品的分布各方面都做过一定的考虑。因此，这些人对于促进日本文化的繁荣，增进中日两国文化的关系上，都曾发生过巨大的影响；无怪一直到两千多年之后的今天，日本人民还念念不忘地崇敬他们，纪念他们。

随着大量中国先进文明的传入，日本发生了一些什么显著的变化呢?

从文化的变动上看，一直到10世纪，乃至更晚一些时期，汉字、汉文化始终是上层统治者所专有，和一般人民无关。在唐代以前，即使在统治阶层中，也只限于少数人使用；到唐代，这种情况才有所改变，中、下层奴隶主也能攻读汉籍，接受汉文化了。有名的吉备真备就是个地方小奴隶主。日本政府更在京都设立一所大学，专供五位以上子弟受教育，也就是专门教育中、小奴隶主子弟的。这所学校中的官制、课程完全是仿照唐制的，连春秋两季也仿效中国，举行释典之礼，所祭祀的又是中国的先圣先师，可以说是原原本本地把中国那一套照搬了过去，全盘唐化。但是，这不是以后日本历史上夸耀的天平文化的实质，只不过是天平文化的孕育阶段。

中国的儒家思想，崇尚忠孝，因此在以儒家思想为基础的统治制度中，特别重视这一点。日本当时也照样搬了过去，在赋役令中规定对孝子、顺孙，义夫、节妇有优赏；仪制令中也明示春秋祭祀时，祭田中要留有敬老之田。到天平宝字元年（公元757年，唐肃宗至德二年）四月，更下令每户要备《孝经》一册，这可以说是儒家的道德观念，移植到日本的例子。和儒家思想有关的阴阳、天文，在奈良时代的日本贵族奴隶主间，也盛极一时；政府的中务省中设有阴阳寮，主管吉凶之兆；设历博士，制订历日。这些无疑也是照袭唐制，是过去日本所没有的。也就是说，日本正从中日文化的接触中，全盘接受中国先进的文化，从而在这中间吸收营养，培植并产生日本的文化。今天奈良正仓院中所保留下来的一些文物，正是当时大量输入中国先进文明，包括文化和生产知识、工具的证明；这样的例子也存在于当时编纂、撰写的诗文记述中。但是中国的文化，毕竟不能代替日本文化；全盘唐化中，有不能适应于日本这特殊环境和社会组织的，慢慢地就被淘汰。而一种新的，日本自己的文化却在这过程中产生了，这就是夸称于日本历史的天平文化。

天平文化，虽也有称为唐化文化的，但毕竟不同于盛极一时的唐代文化，更不是唐代文化的日本版，因此既不能还原成中国文化，也不能作为中国文化的局部来对待，而是一种完全产生于日本土地上，日本的环境和社会生活、组织中的日本文化。只有一种能深入到每个人生活内层的文化，才能为他们所接受而日见繁荣、发扬。当然，谁也无法否认，这种文化，从其孕育到产生，再由产生到繁荣过程中是受了中国文化很大影响，和中国文化有深长的渊源关系的。

天平文化虽说是日本文化史中值得夸耀的，但和中国当时的文化发展水平还是有很大差距的。随着生产力的不断发展，日本人民对文化的要求也不断提高。因此和中国文化的关系，还和以往一样，需要吸收输入，以便从中汲取营养，不断地革新和创造新的日本文化。

公元 894 年日本停派遣唐使之后，日本就通过来往于两国间的商船来输入中国的先进文明。到宋朝统一中国之后，日本又因为本身经济力量的关系，而没有能力像隋唐时代那样，派遣官方代表到中国，可是吸收输入中国先进文明的活动不但没有停止，反比唐末要活泼频繁了。

隋唐时代，把中国文化、先进文明传到日本的主要是官方的使团和留学生；半官方的僧侣虽然也承担着同样的使命，但由于性质的不同，他们着重于已经中国消化了的佛教文化，或者说是用佛教形式表现的中国文化。

宋代，日本没有官方的使节和留学生到中国，但是僧侣们到中国，却没有间断过；他们的活动，在中国正史中也有记录。他们不仅到中国来吸收先进的文化，而且还把已经消化了的中国文化，也就是经过他们吸收、消化而创造的日本文化带到中国，进行文化上的交流。僧侣，虽然也承担着输入中国文化的使命，但由于性质的不同，表现的方式也相异。因此有宋一代，通过僧侣而传回日本的中国文化，以和佛教有关者为主，涉及其他文物、制度者甚少，至于生产知识更寡。这些与佛教有关的中国文化，以后在日本也起了一定作用，成为日本文化的一部分。例如镰仓时代的禅文化，应该说是受了中国文化的影响而产生的。南宋以后，中国国内局势十分不稳定，有些和佛教艺术有关的技工，也有东渡到日本的。宋末，更有些人流亡到日本，他们或有一技之长，或精于五典；到日本后，对更新和重新创造日本文化，也起过相当大的作用。例如在寺庙的建筑上，在美术工艺品的制造上，甚至连武士道思想的养成上，都可以见到有受中国文化影响的痕迹。但这种文化，仍然只是在日本这个特殊环境、社会组织中产生的日本文化，它受过中国文化很深的影响，可绝不是中国文化的分支。

14世纪中叶，也就是朱元璋统一中国建立明朝的时候，中国的生产水平已很高，就是日本的生产力也有极大发展。生产水平提高，造船和航海技术都有很大进步，中国和日本之间的来往，虽然还要依靠风力，但已不像过去那样完全听凭风和潮，而可以由人力决定了。中国和日本、朝鲜乃至东南亚各地之间的航路已经开辟，只是由于明朝执行片板不许下海的禁海政策，以致没有公开的商业贸易存在。但是历史的潮流，并不以统治者的意志为转移；因此，在明代，外国和中国间的贸易，是以朝贡或走私的方式表现出来的。走私贸易，尤其是日本的走私贸易后来竟发展到武装侵扰的倭寇，严重地危害了中国与日本的友好关系；但通过朝贡和和平的走私贸易，中国和日本之间的友好关系，特别是文化关系，还一直在保持和发展着。

日本在明代，官方曾派出过不少次的遣明使，这些使团派出的目的，虽主要在贸易，但也直接输入了中国的先进文明，特别是和经济生活有关的方面；间接地也传进了其他文化。这些都对日本人民的生活环境，乃至社会组织起过很大影响。例如永乐钱，一直是日本人民使用的一种通货；不仅当时，他们对中国钱币的信任超过对自己铸造的通货，就是二三百年以后还这样。这种在经济领域中受中国支配的事，不仅在日本历史上，就是在世界历史上也是罕见的。因为文化领域中的影响，和多数人民关系还不大；而在经济领域中的影响，却和每个人的生活有关。

室町政权派到中国的遣明使，几乎都是由僧侣充任，外交文书亦委诸僧徒；在文学方面也以僧侣为主的五山文学代表这个时代，其他方面也都和僧徒有关，而这些僧徒所学、所据，又无一不来自中国。就是由当时开始发达的医药，也是从中国传入的。中国的医书是由到过中国的日本医家带回，开始在日本翻刻普及；中国的医士，也有应聘（以后是流亡）而到日本寄寓的。这些对日本医药的发达，是有很大贡献的。这也和钱币的流通一样，影响所及不限于贵族和僧侣之间，而是直接深入到人民生活中了。

明末朱舜水亡命日本，受德川氏聘讲学东瀛一事，对日本以后思想上的影响至巨，而且影响的深远也非一般可比。明治维新时的尊皇攘夷思想，不能否认是和朱舜水的思想有关。但是尊皇攘夷思想也好，国体观念也好，都没有在中国见过，而是从日本这土壤中产生的；尽管和中国的思想极为相似，但也只能说是有共同点，而不能认为就是中国某种思想的翻版或分支。

清代乾嘉的实证主义治学方法，一直到现在还为日本学者所乐闻，而且更有引用西欧的治学方法来加以补充、发展而形成了今天日本的独特学风，不过中国治学方法的遗迹，还随处可见或被继续应用。

到现在为止，日本虽在近一个世纪中大规模学习西方，但中国的影响还随时、随地可见，这说明中国和日本，在文化关系上渊源深远，是有共同之点的。日本在古代曾一再派遣使节、学生和僧徒到中国学习，输入先进文明；但中国的文化是产生于中国这特定的土壤上，适应中国人民的生活环境、社会组织的，和日本人民的环境、社会组织有相似或共通之处，但并不完全相同。因此输入到日本的中国先进文明，必须经过一定程度的改变和发展，才能适应于日本的特定的环境，才能配合日本人民的生活环境、社会组织而发挥作用，促进日本社会的前进。

文化是随各民族而异的，就是在多民族国家中，文字语言相同的情况下，一个民族的风俗习惯也不会完全同于另一民族，因此严格地说，其文化也不完全雷同。中国和日本更是如此，不过当日本还在没有开化的原始时期，和其地理上相近的中国，却已有了很高的文化。文化和水一样，都是从高处往低处流的，一直流到两者相平时才静止。中国的先进文化和生产知识当然会流入日本，促使和帮助日本开化，提高生产水平而形成独特的日本文化。

明治维新以后，两国的文化关系开始有所变化，最后导致中国从日本输进西洋文化，两国间的文化关系完全逆转。

一般都以为日本的吸收和传入西洋文化，是直接派遣学生留学和聘请外国教师、技术人员到日本以后的事；其实不然，日本之吸收、输入西洋文化，也和过去一样，是通过中国这渠道开始的，一直到 19 世纪末叶才完全脱离中国，而直接从西欧大量引进的。

汉译西洋文化对日本的影响

中国文化——中国固有的文化和经过中国吸收消化后的印度文化的输入日本，使日本能在这基础上建立日本文化这件事是大家所知道的。到近代，西洋文明在炮舰政策的保护下，向东亚侵袭；在中国土地上发生的影响不大，可是对日本，却压倒了从中国来的文明，逐渐为日本所吸收，代替了其过去依赖的中国文化。这种西欧的物质文明，在日本也像过去一样，逐渐吸收、输入，最后又创立了新的近代的日本文化；而这种消化、吸收西洋文明而创立的日本近代文化，又传入中国，为中国所接受，成为中国近代化的思想基础；这当然是一个不可否认的事实。但这仅仅是事情的一个方面，而事情的另一方面，即近代的西洋先进文明在传入东亚之初，最先接受的国家，不是日本，而是中国。西洋文化之在东亚落脚，也是由中国开始的。因为在西欧资本主义国家看来，无论在哪一方面，中国的地位都比日本重要；西欧的物质文明和文化，如果能在中国文化中占一定地位，那么日本就不足为虑了。所以一开始，他们的注意力就集中在中国方面。因此，日本的吸收、传入西洋文化，最初也是假助于中国；从翻刻、学习中国所消化了的西洋文化及其出版物，即所谓的西洋文明而启蒙的。

为了明了日本怎样在开始时期，由学习翻刻汉译西洋文化，而树立以后其对近代科学文明方面强固基础的概况，必须先从中日两国在对近代西洋文化的吸收、传入情况，做一些剖析。

大家都知道，中国一向闭关自守，直到 1840 年，英国用鸦片和大炮轰开中国的大门以前，自给自足的小农经济，一向是中国文化的基础。鸦片战争失败以后，被迫放弃了锁国政策，西欧的资本主义势力也大举地进入了中国，逐渐深入到中国内地，受到了保守的小农经济的顽强抵抗。其实，西欧的文化势力，并不是从这时候开始才侵入中国的，远在他们用鸦片大炮轰开中国大门以前，就和中国发生关系了。也就是说，比其对中国在政治、军事和经济等方面实行侵略以前，西洋的文化势力早就进入了中国。

西洋人最初来中国，还远在后汉桓帝时代（公元147–167年），当时的罗马帝国皇帝马可·奥勒留（Marcus Aurelius Antonius）派遣使者衔命到中国来通交。中国之和西方通交，当以此次为契机；不过这一次，仅仅是人员的往来，并没有任何文化上的交往。西洋文化之和中国发生接触，当从公元7世纪为始。公元663年，有一西洋人阿罗本（Olopen）来到中国，传基督教的一派景教；以后也有些商人来华，但不多。到元朝，在历史上有名的马可波罗来到中国；自此以后，中国与西方的交通大开，传教士和商人都陆续而来；随着他们的到来，中国和西欧也开始有了文化上的关系，不过影响还小，未能引起较大重视。

到16世纪，即明朝正德十一年（1516年）以后，开始有西洋船舶从海路到达中国。葡萄牙人就是在这时候到中国，和中国发生贸易关系的，他们的很多传教士也到了中国。由于海路的开通，往来比循陆路容易，所以西洋文化的传入中国，也不像过去那样艰难，逐渐地繁盛了起来。不过在当时情况下，中国的文化发展程度并不低于西洋，加上那时来中国的西洋人，大都属冒险到中国来淘金或有其他目的的，在中国闭关自守的政策下，和他们交往时，自不会给予重视。因此西洋文化虽然早在16世纪就传入中国，却并没有发生任何可以使中国文化变动的影响。

可是，后来西欧发生了产业革命，资本主义代替了封建主义，机器取代了手工，在物质文明方面日益改良、进步，尤其在天文、历学、数学、测量、炮术等许多实用文化上，有了惊人的进步，使故步自封的中国人见而惊异，自叹不如。中国固有的文化，素来把重点放在精神、思想意识方面，而对实用科学、物质文明方面，从不重视。因此这种对西欧物质文明的惊异，很快就引起了注意和学习的要求。所以西欧以物质文明为中心的西洋文化，就如水银泻地一般地流向中国，源源不断地从海路上输入中国，逐渐地通过各式各样的渠道影响中国的知识分子和上层统治阶层，从而使西洋文化和中国文化发生了密切的关系。

明代，利玛窦、汤若望等均以传教士的身份到中国来，得到了中国上层统治阶层的重视，更得到了封建最高统治者——皇帝的宠信，参加到中国的文化工作队伍中。利玛窦所著的《乾坤体义》、《几何原本》*、《测量法义》和《坤舆万国全图》等，都是用汉文写出的，因此流传到一般知识分子中和社会上，并且还曾受到上层统治阶层中人的崇敬，像徐光启以大学士的资格，也跟他学习。这足以说明，西洋文化已经渗入到中国文化之中，开始促进中国文化的变化。汤若望也这样，他的著作（用汉文书写表达的）更多，据清王韬在其所著的《泰西著述考》中称，汤若望的汉文著作，有二百余种之多。因此说，在述及西洋文化和中国的正式发生关系，渗入到中国文化之中，应该说是以明朝后期，即

* 《几何原本》为利玛窦与徐光启合译。——编者注

16世纪下半期开始的。那时候西洋文化也以同样的方式向日本输送，但是日本采取了严厉的锁国政策，拒绝了这种传入，甚至连交通也不容许，传教则被视为犯法而遭禁止。

满族入关，代替了明朝统一中国以后，对于和西洋文化的关系，即输入吸收西洋文化的情况，并没有丝毫的变更；以后虽由于政治上的需要，有过禁止的事，但在初期却不如此。不但没有任何变化，反与日俱增地更加频密了；例如康熙当政时，南怀仁竟以一个西洋传教士而担任中国的天文监。当时在中国朝廷供职的西洋传教士，不止南怀仁一个，今天可以举出姓名的就有白晋、张诚等多人。

西方传教士冒风波之险，不远万里而来中国，是有其任务和目的的，文化上的渗透、侵略就是其一。不过事物总有两方面，这些西洋传教士的努力，在一方面是达到了他们在文化方面渗透、侵略的目的，可是在另一方面也促使了中国人民的觉醒。因此也可以说，在中国人民对西洋文化的启蒙上，这些传教士的功绩是不可泯没的。他们几乎都在中国度过极长的时间，有的竟然度过其后半生。由于他们在中国的居住时间长，不但能通晓中国的语言文字，而且连中国人民的生活习惯也都熟悉。西洋文化传到中国的初期，大都是由他们用汉文书写、著译或口述成书之后，使不通西洋文字的中国知识分子能加以阅读。或有由中国人出面“共译”或“合编”的，实际上也都出于这些传教士之手，不过由中国人做些文字上的润色而已。

在西洋文化向中国渗透、输送的同时，也向日本传送了。可是，日本人从宽永十六年至十七年（1639–1640年，明崇祯十二年至十三年）起下令锁国，严禁天主教的传教；禁止除荷兰人以外一切西洋人的入境，同时也禁止朱印船以外船只的外航，甚至漂泊的难民送回后，也将处以极刑。这对于西洋文化的传入，当然是个很沉重的打击，但是西洋文化的传入并没有中断。文化的流传，就和流水相似，从高处向低处流时，无孔不入，只要有一些空隙就能流入。当时日本德川幕府施行严厉的锁国措施，但却规定中国人和荷兰人仍许入国和通商，这就是一个缺口。

荷兰人一到日本，在长崎从事贸易通商之余，就以口授医术为业，慢慢地使日本人之有志于此的，纷纷负笈来到长崎，从荷兰人学习。到1720年（日享保五年，清康熙五十九年），江户政权（德川幕府）始批准除宗教以外的荷兰文书籍，可以输进日本。这样原来只凭口授的，就不必再单凭口传，而可以有书本传授了。不过当时传入日本的西洋文化，主要的是以荷兰文为主，在科目上也以医术为中心，其他方面极少。从此日本已开始研究西洋文化，开始和西洋文化有直接接触，而不专门从中国文化中吸取营养了。德川时代所谓的“兰学”，指的是由荷兰人传入的西洋医学知识，实际上就是西洋文化。

从上面事实的对比，可以知道当西洋人向东方扩张、侵略之际，其侵略的目标，首先集中在中国。日本由于地理位置上，领土的幅员上不如中国，而且当时日本的文化水平远不及中国，所以西欧侵略者虽并没有忽略日本这目标，但显然认为无关紧要，只要在中国能遂愿，日本这样小国是无足轻重的。所以无论在政治、军事、经济和文化方面，都用大部分力量来对付中国，用一切方法来使中国就范。当时到东方的传教士所以集中在中国，并且尽极大努力来取得中国上层统治者的信任，其原因也在此。他们对日本的锁国，并不在意的原因也在这里。可是哪里想到，以后他们在中国所播下的种子，竟会在不受人注目的日本开了花，结了果呢？西洋传教士在中国辛辛苦苦培植的西洋文化，在中国默默无闻，并没有受到重视，而后来却成了培植夸耀世界的日本文化中的重要营养。在老大帝国的中国，下了种的汉译西洋文化，成了产生新日本文化的母体。

汉译西洋文化是怎样成为日本吸收、传入西洋文化媒介的呢？日本又如何通过汉译西洋文化，以此为桥梁，而直接向西洋输入、吸收的呢？

直到明治维新以前，日本的社会组织也是和中国的一样以自给自足的小农经济为基础，所以保守，闭关自守，拒绝外来的新事物、新思想，自尊自大，不知天下有多大。对于西洋人和西洋文化，也一贯采取蔑视态度。禁止天主教、基督教的传教；禁止除中国人、荷兰人以外一切外国人（朝鲜、琉球例外）的入国和通商。甚至禁止一切西洋书籍，包括汉译西洋文化的书物输入。直到享保五年德川吉宗将军执政，才取消这项禁令，准许宗教以外的书籍进入日本。但是禁令初弛，一般人仍有余悸，所以对传入的西洋文化书籍，甚至汉译的西洋文化书籍仍不加重视，或竟不予注意。尽管像利玛窦所著之《乾坤体义》、《圜容较义》、《经天说》等有关天文方面的书籍和数学方面书物像《职方文算》*、《测量法义》、《历算全书》**等都有传入，但都没有受到注意，并没有为个别以外的日本人士所接受，当然也谈不到有什么影响。

* 查利玛窦作品，并无此书，疑为意大利传教士艾儒略所编译《职方外纪》。——编者注
** 《历算全书》为清代梅文鼎著。——编者注

过了半个世纪之后，即到1774年（日安永三年，清乾隆三十九年），日本才有第一部从荷兰文直接翻译的技术知识方面的书《解体新书》刊行，这时候日本的知识分子们才感到，有从西洋吸收新知识的必要。可是当时的日本，虽然有能从荷兰文翻译的人才，但也极少，更不必说翻译其他国文字了。可是对这些新知识、西洋的物质文明、西洋文化的需要却又十分迫切，当他们了解到中国已经在吸收、输入这些西洋文化时，就和以往那样假助于中国。于是汉译西洋文化的一些书籍，就大量地被日本输入，一部分被他们翻刻重版，一部分则训点（加注日本式读法）之后再印刷出版，以供日本知识分子之用。当时被翻刻、训点出版得最多的，是医学方面的书籍，这可能是由于先有《解体新书》的出版，在医术方面需要更为迫切的关系。

道光三十年（1850年，日嘉永三年）广州惠爱书馆刊印出版了《全体新论》，是由在中国传教的英国医师合信（Dr. Benjamin Hobson）在中国医生陈修堂帮助之下撰著的。这本书出版以后七年（1857年，清咸丰七年，日安政四年），在日本即有由伏见的医师越智氏加以翻刻出版；不久，又由二书堂再加翻刻出版。这两种翻刻版，至少印刷了十次，需要之殷和传播之速，可以想象。合信的其他著作，如《妇婴新说》、《内科新说》、《西医略论》、《博物新编》等，在日本也均有翻刻版可见，而且几乎都有两种以上翻刻版。

在医学方面的翻刻本刊行的时候，或者更早一些，史地方面的书籍也出现翻刻、训点出版，而且其数字并不少于医学方面的。如南怀仁所著的《神舆外纪译解》*，在1852年（清咸丰二

* 原文如此。南怀仁原著为《坤舆外纪》，城北清溪译解为《坤舆外纪译解》。——编者注

年，日嘉永五年）就有东都城北清溪的译注本出版；次年又有津藩荒木謇将清陈逢衡所撰的《英吉利纪略》训点出版；1854年，欧罗巴人原撰、清林则徐译、魏源辑的《英吉利国总纪》，又有正木笃如译解本在日本出版。魏源所辑的《海国图志》是1847年（清道光二十七年，日弘化四年）在中国出版的，1851年传到日本，1854年就在日本由箕作阮甫、盐谷宕阴两人训点出版其书一部分，到1856年全部训点本出版；魏源的另一著作《圣武纪》，在日本也有三种翻刻、训点本。在上海的英国传教士慕维廉（William Muirhead）所著的《地理全志》，也有安政己未（六年，1859年，清咸丰九年）的训点翻刻本。此外像中国人所撰，谈述世界情况的《瀛环志略》也有翻刻本，而且还不止一种。这是明治维新以前的情况，明治维新后，日本已逐渐直接从欧美吸收西洋文化，尤其是史、地、政、法方面，但仍然有翻刻汉译西洋文化之事，如明治十二年（1879年，清光绪五年）有广濑乘信训点、增补的美国林乐知（Young J. Allen）、中国严良勋、李凤苞所编的《四裔编年表》出版；明治十一年（1878年，清光绪四年）陆军文库和明治二十年（1887年，清光绪十三年）大阪修道馆两次翻刻王韬的《普法战记》，大阪修道馆本，虽说是由山田荣造校勘的，但实际也只是加了些训点而已。这种大阪修道馆本的《普法战记》是值得一提的，据现在所能知道的，它是日本方面假助中国汉译本而吸收西洋文化的翻刻本中的最后一种。

政治、法律、经济方面的书籍，日本也曾翻刻汉译本以求吸收西洋文化，而且在翻刻的数量上（次数和印数）也较其他书籍为多。例如当时在中国担任京师大学堂总教习的美国人丁韪良

（W. A. P. Martin）曾将美国学者惠顿（Wheaton）的 *Elements of International Law* 译成汉文，以《万国公法》之名，于同治三年（1864 年，日元治元年）由京都崇实馆出版。次年（1865 年，日庆应元年）在日本就有开成所的翻刻本可见，只在人名、地名旁加上了日文字母的读音；这种翻刻本，到明治维新以后，还由东都老皂馆用原版增印过。这书在日本，除有六种翻刻本（庆应元年、四年，明治四年、八年、十四年、十九年）之外，还有《万国公法释义》（堤彀士志，庆应四年京都）、《万国公法蠡管》（高谷龙州注解，中村正直批阅，明治九年东京府）和《和译万国公法》（重野安绎译，明治三年鹿儿岛藩）等各种不同形式的译、注本出版。丁韪良、联芳、庆常同译的《星轺指南》，在日本有明治十二年柳泽信大的校点本；丁韪良所译的德国法学者步伦奇利（J. K. Bluntschli）的《公法会通》，也有明治十四年岸田吟香的训点本翻刻出版。经济方面，日本在明治四年曾将合众国鲍留云易编的《致富新书》，由平田一郎加以校正训点后翻刻出版。

科学技术方面，除上面提到过的合信所著的《博物新编》外，尚有英国传教士伟烈亚力（Alexander Wylie）口译，中国李善兰删述的英国侯失勒（John Herschel）原本的天文书《谈天》〔文久元年（1861 年），浪华福田泉训点翻刻〕；伟烈亚力和王韬共译的《重学浅说》〔安政庚申（1860 年），淀阴荒井、公履叔礼傍点，淀阳木村、淳邑粹夫翻刻〕；丁韪良的《格物入门》〔明治二年（1869 年）本山渐吉训点〕；韦廉臣（Alexander Williamson）的《格物探原》（明治十一年，熊野兴训点、奥野昌纲校订）等等。

除了上述一些属于基础知识的汉译西洋文化书籍外，就是对一些完全属于传播知识，类似新闻报章杂志那样的书刊，日本也加以翻印。中国之有传播时事性质的报纸和杂志，最初都是由外国人所创办经营，甚至其社址亦在彼国，再假手华侨或贸易商之力，而传到国内的。到道光十三年（1833年，日天保四年），才有传教士在广州创办《东西洋考每月统记传》，以后各地的传教士也纷纷举办时事性的书物，一时大盛。日本在那时，当然还没有这种性质的出版物可见。一直到嘉永六年（1853年，清咸丰三年），始有翻刻《澳门日报》并加注和解；到文久二年（1862年，清同治元年），江户的老皂馆万屋兵四郎翻刻《官版巴达维亚新闻》。此后几年间，到明治维新之前，被翻刻的传播时事性报章杂志很多，如《官版中外新报》、《六合丛谈》、《官版香港新闻》、《官版中外杂志》等等，在这些汉译本翻刻的刺激下，柳河春三在庆应三年（1867年，清同治六年）创办了日本最初的杂志《西洋杂志》，次年（1868年，庆应四年即明治元年）才有《中外新闻》、《日日新闻》和《江湖新闻》等的创刊，显然是和这些翻刻本有密切联系的，例如柳河春三就是一些翻刻本的训点者，平常接触汉译本颇多。

包括社会科学和应用科学，日本最初是通过翻刻、训点乃至和译汉译西洋文化的方式作为媒介，以培养其直接吸收能力的。就是在宗教方面，也没有例外。

基督教传到日本是在明治维新以前，但直到明治五年（1872年，清同治十一年）日本的基督教会才成立了一个《新旧约》的和译委员会，准备着手翻译《新旧约》等经典。可是，当时日本虽有留学生，但能通晓原文而流畅地译出的人，却还不多，于是又不能不借助于已经出版的汉译本《新旧约》，作为根据，再由通晓日本语言文字的西洋传教士口述作为辅佐参考，从事日文本《新旧约》的翻译工作。到明治二十年（1887年）他们所译的日文《新旧约》出版了，仍然是满篇汉文风格。一直到大正六年（1917年，民国六年）才有一本用纯粹日本文译出的《圣经》在日本出版。除了经典以外，其他基督教方面的书籍，从汉译本翻刻的也不在少数；有的更是由在中国的教会，直接把汉译本运到日本散发的。

汉译西洋文化在日本被翻刻的情况，大体上就是如此。再看一下当时翻刻、训点和原刊本之间，有什么变化差异吧！

从一些翻刻本或训点本上可以见到，当时日本方面基本上是照搬照刻，除了封面及书名的内扉稍有改动以外，其他一律照旧；训点只是在句旁字下加以符点而已，对原文刊刻式样，并不加改动。有些文字，在汉译本中因对清朝政府的法令还需遵守，致不得不抬头或避讳、缺笔的字，在日本翻刻本中也一仍其旧，不加任何改变。翻刻本，除根据其在内扉上的变动，或最后一页的发兑书肆名称以及广告外，就无法知道是不是原刊或翻刻。训点本较易辨认，因为注有日本式读法符号，不过它又因袭中国书的抬头、避讳、缺笔，实属不类。但当时的实际情况就是这样。

就我所见的所有日本翻刻本中，只发现过《全体新论》有些不同，日本翻刻本较广东原版本缺“赞”一篇，“例言”第一条和“造化论”一节。“赞”是当时两广总督叶名琛所写，木刻本上是有的，但不久惠爱书局刊印的石印本中已缺，因此日本翻刻本所据祖本，也可能是缺了的。例言的第一条原文是：“一、是书所称上帝，或称上主，或称造物主，或称化土，皆指创造天地之主宰而言。”这种提法，和当时日本的政令是大相径庭的。原来日本在安政五年（1856年，清咸丰八年）和西欧国家订立开国条约之前，对于佛教、道教以外一切宗教的传入，是严加禁止的。所有被准入境的外国人（指中国、荷兰两国，因其他国家人均不得入国），都要经过严格检查并宣誓与这些宗教无关，才能登陆。携带的书籍，也有专门检查人员逐一检查，凡涉及天主、耶稣等宗教性文字均在禁止之列，以防止宗教宣传影响到日本人民。可是《全体新论》的撰著者英国医师合信，本身是以传教士身份到中国的，其所撰著的书籍，主要是为了宣传宗教，传布教义，其次才是发扬医道。因此《全体新论》中之插入上帝、耶稣等字样，自属必然。而其在开宗明义第一章的“例言”中，称颂上帝也是件无可非议的事。这样明显的文字，对当时的日本来说，是无法接受的，因此其被删自在意中。“造化论”，也是这样，和医术完全无关，纯属宣扬上帝的，当然也在被删之列。

不过，也应注意到，他们删节的标准并不苛严。似乎其取舍仅以其是否过分明显，或是否有与宣传宗教有关的字句为依据的；如果不属于这两个条件，字义较隐，或夹在一般文字中间的，则并不加删节而予保留。例如上述《全体新论》中，被删除的“造化论”，是以“《新旧约》书曰”那样清楚指明来自宗教经典开始，最后又以“或问耶稣有何权能，何能救人。曰，耶稣乃上帝之子，上帝即耶稣，耶稣即上帝也”结束的，所有这样的文字被删了。可是其次篇“灵魂妙用论”，也是一篇宣道布教的文字，和医术也完全无关；只是因为这篇文字，没有用明白的宗教术语起始，里面的文字也比较含糊，因此就被保留下来，没有被删去。其实，其最后一段，仍是明显的传道文字。原文是：

> 或曰身体有病，必借医药；灵魂之病，亦可救乎？曰，吾人受天命之性以为人，皆当尽善，仰承天福；但积习日深，致令恶污其魂，如身之得疠疾，不有良医，终难自愈。救世主基督，灵魂之医师也；《新旧约》圣书，灵魂之方药也。本馆奉送福音书，凡欲看者，须到取之。人能遵其书，志其道，上赖天府，如农夫之望雨，永得灵魂之救。不知其道，不识其书者，斯人亦具有天良，果能尽其良心以行，魂斯善矣，是为志意之大端。

这段文字并没有被删除，照旧保存在翻刻本中，听其刊布流通。由此可以知道，当时对删除原本中某些文字而训点、翻刻这样的事，并不为知识分子所赞同、支持；因此只删除一些过分瞩目的，以应付、敷衍。这也是一种不得已的方法，因此并不损原本的精神。

至于训点，那是因为原书是供中国人阅读的，而中国当时的书刊，向无标点，亦不断句，以致有时会发生错义。在中国人尚如此，供对汉文理解能力远比中国人要差的日本人阅读，当然要先加断点。同时日本人虽然也用汉字，但其对汉文的读法和中国人不同，为使翻刻本能起到更大的作用，能供一般日本知识分子阅读，必须加以符号，使能变成日本式的读法，因此训点是完全必要的。当然训点还不等于和译，只是在汉文原文旁边加上日本的读音、读法的标志而已；特别是汉译西洋的人名、地名，如不加注音，日本读者中绝大多数将不知其意义。谈到人名、地名的加训，有一点在今天是极值得我们注意的，因为从这些名称加训的差别中，可以见到日本在吸收西洋文化过程中的进步。为了叙述的方便起见，现在以《万国公法》（庆应元年翻刻训点本）和《普法战记》（明治二十年大阪修道馆翻刻训点本）为例，来加以比较论述。两书翻刻训点的时间，相隔二十三年，这一段时间正是日本急遽吸收、消化西洋文化的开始，所以从两书对西洋人名、地名训点的差别，以及和现在日语中通用译法相对照，就可以知道他们在吸收、消化方面的大概。

例如“欧洲”一语，《万国公法》中训之为“ェウロツパ”，而《普法战记》中则训为“ョゥロッパ”，这和今天日本通用的相同。英吉利，前者训为“ィギリス”，而后者则训作“ィンギリス”；西班牙，前者训为“ィスパニャ”，后者作“スベィン”。前后各不相同，但和现在所通用的还有一致的地方，说明现在所用是继承了当时的。有一些名字却和现在完全不同，就是在当时，如不是注在汉字的旁边，恐怕也无法知道究竟指什么。像《万国公法》中训美利坚为“フルェーニフデスターテン”，《普法战记》中训拿破仑为“ナポレヲンボナパールチ”，路易为“ルィ”。各书的训音均不一样，没有一个标准，分歧得很厉害。这情形在中国也发生过，大概在过渡时期中，正忙于吸收新知识，对于外国人名地名等译法的统一，还无暇顾及，以致发生此等相歧，这是难免的事。

翻刻本在当时是相当受欢迎的，所以同一种原本有两种以上翻刻训点本者也不少。但这些两种以上的翻刻本，虽然有不同训点者，由不同书铺刊刻的，可是多数则是用同一刻板，由不同书铺重印而已，以致除封面上出版的书铺或发兑所不同外，其余均相同，即字体亦无丝毫之差。如翻刻达十次之多的《全体新论》只有两种版本，而这两种版本又仅封页上有“越智藏版”和“二书堂发兑”这一行字不同而已，其余连“清本翻刻”等字样都完全一样。《万国公法》虽有不同的翻刻本，但有一种却以同一刻板重印三次之多。

因为翻刻本受欢迎，因此当时日本有些个人、书铺都从事这种工作。现在可以在翻刻本的刊刻藏版的署名上知道一些，东都老皂馆在这方面做了不少工作，合信所著，除《全体新论》外，其他几本翻刻本，都是由其发兑的；《万国公法》也是他们翻刻的。明治四年版的《万国公法》翻刻本的最后一页上，刊有其广告，列举所翻刻的书目，达十四种之多。那时已用“东京立川老皂馆”，不用“东都老皂馆万屋兵四郎”的名义了。在其广告的最后一段说：

> 右之外舶来新版书籍，天球、地球图解，其他方今必读之诸书，月月发兑。希四方诸君，了多披阅。（原文）

可以想象，这种翻刻本受欢迎的情况和日本对新的西欧文明、物质文明渴望之切了。可是为什么对汉译本这样的殷切欢迎呢？细究其原因，可以说和二三十年后中国人之大事翻译日本书刊，以吸收西洋文化的原因相同。简单说，就是当日本开国之际，急于吸收新知识，而又苦于其国人在语言文字上，还没有够上直接从外文翻译的时候，汉译西洋文化的书刊却能帮助他们解决这问题。因为汉文是大部分日本知识分子所熟悉了解的。西洋文化有汉译本，他们完全可以从汉译本中摄取吸收，而不必再费学习外文之劳。同时，中国和日本由于过去文化上的关系，不但生活习惯相似，社会组织乃至经济结构也相差无几，所以西洋文化经过中国人，或在中国时间很长的传教士的转述以后，不适于中国国情处，自必已加删节。有的或更进一步，用中国的情况相对比、叙述，这样对日本人来说，不仅可以免却格格不入之弊，而且也能增加其理解程度。所以在日本输入吸收西洋文化、西欧物质文明的开始时，对这种汉译本信赖极深。土井赘牙在《翻译全体新论序》（所谓翻译，指训点而言）中说：

余恒言曰，佛法入华，华人以此学而施译，然后我受之、读之，故得不劳以溥。今喎兰（指荷兰）之学，未经汉译，而我以吾所学以译之。徒以其卷帙众多，指受紊乱，往往有隔靴抓痒之感。此在专门学习者，犹感其入之难，而引以为苦，遑论常人。其由何在，无他，盖无汉译以为据也。（原文）

金泽中西校，在明治四年（1871年，清同治十年）的改定普通学则第三项的西洋翻译书类一条中，有过这样的规定：

环海各国，皆我同井四邻也。……且初学者，未通其语言，未习其文学，故宜先就汉人所译之书而加研习，以得其略。（原文）

由此可知，汉译西洋文化书籍，在明治前后的日本，不仅被翻刻训点，而且还有被指定为主要参考书或教科书的。明治五年（1872年）日本公布新学制时，就曾将汉译本《万国公法》指定为教科书；表示日本政府方面，也重视由汉译本摄取吸收西洋文化的做法。

西洋文化的传入日本，一开始是通过或假手于汉译本而输进的。这些汉译西洋文化，对日本起了些什么作用，有过什么影响呢？

明治维新以后，不过二十年左右，日本在各方面都起了很大的变化；这种变化当然是由于西洋文化、西欧物质文明的进入而起，也就是说汉译西洋文化对日本的变化，起了促进作用。当然日本的近代化建设，没有汉译西洋文化作为桥梁，也必然会实现的，因为这是不可抗拒的历史潮流；但其在时间方面不会这样快，所花的人力物力方面，也不会这样经济。汉译西洋文化成了日本近代化的肥料、催生剂。

日本从汉译西洋文化中得到了营养，逐渐培养了自己的人才，所以在一定时间之后，就逐渐减少对汉译本的依赖。现在我们可以知道，明治十年前后，虽然日本西洋化的程度已很高，但对从中国所去的汉译本的信赖，依然没有减退；翻刻训点工作还不断在进行，《普法战记》就在明治十一年由陆军文库加以翻刻。慢慢地，派出的留学生陆续回国；雇聘来的外籍教员造就的人才，亦开始参加工作，直接输入、吸收的条件已成熟，所以到明治二十年（1887年）左右，已完全不必再依赖汉译本来吸收西洋文化，和中国文化也完全告别了。

从这时候开始，中日两国的文化地位就开始了逆转；不久，日本在中日文化关系中的地位，已完全取代过去中国的地位了；这是中日两国关系史值得重视的一个环节，也是值得我们反省，汲取教训的事实。

中日文化地位的逆转

文化和水一样，总是由高处向低处流，就是到了两方处在同一水平以后，也不是静止不动。水在满潮以后，接着是退潮，而文化的流动，却不止于满潮和退潮，一旦一方的文化水平稍呈现低落的征兆时，另一方就会源源不断地向之流入，形成逆转状态。如果被倒流的一方，再不急起直转，那么水平上的距离就会越拉越大，先进和落后的情况也越来越清楚。中日两国间的文化关系，向来就是这样，尤其在近一个世纪以来，两国的文化地位间的关系、变化，就与水的由高而低，由水平相似而逆倒流转的情况一样。日本在吸收西洋文化之初，翻刻汉译西洋文化书物，说明那时候中国在文化水平上还高于日本，所以还有力量和可能输出；但没有多久，日本已有力量直接从西欧吸收，不必再假手中国的汉译本时，就表示两国的文化水平已由高低之差，而趋于平衡。可是这现象并没有引起中国方面的重视，因此始终也没有想急起直追，更没有迎头赶上的愿望，这样距离就出现了。不仅如此，直到甲午战争、八国联军这一段相当长的时间内，中国的上层统治者，除了少数比较开明的能认识世界形势，感到情况严重而提出改革的要求外，绝大多数保守、顽固，昧于局势，始终以为中国是天朝大国，矜持其民族性的优秀，自尊自大，漠视文化的更新，以致没有多少时间，向来被中国人目为蕞尔小邦的日本，竟远远地走在中国前面，一举而战胜了老大帝国，再举而击败当时夸称世界列强之一的沙俄。这时候才使保守、顽固的中国统治者大吃一惊；中国，尽管有优秀的文化传统，地大物博等自然条件，但在近代文化面前，这些优越的条件起不了大作用，日本反而走在中国前面，使中国在近代化过程中，不得不转向日本来学习、吸收了。

现在看一下中日两国在文化关系中逆转的具体情况吧！

上面提到过，日本翻刻汉译本西洋文化书物，以输入西欧文明的最后一本，是明治二十年（1887 年）的《普法战记》，自此以后，再也不见翻刻、训点汉译本了。当然日本直接从西欧输入、吸收近代文化，并不是从明治二十年起，而是还要早些；但在翻刻最后一部汉译本以后，他们还是利用和假手了中国的，因此就以明治二十年（1887 年）作为一个分段的时间，亦即作为中日两国文化关系开始逆转的时间。

中日两国在文化关系上的逆转，具体表现在各领域中，现在把两国在近代化过程中，一些类似事项的开始时期，比较列表（第 36 页），以便能容易看出两者逆转的情况。

输入西洋文化以后，最具体的表现，而且也是最根本的改革，应该说是生产关系、上层建筑方面的变动。显然，封建制度是不适应已经急速发展的生产力的，日本在近代化改革中，早在明治十四年（1881 年）十月，就下诏定 1890 年（明治二十三年）为召开国会之期；作为国家根本法的宪法，也在 1889 年（明治二十二年）颁布；第二年十一月，如期举行了第一次帝国议会的开幕典礼。这样，近代西洋资本主义国家政治制度的形式，在日本已全部具备了。因为有这些变革，所以到1899年，日本宣布取消过去西欧列强强加到他们头上的领事裁判权，1911年更宣布关税自主。日本无论在领土完整和主权独立上，都已达到了自主独立的地步。可是中国呢，尽管在东亚，西洋文化政治制度、法律方面的知识，首先传到中国，通过中国再到日本的。可是由于中国和日本对待西洋文化有本质上的不同，所以在中国迟迟不见成效。预备立宪的上谕，虽说在清光绪三十三年（1907年）八月已经发布，但那只是敷衍知识分子和上层统治阶层中一些开明派的，想假此以转移目标、加强统治，并没有什么诚意。但就这样，已比日本要晚26年。至于宪法的颁布，如果把1912年中华民国成立后公布的临时约法勉强算入，那么要晚23年；假使要以1936年公布的五五宪法草案为准，那就晚得更多，要晚47年，快半个世纪了。国会的开设，不平等条约的废除和关税自主，更不必说。一直到1949年，中华人民共和国成立，中国才真正地成了领土完整和主权独立自主的社会主义国家。

在人民参政这一点上，也是这样，如果把康有为等在1895年（清光绪二十一年）发动的公车上书作为其开始，那么比日本在1874年（日明治七年）提出的设立民选议员建议，整晚了21年。至于改革政治，那么以日本在明治维新发布五条誓文的1868年（日明治元年）和中国的戊戌变法那年所下变法令比，也要晚30年；何况戊戌变法只是昙花一现，很快就失败了呢！

类似事项	中国		日本		中国迟于日本的年数
	事　项	时期	事　项	时期	
预告立宪	预备立宪上谕	1907	设立国会诏书	1881	26
颁布宪法	中华民国临时约法	1912	大日本帝国宪法	1889	23
人民参政活动	公车上书	1895	设立民选议院建议	1874	21
革新政治	下诏变法	1898	五条誓文	1868	30
设立新式大学	京师大学堂	1902	东京大学	1877	25
派遣留学生	美国留学	1872	荷兰留学	1862	10
设立外语学校	同文馆	1862	洋学所	1855	7
币制改革	法币制度	1935	新货币制度	1871	64
废止阴历		1912		1873	39
设立工厂	安庆军械所	1861	横须贺造船所	1864	早3
购买汽轮	亚丁（Aden）号	1872	咸海丸	1857	15
建造铁路	上海吴淞间	1876	东京横滨间	1872	4
建造电讯	上海香港间	1871	东京横滨间	1869	2
自办报纸	《昭文新报》	1873	《中外新闻》	1868	5
自办杂志	《时务报》	1896	《西洋杂志》	1867	29
发　型	自由剪发	1911	自由散发	1871	40
新式铅字印刷厂	商务印书馆创设	1897		1869	28
女子留学		1901		1871	30

据实藤惠秀《中国人留学日本史》，稍有更改

在改变生产关系、上层建筑方面，西洋文化在日本很快就见到了成效，可是对中国来说没有任何具体的影响可见。到以后，甚至1898年戊戌变法时，康有为等所提出的，已经是要取法日本，也就是要向日本学习。两国文化地位的逆转，在那时已很清楚；虽然十多年前，日本还从中国吸取西洋文化的精髓。

经济产业上，因为当时中国上层统治阶层中的开明派，多少还知道一些国际情势，吸收了些西洋文化的皮毛，知道要富国强兵，就先要依照西洋方式办几个新式机器工厂，所以很早就着

手，但就这样也不比日本快。例如最早的应用机器作业的工厂安庆军械所（1861年），虽比日本第一个工厂横须贺造船所（1864年）要早三年，可是其他方面，仍要落后，虽然其落后程度比政治制度方面要好。如中国建造的第一条铁路，上海吴淞间的淞沪路是1876年，比日本在东京横滨间建造的铁路晚四年；向西欧国家购买新式蒸汽机轮船，中国也是比日本晚15年；敷设电线，建立新式电讯，日本在1869年就在东京横滨间设置了，而中国则到同治十年（1871年）才由大北公司在上海香港间架设海底电报线路，晚了两年。至于通讯事业中的邮政，则中国方面要晚20年。

在经济制度中另一重要措施，货币制度的制定颁布，日本在明治政府成立不久，明治四年（1871年）就颁布新货币制度，规定货币政策并加以实行，为全国的流通经济打下了基础，可是中国一直到民国二十四年（1935年）才订立法币政策和制度，才改变了在流通领域中通货紊乱的现象。和日本相比，整整迟了64年。

文化领域中，也是日本领先。以新式高等学校的建立而论，日本在1872年（明治五年）公布学制之后，就于1877年建立了第一个高等学府东京大学，而早在安政二年（1855年）就设立了培养洋务人才的洋学所。而中国在八国联军侵略之后，才想到要举办新式高等学府，1902年（光绪二十八年）京师大学堂方告成立，比日本晚了25年；至于培养洋务人才的京师同文馆，虽设立较早，在同治元年（1862年）就成立了，但也比日本迟了七年。其他中、小学更不必说了。

在新闻出版方面，外国传教士在中国用汉文办的报章杂志，虽比较早，而且曾为日本所翻刻；但真正由中国人自办的，却并不比日本早。以中国人的资本，由中国人自办的《昭文新报》是1873年（同治十二年）问世的；第一份中国人办的杂志，就是梁启超的《时务报》，是光绪二十二年（1896年）才创刊的。而日本人自办的报纸，第一份《横滨新闻》，因为是笔写、手抄的，不计在内；到1868年明治维新后，《中外新闻》、《日日新闻》等报纸相继创刊，比中国早五年。杂志方面早得更多，柳河春三编辑的《西洋杂志》，在明治维新前一年的庆应三年（1867年）就出版了，比《时务报》早29年。

印刷是由中国发明，而且也是从中国外传的，可是到近代西洋物质文明发达以后，中国的木刻印刷已被铅印取代。日本很早就引进了机器、铅字（最早也是从来中国的传教士那里引入的），明治维新之后的第二年，1869年就设立了新式印刷工厂。可是中国，除了依靠传教士创办、经营的一些新式机器印刷厂，用铅字排版而不用木刻字拼排或刻印外（当时比较著名的印刷厂如上海的美华印书馆、墨海印书馆，都曾印刷过不少书物），就是利用日本的印刷厂，在日本印刷。勉强说，商务印书馆的设立是中国人自办第一个新式机器厂的话，那也是光绪二十三年（1897年）的事，晚于日本28年。在原来中国方面可以领先、占优势的文化领域中，中日两国的文化地位也完全是逆转了的。

作为吸收西洋文化主要力量的人才培养，中日两国之间对比一下，中国也要落后很多。中国在同治十一年（1872年）感到有学习洋务的必要，在容闳的建议下，由曾国藩出面奏准派遣幼童三十名赴美留学。但当时在国内遴选时，竟无法凑足三十名之数，不能不由容闳到香港，在那里找些幼童以补满三十名。这时和以后派到欧洲及日本的留学生，都是男子，直到1901年（光绪二十七年）才有第一个女留学生出国。日本呢？早在中国派第一批幼童留学美国之前十年即文久二年（1862年），江户政权就派内田正章、榎本武扬等十五人到荷兰去留学，而女留学生津田梅子等，也在明治维新后不久的1871年出国，比中国整整早了30年。留学生是直接关系到一个国家对西洋文化的摄取和吸收能力的，这种形式迟早的差别，虽不能决定摄取、吸收的水平，但时间的差别毕竟是很有影响的。

因为在各方面都发生了中国要比日本迟的现象，所以在19世纪末叶20世纪初，中国到了不能不变的情况时，就不得不向日本学习，从日本输入新的西洋文化、西欧的物质文明，像过去日本从中国吸收西洋文化一样。盛极一时的日本热，就是在中日两国文化地位逆转的情况下产生的。

为什么会发生这样的文化地位逆转，为什么中国会从优势地位而很快转为劣势，其原因是值得我们深思和探讨的。这原因，在仔细观察和比较中日两国对西洋文化吸收的态度后，就不难发现了。

西欧传教士向东亚进行文化侵略，利用传入西欧物质文明作为侵略工具时，总以为日本的文化（指他们到东亚的时候，即明治维新以前）全部源自中国，日本人不但崇尚中国，且目中国为文化之母国，那么只要西洋文化能在中国发生作用以后，不愁日本不步其后尘。因此从十五六世纪一直到19世纪，传教士们把绝大部分力量放在中国，忽视日本。这样造成了以后日本要吸收西洋文化，就不能不从汉译西洋文化的书物来摄取的事。以后的事实说明，当时绝大部分西欧传教士的想法，并不正确。

中日两国，无论在生活环境、社会组织乃至经济结构、风俗习惯上都极相类似，虽不全同，但所差不多。但是在文化传统上却迥然不同，中国向来有夸耀世界的文化地位，而日本却从古以来就在他国文化的营养中，建立自己文化的。所以尽管到十八九世纪，都处在自给自足的小农经济的锁国条件下，对于外来文化的态度，却并不相同；有时，或者说竟完全相反。这种不同，就决定了两国在以后文化地位上逆转，它也是中国一蹶不振的根源。

中国是一个有悠久文化传统的国家，除了有足以夸耀世界的优秀文化以外，在科学技术方面，火药、印刷、造纸和指南针也是首先由中国发明的。这个民族在长期闭关自守的情况下，对于外来民族、国家的态度，向来是以属邦、朝贡国对待的，从来没有重视过他们的文化。如有例外，也只是因为他们在某些技艺方面有所特长，而并不是由于他们的文化地位。因此，英国在鸦片战争中取得胜利，缔结《南京条约》时，特别要订明中英双方，应以平等地位相待；1856年英法联军和大清帝国开战得胜后，在1858年订立的《天津条约》中，也特订上不得称西欧人为蛮夷的条款。尽管这样，中国人心目中的优越感仍未稍减；因此近代西洋文化虽然很早就进入中国，但始终没有为大多数中国人所接受，也没有能影响或动摇中国固有的文化基础。

16世纪以来，西欧的传教士曾不断地引进、介绍西洋文化到中国；曾煞费苦心地研习汉语汉文，用汉文写出介绍西洋文化的书刊，想让中国人，至少是知识分子吸收一些新知识。然而除了钟表等一些中国所未见的“新异事物”因好奇而受到珍视以外，其他方面很少有人一顾，也根本没有接受的意思。

日本在近代化初期，大量翻刻的汉译西洋文化书籍，虽然是用汉文书写的，但绝大多数是由在中国的外国人写、译的，有的也有中国人参加，标明是合译或共著的，例如英医合信得清医之助而成《全体新论》,《四裔编年表》是美国林乐知和中国严良勋、李凤苞合编的,《星轺指南》也是丁韪良和清联芳、庆常合译的。表面上看，似乎是部分中国人已接受了西洋文化，而且还很深入，否则是不可能编、译这些较专门书刊的。但经仔细探讨，就知事实并不这样，这些书物的译、编实际上还出诸外国人之手，中国人的参加，以及所担任的工作不一定和深奥的专业知识有关，多数只是以汉文记录，或修润汉文，而不是从原文译成汉文。有的书籍在署名上，就写明由外国人口译，中国人笔受等字样。介绍西洋文化进中国的传教士，虽然在中国生活多年，通晓汉文汉语，但总免不了有和中国人不同的地方。为了使他们的工作能为更多的中国人所接受，不能不请中国人来记录或修饰，使成为真正的汉文作品，而不是似通不通的。因此说在这些汉译西洋文化书物中，中国人只居于辅助的地位，不是主动去翻译，而是被动，受外国人之托才做的，实际上大部分工作仍赖外人。

再看一下，这些不算少的汉译西洋文化书籍的出版，是不是应当时中国人的需要而出版、翻译的？不用说，在那时中国的人民，百分之九十以上处于被统治地位，教育程度极低，有极大部分还是文盲，他们只知道墨守成规，不知其他，连中国固有的文化也不感到有什么需要，遑论外来的西洋文化。因此，这些汉译西洋文化书籍的翻译、出版，对他们来说是完全“风马牛不相及”的。至于对统治阶层说来，知识分子中虽有些人是有远见，比较开明的，但人数极少，起不了什么作用；而大部分居于掌有实权地位的，却不是顽固不化，就是认为西洋文化只能供权宜之用，不足以言治国平天下。在他们心目中，始终认为能治天下的还得靠中国的固有文化，但西洋文化在一定程度还是有用，能加强和巩固他们统治的，所以提出“中学为体，西学为用”的口号，其实就是想利用皮毛，而不是需要精髓。因此，不用说在十六七世纪，就是到 19 世纪，西洋文化对中国人来说，无论是广大人民还是上层统治者，除了极少数以外都没有需要。

既然没有需要，为什么从 16 世纪以后，到中国的西欧传教士还这样不懈地去干这种汉译工作呢，难道他们不知道是徒劳吗？

传教士的不远千里、远涉重洋到中国，而且还有把毕生精力放在这异教徒的土地上，他们是有目的的。这目的就是众所周知的传教布道，以完成其文化侵略的任务，要达到这个目的，不改变中国人民对固有文化的认识是不行的，尤其是知识分子和上层统治者。所以他们明知不会起多大作用，可是仍不断地把西洋文化，用各种方法介绍到中国，从事启蒙工作，为以后的传教布道开路，树立文化侵略的基础。他们之献钟表等新奇器具于统治者，用天文、绘画、历法、医术等取信于统治者和汉译西洋文化书物的出版，都是为这同一目的而采取的方法。因为有这样一个目的，所以他们能不避艰难，不顾能不能为中国人士所接受，也不问会不会动摇中国固有文化的基础，始终不懈地把西洋文化介绍到中国，想灌输到中国人士的思想中。然而，一直到 20 世纪初，他们这种努力都浪费了。

中国这样，再看一下日本呢？

日本也和中国一样，在明治维新以前也是处于以自给自足的小农经济为基础的锁国状态下的，中国文化对他们的影响极深、极广，所以也和中国相似地保守。但日本文化毕竟不是中国文化的分支，有其独特的性格；日本广大人民，由于其地理环境和资源不多的关系，所以其民族性和中国不同：勇于冒险和进取。在这种条件下形成的日本文化，虽有保守成分，但并不顽固。更因为其本身没有悠久和足以夸耀的文化传统，向来是引进、吸收和消化，所以对外来文化的排斥，也没有中国那样强烈。

以吸收西洋文化为例。日本在翻刻训点汉译西洋文化书物的同时，也曾自己直接翻译和输入过西欧的新知识，这就是上面提到过的在安永三年（1774年，清康熙三十九年）前野良泽、杉田玄白、中川淳庵等所译的解剖书《解体新书》。这本书完全是出于日本人之手，既不是笔录，也不是修饰文字而已，并没有假手于任何外国人。而其所以翻译的动机，杉田玄白在《兰学事始》中说得很明白。他说当时日本医界有志深造之士，在解剖人体时，对所见到人体内肠腑之位置、形状，和他们过去从汉籍中学到的古说，竟全部相违，而和荷兰出版的书籍（指此书）却完全吻合，大家都十分惊叹，因而决定加以翻译。由这一段叙述看来，可以知道，他们之着手翻译《解体新书》，至少是适应当时日本医学界部分人士的急需的。

以后，日本的翻刻、训点汉译西洋文化书物，重版次数之多，销行数量之大，说明其需要并不像中国那样，只将其陈列于书架上，作为装饰品而已；否则是不会一而再、再而三重印的。翻刻、训点范围之广，也说明了这一点。

从这些事实看来，可以知道日本用翻刻、训点汉译西洋文化书物的方法来吸收、输入西洋文化，是出于需要新知识，因此其效果自有不同。

再从派遣留学生一事做一番比较。

由时间上看，日本比中国要早十年开始向外国派遣留学生，这一事实虽也说明一些问题，但不是主要的。

同治十一年（1872 年）中国决定选送幼童出洋留学的时候，在上海设局挑选，由于风气未开，士大夫家庭都不能送子弟前往“蛮夷之邦”，以致不足定额，不能不由容闳到香港，在英政府所设学校中选补。第一批前往美国留学的，都是十二至十六岁的幼童，不用说对中国事情不了解，连汉文基础也很浅薄，以致不能不派汉文教师随同前往。到 20 世纪初，全国上下一片向洋人学习的热潮时，选派到外国留学，多有用游历考察名义官费出国，又变成八旗子弟或上层统治阶层子弟的特权，当然没有考虑过中国当前的需要。待取得资格回国后，不是以留学视作进身阶，就是迫于生计不得不改行。当然，也有针对性派遣的，像开始派到德、法、美各国的留学生，都是学习军事的，年龄大，有一定经验；但这种情况不多。

日本第一批派往外国的留学生，是文久二年（1862 年）江户政权派到荷兰学习海军的榎本武扬、西周等十五人，都是从海军操练所、蕃书调所等机构中选出的海军将领、测量师、船匠，在业务上有一定的基础，对本国的文化也有所了解。因为派出去是有目的的，所以回国以后所发挥的作用，也非无目的派遣能比。当然，在以后日本派遣留学生时，也曾有过和中国相同的事，即派幼童出国，像第一个女留学生津田梅子出国时才七岁；并且也有从上层统治者子弟中遴选的事。但日本政府很快就发觉了，把这批留学生调回，重新遣派。他们到国外以后所学的科目，都是些基础的社会科学，而不是供一时需要的皮毛。例如他们派到荷兰的留学生，除学海军者外，学的是性法学（Natuarregt）、万国公法学（Volkeuregt）、国法学（Staatsregt）、经济学（Staalschuishoudkunde）、政表学（Statislick）*等改革社会组织、经济结构上的一些基本理论，也就是说从根本上吸收西洋文化，以应长远的需要。

因为有这些本质上的不同，所以留学生回国以后所起的作用，也大不相同。中国第一批留美学生回国以后，除詹天佑以外，多数成了官场中的逐鹿者，和科举出身的官僚无异。而日本留学生回国之后，主持了整个国家的改革，把一个落后积弱的国家，逐步建设成了新兴的近代化强国。张之洞在《劝学篇》中，曾经总结过这事，他说："日本小国耳，何兴之暴也。伊藤、山县、榎本、陆奥诸人皆二十年前出洋之学生也，愤其国为西洋所胁，率其徒百余人分诣德、法、英诸国，或学政治工商，或学水陆兵法。学成而归，用为将相；政事一变，雄视东方。"张之洞这些话是光绪二十四年（1898年）说的，中国的上层统治者已认识到这问题的本质，可是仍是知其然而不知其所以然，所以其结果仍不免失败。

中国比日本先输入西洋文化，但输入之后，并没有吸收，更谈不到消化。西洋文化仍然是西洋文化，没有成为创造新中国文

* 日文版翻译为自然法（Naturrecht）、国际法（Völkerrecht）、国法（Staatsrecht）、经济学（Wirtschaftswissenschaft）和统计学（Statistik）。——编者注

化的肥料，中国文化也没有从中吸取营养，改变其面目。而日本则不然，尽管其和西洋文化的接触较晚，并且还是以汉译西洋文化书物为媒介而间接输入的，但他们输入一些吸收一些，更进而消化，以此为营养肥料创造了新的日本文化。

大概地说，从19世纪90年代起，中日两国间的文化地位已有了明显的逆转。西洋文化，过去一向是先流向中国，再通过中国而传到日本的；现在却往日本流，而由日本吸收消化之后，再传到中国了。张之洞在《劝学篇》中说："西书甚繁，凡西学不切要者，东人已删节而酌改之。中东情势、风俗相近，易仿行，事半功倍，莫过于此。"又说："我取经于东洋，力省效速。"张之洞这些话不正是半个世纪以前，日本人在翻刻训点汉译西洋文化书物时所说过的话吗?！不过把"东"、"东人"易为"汉"、"汉人"而已。历史是无情的，也是残酷的。在急剧变化的时代潮流面前，不能顺应，或者反其道而行的话，没有不受到历史惩罚的。中日两国在文化地位上的逆转，不过是一个信号而已，假使那时候中国能发觉这种情况（不能说没有发觉），而且认真对待，急起直追，则中国的情况，绝不会像以后那样，中日两国间的关系，也不会有一个世纪左右不愉快的事。

文化地位的逆转，绝不是偶然的。这个事实，一直到今天还是值得我们注意和深思的。

1943年9月初稿

1983年9月改定

日本教习

数千年来未有之变局

鸦片战争以来，外国资本主义者不仅用洋枪、大炮在军事上打败了腐朽的大清帝国；更重要的是自足的小农经济受到了打击，不能不打破数千年来的闭关自守的局面，接受资本主义的洗礼，使中国的社会发生了亘古以来从未有过的变化。当时的情况，正如李鸿章一再提到的那样，是“三千余年来一大变局”，[①]“实为数千年来，未有之变局”。[②]

英国侵略者用洋枪大炮打开中国的大门，取得各种政治、经济上的利益以后，其他资本主义国家，也仿效英国，纷纷步其后尘，用炮舰政策胁迫昏聩无能的清朝统治者，用割地赔款、开市通商和签订其他一系列不平等条约的方式宰割中国。在条约的保证下，外国的资本主义势力长驱直入地深入到中国腹地，过去中国社会的各种基础都遭到破坏。

首先受到外国资本主义势力侵入威胁的是经济方面。几千年来，中国封建地主统治赖以支持的自给自足的小农经济基础，受

① 李鸿章：《覆议制造轮船未可裁撤折》（1872年）。

② 李鸿章《筹划海防折》（1874年）中说得比前年折中更进了一步。他说：“今则东南海疆万余里，各国通商传教往来自如，麇集京师及各省腹地。阳托和好之名，阴怀吞噬之计，一国生事，诸国构煽，实为数千年来未有之变局。轮船电报之速，瞬息万里；军器机械之精，工力百倍，又为数千年来未有之强敌。外患之乘，变幻如此，而我犹以成法制之，譬犹医者疗疾，概投之以古方，诚未见其效也。”这是在台湾事件以后，他所上的奏折，说明当时统治阶级已经见到中国面临的危局。

到严重的打击和破坏，被迫和当时正在寻求市场和原料的世界资本主义经济发生联系，受其支配和剥削。在这种支配和剥削下，使原来就已十分贫困、残存的人民生活，更陷于破产的地步。加上由于军事上的失败，清王朝被迫承认的巨额赔款的负担，以及统治者的残酷剥削、摊派，使广大人民，尤其是本来就挣扎在死亡线上的农村人民，已到了无法生存的地步。

面临这样一种情况，人民大众除了起来反抗，就没有别的出路。在人民的反抗面前，清朝统治者为了维持其统治，只有加紧对人民的镇压，为此就不能不加强与外国资本主义势力的勾结和对他们的依赖，而外国资本主义势力为了更深入地、更进一步地剥削中国人民，也只有加紧和腐朽的清王朝相勾结；所以一旦有弱点，可以供其利用时，他们必然一拍即合，与中国人民为敌而加强其镇压和剥削；同时也使外国资本主义势力更变本加厉地侵略中国。这种恶性循环的演变，随着时间的推移，中国社会基础的崩溃程度日益加速。因此，到第二次鸦片战争时期，中国这一个老大帝国，已经陷于这样的地步——国内，农民起义此伏彼起，烽火遍地：尽管清朝统治者利用汉人的力量，加强镇压，但人民反抗的火焰，仍随时随地都有爆发的可能。外部，随着资本主义势力的进入帝国主义阶段，变得更贪婪、更残酷，到处寻求殖民地以满足急速增长的经济力对市场和原料的需求，使中国这样一个拥有广大土地和人民，而在经济上落后的国家落入随时都有遭受帝国主义势力瓜分的危险。其所以还能苟延残存的缘故，并不是由于本身的力量，而是因为帝国主义势力之间的一时无法平衡。在这种情势下，中国人民正面临着已无法控制自己生存因而非变不可的局面。

广大的人民，尤其是他们中间比较进步和觉醒的知识分子，不仅从面临着的局势，也从书本上接触和吸收到的新知识，提出了变革的要求。一般的人民，主要是广大农村的人民则由于其本身生存所面临的威胁，步入了官逼民反的地步；全国各地武装起义的主要力量，就是他们，他们用实际的行动来要求变革。

清王朝的统治阶层，包括昏聩的顽固派和多少清醒的开明派，他们即使不想变，但形势迫使他们不能不变。他们为了要继续维持和巩固他们的统治，要让他们对广大人民的剥削永远延续下去，就必须有一套能适应新形势的方法。

变，非变无以应付变局。到19世纪的后半叶，在中国的土地上，变，已成了全国上下一致的要求，尽管他们的目的不同，要求不一样；对变的理解和方法，也不尽相同。但，不变是不行的，这一点却是大家都一致的。

怎样变?

由于对变的理解不同，目的和要求也各异，所以对待变的态度，也当然不会一致。

广大人民的要求变，完全是为了求生存；无论是武装起义的方式，还是要求改革的方式，其目的都是为了求生存。但是，当时的人民是无权的；即使封建地主阶级中比较开明的知识分子发表一些同情起义的言论，也会被当作危言，列入叛逆行列的。王韬的遭遇，就是最好的例子，更不必说以武装行动来达到变革要求的洪仁玕了。

统治阶级的要求变，其目的也很简单，也只是想加强和巩固其统治。因为在人民的反抗面前，不变就不能继续维持其统治，不能再剥削人民。军事上的镇压，虽然可以求得暂时的安定，但绝非久计。不过，统治阶级里面，由于对权益认识的不同，所以对变的要求、所采取的方法也不完全一致。

统治阶级中的顽固派墨守成规、昏聩无能、昧于局势，只知道祖宗成法不容改变。即使在一再失败的教训面前，还迷信他们的权力，不肯总结教训。这些人虽然不多，但都居于朝廷中枢，是清王朝的最高权力构成分子，因此影响极大。他们心目中的变，无非是把大刀长矛，变作洋枪大炮而已。

可是统治阶级中的另一部分，中层或者说是大部分在地方的实力派，他们在和外国资本主义势力的实际交往中，在他们陆续吸收到的知识中认识到，要加强和巩固、继续维持他们的统治，不在根本上做一定程度的变革是不行的；要在根本上加以变革，就不能不改变祖宗成法，就不能不顺应时势，否则是无法保持其统治的，更不必说继续维持和加强巩固了。他们也看到在镇压人民这一点上，要用洋枪大炮来代替大刀长矛；但他们更看到，用洋枪大炮镇压人民的反抗以后的事。因此，他们主张富国强兵。这口号可以说是统治阶级中比较开明一派，地方实力派对变革的主张、方针。

他们这种富国强兵的想法，和广大人民中比较进步的知识分子的想法是不谋而合，大部分是相一致的。因此说，这是 19 世纪下半叶中国要求变革力量的主流。由于他们在统治阶级中不处于枢要地位，尽管大部分在地方上拥有一定的实力，但对全国的影响来说，在前期还是有限的。而人民中的知识分子，其力量更微薄，影响也仅限于沿海和大城市间。因此由一定程度上说，他们的力量不够强大，没有充分的决定权，随时随地有为顽固派所否定、扼杀的可能。而且在他们内部，对于所有问题的意见，也不完全一致，有时分歧还很大。不过这种力量，毕竟还是值得重视的。他们的变革活动，就是中国近代史上称之为“洋务运动”的变革。尽管没有成功，但对中国的前进，确实是留下了深远影响的。

洋务官僚们比起顽固的保守派来，是要高明一些，但他们主要的目标仍是从资本主义国家的坚甲利兵而来；因此他们的变革，着重于“强兵”上，“富国”也是围绕着“强兵”这目标而来的。这样，他们要求的变革，推行的洋务运动仍然只限于表面的一些措施，并没有深入到本质。因此到19世纪末年，中日甲午之战时，洋务官僚们苦心经营达二十年之久的新政，成果已破绽百出，陷于完全失败的境地了。他们所目为最大成果的北洋海陆军，在甲午一役中全军覆没：坚甲利兵只能供检阅，一临实战就溃退乞降。在富国前提下引进的洋机器、洋技术，和以这些为本钱而办的各种企业，也奄奄一息；除了提供洋务官僚们升官发财的机会、地盘以外，对改善经济，提高生产力并没有起什么显著的作用。

洋务运动在甲午战争后，已由事实证明是行不通的。可是局势逼人，变革仍是人心所向，还掌握着政权的统治阶级是绝不甘心让出统治权的，他们还想用改革的招牌欺骗人心，维持其摇摇欲坠的统治。

可是，历史不会重演，广大人民和统治阶级中比较清醒的人们，都已经从洋务运动的失败教训中，得出了经验，分辨出变革应走的途径。即使连当时比较保守、不主张使用暴力推翻政权，而把希望寄诸上层统治者身上的梁启超，也对洋务派的表面做法，做出十分痛切的批评，指出不从根本着手是不行的。当然，他所谓的根本改革，还只是有局限性的，只比洋务派进一步而已。他对洋务派的批评是：

> 不见李鸿章训练之海军洋操，所设之水师学堂、医学堂乎？不见张之洞所设之实业馆、自强学堂、铁政局、自立军乎？李以三十年之所变者若此，张以十五年所变者若此。然则再假以五十年，使如李张者，出其温和之手段，以从容之布置，则到光绪四十年，亦不过多得此等学堂洋操数个而已。一旦有事，则亦不过如甲午之役，望风而溃，于国之亡能有救乎？既不能救亡，则与不改革何以异乎？①

这种批评，今日看来，也是极温和的。不过在当时而论，已经是很不寻常的了。因为统治阶级的所谓变，实际上只是一种骗局，一种拖延时间的变局，任何一种足以触及其统治基础的变革，都会受到阻难，甚至镇压扼杀的。

既要用变革来欺骗广大的人民，也欺骗自己，又要不触及原有的统治基础，在这种要求下，统治阶级，包括大部分要求改革

① 梁启超：《政变原因答客难》，载《戊戌政变记》。

根本制度的知识分子，都把目光转向国际上一些在变革中取得成就的国家，企图走他们的道路。

18世纪生产力经过根本性的改革，取得了急速的发展之后，世界上大多数的国家，为了适应发展起来的生产力，所以也都在不断的改革之中。进入19世纪，都在改革之后，取得了一定变化，改变了旧面目。就在中国邻近的日本和沙俄，过去和中国也不相上下，或者说在国力上还低于中国，可是通过改革，到19世纪末叶，都已摆脱了贫困孱弱，一跃而居于列强之林了。不但本身抵制了外来的侵略，反而也和其他列强一样，掉过头来欺侮中国了。甲午一战给中国人的印象是十分深刻的。因此无论朝野，对于革新后的日本和沙俄，在正探索怎样“变”的中国人说来，是饶有兴趣的。何况日本和沙俄的变革，表面上并没有改变其统治地位；这一点正是有权力地位的统治者所日日夜夜挂念着，而又苦于无法解决的。而对要求通过变革摆脱生活上困境的广大人民来说，由弱变强的日本和沙俄，也是心目中的模范。尤其是日本，不但在地理上一衣带水，从古以来就来往频繁、关系密切，而且文化、经济乃至肤色上、风俗习惯上均相若，对他们的理解也深于他国。所以在洋务运动失败以后，中国的变革，大都是以日本作为模式的，包括百日维新的戊戌变法，以及其后的一些变革，莫不是以学习日本，照明治维新的方式进行的变革。

在老大的中国面临数千年来未有之变局面前，不变就不能适应，就要被淘汰，就不能维持原有的统治；而变，又不能损及原统治者的地位。这样，模仿其他国家改革成功的例子来应付变局、欺骗人民，这就是晚清后期的情况。

留学——培养变革人才

变，并不是公布一个法令、一项计划就算了结，而是需要执行这种变革的人才，才能具体地使变革的计划、理想成为事实。中国过去千百年来的教育制度没有造就出这样的人才，八股取士的选拔方式，也不可能遴选出这样的人才。可是世界在变，外国资本主义势力随着时间的推移，日渐侵蚀到中国社会的深部，其中最主要和根本的是西洋的文化知识。这些西洋文化知识，不仅有属于实用技术方面的，也有涉及思想意识的。最初，不论是洋务官僚，还是各阶层知识分子所注意到的，多是偏重于物质文明方面的知识；在精神文明方面，多少年来养成的中华思想，还在起作用，总认为自身是世界上最优越的。在这样一种思潮和心情之下，产生了一种特殊的培养方式：既要改弦易辙、培养一批通晓洋务的人才，又要他们不能放弃固有文化的基础。洋务派官僚们所提出的“中学为体，西学为用”的特殊方式，就是适应当时情况而产生的。这种思想影响极广，在很长一段时间，或者说一个世纪左右，中国在文化教育上各种活动的基本指导方针，就是这种“中学为体，西学为用”思想。留学生的派遣，新教育制度的建立，无一不受其影响。

要培养变革的人才，就要模仿日本，向先进的文明国家派遣留学生。日本明治维新之初，曾经派出留学生，这批留学生不但成了以后改造日本的中坚，而且也为日本的资本主义化，奠定了基础。因此，中国在日本派出留学生后不久，也向国外派遣了一批又一批的留学生。

中国近代史上第一批出国、到国外去留学的学生唐绍仪等三十人，是在同治十一年（1872年）到达美国的。[①]以后又每年派出，到光绪元年（1875年）派出第四批，即曾国藩奏准派遣一百二十人的最后一批留学生赴美。这批学生出国时年龄都不大，在美国所学的，也是基础知识。可惜当时顽固保守势力很强，对于这种新的事物处处留难阻碍，因此到光绪七年（1881年），就在“各生适异忘本，目无师长，固无论其学难期成材，即成亦不能为中国用”的口实下，全部撤回。[②]以致这批留学生中，除唐绍仪、詹天佑、梁敦彦等极少数人外，其余均徒劳往返，一无所得。

在向美国派遣留学生的同时，也有向欧洲派遣的。光绪元年（1875年），沈葆桢派遣福建船厂学生随法人日意格到法国，学习船政及造船。次年，又有李鸿章派遣卞长胜、朱耀彩等七人随德教习李励协到德国学习陆军的事。[③]以后更有陆续派往英国学习

---

① 同治九年（1870年），容闳把他和当时任上海道的丁日昌商议的派遣学生出洋的教育计划呈请曾国藩考虑。曾认为可行，于次年呈准执行（同治十年七月初三日）。但正式派遣，则在同治十一年（1872年）。据《留美中国学生会小史》（1925年）所载，称：“同治末年，湘乡曾国藩奏请派幼童出洋留学，议成于1870年，使丰顺丁日昌募集学生。翌年，适吴川陈兰彬出使美国，遂命香山容闳率学生同来。以高州区谔良为监督，新会容增祥副之；学生即唐绍仪、梁诚、梁敦彦、容揆、欧阳庚、侯良澄、詹天佑、郑兰生等。此为中国学生留美第一期。”

② 《留美中国学生会小史》：“光绪六年，南丰吴惠善为监督，其人好示威，一如在日之学司。接任之后，即招各生到华盛顿使署中致训；各生谒见时，均不行跪拜礼，监督僚友金某大怒，谓各生适异忘本，目无师长，固无论其学难期成材，即成亦不能为中国用。具奏请将留学生裁撤。署中各员均窃非之，但无敢言者，独容闳力争，无效。卒至光绪七年，遂将留学生一律撤回。”

③ 李鸿章于光绪二年三月二十六日奏《选华弁出洋习艺，并洋弁给奖》折中说：“筹布海防，迭经筹款定购西洋新式后膛枪炮，分发各营督饬操练。并转托德国克鹿卜炮厂代雇德国都司李励协来津，订立合同，议明三年为期，教习克鹿卜后膛钢炮……现届期满，销差回国……商令李励协带回花翎游击卞长胜等七人赴该国武院学习水陆军械技艺。俟学成回华，再分拨各营教练，以期渐开风气……”（《约章成案汇览》卷三二下）

水师的事。[①]从派往欧洲留学生的年龄、学习科目看，和派赴美国的不一样；不仅学生年龄较大，而且大部分都属在职人员，已有一定工作经验，所学科目亦集中在与强兵有关的军事技术，或者与之有关的实用技术科目，因此学习期限也不如赴美的长。这种改变，可能是出于派遣机构的不同，需要也不一样；但主要可能还是出于实用，并没有更深更远的打算。

这些向欧美资本主义国家派遣留学生的举动，很清楚是一种应急的措施，并没有思想基础，也没有任何相应的准备。也就是说，在统治阶级心目中，派遣学生出国留学，只是造就一批变革中能够为他们利用的洋务人才，一切不能超越统治阶级所容许的范围，甚至连跪拜那样的礼仪方面，也不许他们越雷池一步。这样的留学生，从根本上说是难以起到很大作用的；但比闭关自守时期，则大大进了一步，尤其在吸收西洋先进文明这一点上，是应该加以肯定的。

中国初期向外派遣留学生时，根本没有派赴日本的，也没有准备向日本派出的计划。其原因是：日本在中国人心目中，仍然是蕞尔小邦；尽管那时的日本，已通过明治维新，逐渐由弱转强，插足到国际事务中了，但闭关自守、昧于大势的中国统治者，却仍然没有改变其对日本的看法，认为其文化来自中国，没

① 光绪二年十二月，李鸿章奏派福建船厂学生及艺徒共三十名赴英、法学习驾驶及制造。其中有学生十二名到英国，学习期限为三年。李鸿章在奏折中说："查制造各厂，法为最盛；而水师操练，英为最精。闽厂前堂学生，本习法国语言文字，应即令赴法国官厂学习制造，务令通船新式轮机器具，无一不能自制，方为成效。后堂学生本习英国语言文字，应令即赴英国水师大学堂及铁甲兵船学堂，习驾驶，务令精通该国水师兵法，能自驾铁船于大洋操战，方为成效。"（《约章成案汇览》卷三二上）

有向其学习的必要。[①]

事情是在变化的。蕞尔岛国的日本，在光绪二十年（1894年）甲午一战中，竟一举而战胜了老大帝国，并且使洋务派倾注全力的北洋陆海军全军覆没。这样，才使中国人的日本观，发生了根本上的变化；加上日本和中国在地理上、历史上的关系，就促使后来再度考虑向外遣送留学生时，不再局限于欧美，而把重点放到日本了。这种变化，随着日本国力的增长而加甚；日俄战争中，日本再度战胜沙俄后，中国对日本的感情和态度，可以说增长到了顶点。

张之洞，当时清王朝统治阶级中的地方实力派，他在其所著的《劝学篇》〔光绪二十四年（1898年）出版〕中，有过这样一段话：

> 日本，小国耳，何兴之暴也。伊藤、山县、榎本、陆奥诸人，皆二十年前出洋之学生也，愤其国为西洋所胁，率其徒百余人分诣德、法、英诸国，或学政治、工、商，或学水陆兵法，学成而归，用为将相；政事一变，雄视东方。

这段话是有代表性的，不仅说出了统治阶级中头脑比较清醒、开明的一派对日本的看法，而且也表现出当时统治阶级中多数知识分子的日本观。

甲午战争之后，中国人开始认识日本了，开始知道日本民族

① 矢野仁一在《日支交涉史略》（收《支那の历史と文化》一书中）文中说："中国之对于日本，不仅没有亲善友好之感情可言，且其视日本，直比西洋诸国均要轻蔑不如。"他并举引光绪八年给事中邓承修奏折中的文句，以做证明。邓在折中说："与西洋诸国之交际，不妨虚与逶迤，以示宽大；而际日本之事，则必须全力以争，不可有纤毫之迁就。"这在当时来说，可以说是实在的情形。

不是一个没有文化的民族。但是这种认识，仍然是十分肤浅，局限于表面上，只从日本已经有力量打败中国这一点上认识的。在这以前，在中国人，特别是统治阶级中的某些人看来，只有欧美帝国主义者才能打败中国，现在日本在明治维新派出留学生回国后，短短几十年中，竟然也能打败中国了，因而觉得留学变法是由弱变强的唯一办法。他们根本没有认识到，中国和日本，至少在文化地位上已经发生了根本的变化，完全逆转了。不过就是这些肤浅的、表面的认识和理解，也已经使统治阶级中一些人和各阶层的知识分子，具有了向日本学习，向日本派遣留学生的足够理由了。另外还有路程短、文字和风俗习惯相似等等其他的方便。张之洞在《劝学篇》中，特别提出“至游学之国，西洋不如东洋”①。简单地说，中国要变，要培养变的人才，过去只知道派遣学生上西方国家去，才能达到这目的；可是现在说“西洋不如东洋”，把东方的日本，提到首位了。这个变化，是付出了巨大代价才得到的认识。

在这种学习、模仿的对象，由西转向东方的思想支配下，光绪二十二年（1896年）中国向日本派出了第一批留学生十三人。② 从此以后，中国学生赴日本留学者络绎不绝，而且逐年有所增加。特别是到20世纪开始的时候，八国联军入侵，首都沦陷以后，举国上下都以为

① 张之洞在《劝学篇·游学第二》中说：“至游学之国，西洋不如东洋：一，路近费省，可多遣；一，去华近，易考察；一，东文近于中文，易通晓；一，西书甚繁，凡西学之不切需者，东人已删节而酌改之，中东情势风俗相近，易仿行。事半功倍，无过于此。”

刘坤一和张之洞合奏之《覆议新政折》第三折中，也说：“惟游历实效，以遍游欧美日本为全功，而以先游日本为急务。……东瀛风土文字，皆与中国相近……受益较速，回华较早。且日本诸事，虽仿西法，然多有参酌本国情形，斟酌改易者，亦有熟察近日利病，删减一通者，与中国采用，尤为相宜。”甚至梁启超也有同样主张。

② 日本宏文学院沿革，见《宏文学院普通科、师范科讲义》第一编“杂录”。又见实藤惠秀：《中国人留学日本史》（三联书店1983年版）、《中国留学生史谈》（日本第一书房1981年版）。

只有按照日本模式进行改革，才能振兴中华；把学习日本，目为事半功倍的唯一捷径。大量中国人，不论是青年学子，还是已经有了功名的都涌向日本；不仅有公费派遣的留学生，还有自备资斧的留学生或游历的。有兄弟姊妹，也有夫妇父子全家东渡的；有十三四岁的童稚，也有七八十岁的老翁。[①]上日本去，上日本去，在当时成了一股热潮。

光绪三十一年（1905年）日本战败沙俄的消息，不但使世界各国大吃一惊，更使中国人民大吃一惊。于是日本成了中国人学习的唯一目标，尤其是统治阶级中，上上下下都以师事日本为最紧要的任务，最大的希望所在。本来就逐年增加的赴日人员数（不仅仅是留学生而已，事实上，以考察、游历名义而东渡的人数，数倍于留学生人数），也直线上升，据估计，1905年在日本的中国留学生人数，总有八千至一万人左右；[②]次年，竟有说达两万人左右的。[③]当然，这种估计可能过高，但有一点可以肯定，即这两年中，中国人到日本的、中国学生之留学日本的，比过去哪一年都多则是事实。陈青之在《中国教育史》中所引，清学部的推计，1906年在日本的中国留学生人数，大约在一万二千人左右，是比较近于事实的。

在向日本学习，依日本模式进行改革，加强和巩固旧的统治这一指导思想下，清王朝，无论是中央还是地方，都有向日本聘请一些专家到中国来，担任学术方面、技能方面顾问或指导的。当时一

---

① 见松本龟次郎：《邻邦学生教育的回顾和未来》（载《教育》七卷四期，岩波书店版）及《中国留学生小史》。

② 明治三十八年（1905年）七月十七日，东京《朝日新闻》所发表青柳笃恒文《支那留学生问题》中所称。

③ 明治三十九年（1906年）十一月《早稻田学报》所刊青柳笃恒文《支那子弟为什么游学我邦》中所说。

些新创的部门，尤其是与洋务有关的如巡警、铁路（和债务有关的除外）等部门，都聘有顾问。顾问中人数最多的，就是日本人。这一点和以后日本教习的来中国，是有直接关系的。

甲午战败之后，中国人对日本人的感情，虽一度有所降低，但没有多少时候，特别在日俄战争爆发以前，中国人不仅恢复对日本人的友好感情，而且比过去更进了一步。日俄战争中，清王朝是宣告中立了的，但由于战事是在中国土地上打的，中国民心的向背影响战事的成败至巨；而当时中国人民的感情，很明显是倾向于日本的。这和日俄战后中国人的大量涌向日本，应该说是一件事的两面。

中国为了要培养变革所需要的人才，不惜花费巨资，向国外派遣留学生；在选择学习对象，派遣留学国家时，由欧美而转到日本是一种变化。而从一般的公费派遣到鼓励自费出国，由少数而进到大量的涌向日本，又是一种变化。这一系列的变化，说明日本已经远远走在中国前面了。

“清国保全论”

两个国家，一个每年要派出数以千计，或者说加上考察、游历者竟要超过万人去另一个国家；同时还向之聘请大量的顾问、教师和技术人员来教育本国人民。而另一方却又欣然接受和支持。这种情况，不仅在当时是罕见的，即在历史上也是仅有的，不能不引起国际上，特别是一些虎视眈眈、想宰割和剥削中国，以及准备削弱日本的帝国主义势力的注意。

虽然说，派遣留学生，聘请顾问、教师和技术人员，在中国是由于急需变革，要求能赶上时代的需要。在日本，却并不简单地出于友好、睦邻，或者说是出于报恩的思想；而是因为在当时国际情势下，同日本所处的地位，以及当时日本所推行的政策有极大的关系。

西方资本主义侵略势力进入东亚，夺取市场和原料的时候，不仅要控制中国，而且还要控制包括日本在内的整个东亚地区，不过由于日本地理上和亚洲大陆相隔离，土地物产又远较中国为差，所以侵略势力首先注意到的是中国。以后中国人民的抵抗使西方资本主义的侵略势力腾不出手来，日本就利用这个间隙，通过明治维新的变革而步上了世界历史舞台。以后又因为资本主义国家间在利益分配上的不平衡、矛盾，使日本能利用这种矛盾，由一个弱国变成强国。

随着日本的逐渐强盛，和西方资本主义国家的矛盾也逐渐加深。甲午一战打败了清王朝，使之有可能顺利迈步向资本主义方向发展，可是也使其与其他资本主义国家间的矛盾更形尖锐、突出。

欧美资本主义侵略势力，并没有在东亚培植一个足以与之抗衡的势力的意图，根本没有想到日本会打败中国。一旦日本在甲午战争中取得胜利，通过《马关条约》从中国取得种种利益，足以使日本骤然增加实力，能和原来在东亚的资本主义侵略势力相抗衡时，欧美资本主义侵略势力为了维护其本身的利益，当然不容许日本继续强大。《马关条约》以后的三国还辽干涉，就是在这前提下产生的一次警告，告诉日本不能再往前发展。可是日本还是利用了他们彼此间的矛盾，在日俄战争中又节节胜利了。这些胜利足以使日本在东亚，主要在中国取得优越的地位，可能将原来盘踞在中国的欧美资本主义势力赶走。这显然已超过了欧美资本主义国家所能容许的限度，因此继三国干涉以打击日本的行动之后，又开始公开限制日本的发展。例如当日本在海陆双方都大胜沙俄军队，使沙俄陷于面临瓦解前夕，法国的外交部部长窦嘉赛（Théophile Delecassé）就在1905年4月5日，即沙俄军队在奉天会战中大败不到一个月的时候，告诉日本驻法公使本野一郎，要日本停止前进，并在不给沙俄提出屈辱性条件——指割地和赔款的原则下与俄国媾和，[①]压迫日本就范。

在日本迫于西方的压力，和沙俄进行和平谈判时，俄国外交部部长维特不是以战败国代表身份，简直是以战胜者姿态来参加谈判的。以致9月5日签订的《朴茨茅斯条约》，日本除了取得了已经在日军占领下的库页岛南半部以外，什么也没有得到。10月4日条约批准以后，日本国内大哗。为什么两次战争中，日本都取得了军事上的胜利，而其结果却迥然不同？原因在于日本势力的伸张，已经远远超过西方资本主义侵略势力所能容许的范围。这些侵略势力，不仅要瓜分中国，而且也要削弱日本，使日本始终只能仰承其鼻息，做一只他们在东亚的看门犬。因为，日本的过分强大，无疑对他们来说是一种威胁。

这种削弱日本、限制其发展的目的，当然是在侵略日本，奴役日本人民。对于这种危机，日本有些政治家是看得很清楚的，他们提出要和中国联合来对抗欧美资本主义的侵略势力；针对当

① 东亚同文会：《对支回顾录》（上，1936年）。

时中国面临着被瓜分的局面，提出“清国保全论”的口号。他们认为“支那之兴败与日本之存亡，息息相关”[①]。主张由日本来帮助中国觉醒、改革，使中国在唇齿相依关系的日本帮助下，增强自己的力量，保卫自己，抵抗列强的侵略瓜分。这种“清国保全论”，一时间甚嚣尘上，不仅像东亚同文会那样的组织，以之作为纲领，甚而在一段时间内，日本政府也将之作为国策。

日本在通过明治维新而使国事一新之后，采取了一种以邻为壑的基本国策，利用其军事力量来侵略邻国，扩张势力，攫取殖民地。和欧美资本主义侵略势力的行径，并无轩轾。甲午一战以后，他们就有想独吞中国的野心，但还不具备这种力量。因此“清国保全论”这种论调一出，这一股侵略势力也觉得这个口号可以利用，可以把其他侵略势力从中国排斥出去，为日本独占找到了一个合理的口实；使日本能在这口号下，合理合法地独霸中国。因此这批侵略过台湾，在甲午战争中又多方掠夺中国的日本侵略势力，竟也拥护“清国保全论”这一口号。其实，他们不过是想在帮助中国这一冠冕堂皇的口号下，排斥其他资本主义国家，用比较隐蔽的方式独占中国，推行大陆政策。

在“清国保全论”这样一种政策下，日本的大量接受中国留学生和派遣教师、顾问，就不是什么奇怪的事，而是天经地义的。

光绪二十四年（1898年），即《马关条约》订立后的第三年，中国已经向日本偿付赔款。日本在国内成立了一个半官方的团体东亚同文会，在成立宗旨的第一条中，就写明“保全清国”。而且还通过其驻华公使矢野文雄，向清政府提出多派青年学生赴

① 东亚同文会：《对支回顾录》（上，1936年）。

日留学的建议，[1]从实际行动上推行“保全清国”的政策。东亚同文会在中国内地建立了学校；矢野文雄的建议也被接受，御使杨深秀先上奏，以“闻日本大开东方协助之会，愿智吾人士，助吾自立，招我游学，供我经费，以著亲好之实”，表示欢迎，交总理各国事务衙门覆议，又完全同意。因此很快就作为政策，下令各省遴选学生前往留学，并首先由管学大臣张百熙选派学生三十一人赴日；各地方实权派如张之洞等，也纷纷在各省内派送留学生前往。这批留学生，也和第一批一样，都是公费生。

这种情况，在当时由于双方政府，都作为政策的部分推行的，所以进行得很顺利；不过，当时中国统治阶级中，主要的着眼点还是强兵，还不懂得教育和人才的重要性；因此1902年，首先受日本政府委托，接受第一批中国留学生教育责任的东京高等师范学校校长嘉纳治五郎，到中国来考察教育情况时，在和管学大臣张百熙及恭亲王的谈话中，又一次提到重视教育和国运，即变革间的关系和必要性。他说：

> 贵国与敝国乃同文之国，敝国教民以忠君爱国为本；远奉孔圣相传之文教礼仪，近重输入欧美文物之经验。非无正时失误之处，然改良变革，乃达今日之域。
>
> 今贵国以派学生为急务，迟一日则国运之进步，亦迟一日也。[2]

---

① 据总理衙门覆奏中所引：“查本年闰三月间，准日本使臣矢野文雄函称，该国政府拟与中国倍敦友谊，藉悉中国需才孔急，倘选派学生出洋习业，该国自应支其经费。又准该使臣来署面称，中国如派肄业学生陆续前往日本学堂学习，人数约以二百人为限……”（《约章成集汇览》游学门，下）

②《在清国的嘉纳氏》（日文杂志《教育界》一卷11期，1902年）。

这些话，在当时清王朝中理解的并不太多。但是他们从日本的实际状态中，认识到派学生到日本去留学，是件事半功倍的事，所以派遣到西洋的留学生增加速度不快，而到东洋的却是成倍成倍地增长。中国国内要求变革的人，统治阶级中的地方实权派不必说，就是一些清流如康有为、梁启超之辈，以及处于民间，甚至主张用暴力推翻清贵族政权的革命党人，也都认为，中国的变革只有依照日本的模式，唯日本是赖，也主张到日本去留学。

从遣送留学生到聘请教习

在这样一种背景下，大量的中国青年被派遣到日本学习；大批的日本人也在日本政府“保全清国”的政策指导和《马关条约》的保护下，移居到中国。这种交流，对于两大民族的前途来看，应该说是件好事。但，由于目的和要求的背景关系，这种好事往往没有达到预期的目的，或者竟走向了反面。清王朝的派遣大批留学生到日本，就是其中一件。

统治阶级之鼓励青年上日本留学，用公费选送，其目的是想加强和巩固当时已摇摇欲坠的统治；用变革的方式来欺骗人民，消除和减弱矛盾的尖锐化。也就是说，遣派留学生是作为加强对人民统治的一种手段而施行的，因此其对出国留学者的要求，必须符合他们的目的。可是，没有想到事情恰恰走向了他们预期的反面。

随着西方资本主义侵略势力的深入中国，西方的民主思想也传到了中国，原来闭关自守，只知孔孟之道的中国知识分子，也从和外国人的接触而知道许多从来没有听到过的新思潮，这些鼓励他们要求变革，要求自由和民主，更要求民族平等。在要求变革中，有些人采取了武装起义，也有些人采取了比较温和的手段；但这些都是动摇统治基础，甚而是要推翻现行政权的。这样，当然不是统治者所能容忍的，他们利用还掌握在他们手中的力量镇压、扼杀这些不符合他们要求的变革。

这些被镇压而幸存的力量，当然无法在国内容身，不能不逃亡国外。但是革命或变革，并不是镇压、扼杀所能消灭的。亡命离国的，就利用日本离开中国路近费省的优越条件，集中到那里，继续从事宣传和组织的活动，或者从事武装起义的准备工作。这些都是严重威胁清王朝统治的，当然是他们所不愿见到的；可是像日本那样，又不是其力量能及的，通过外交途径，也起不了什么作用。这样，他们目为模式，依赖的日本，就成了威胁他们统治的乱源。作为推翻清王朝主要力量的中国同盟会是在东京成立的，宣传革命思想的《民报》是在东京出版以后传入中国内地的；一次又一次武装起义是在日本组织、准备的，不仅干部有留学生参加，连武器也来自日本。戊戌维新被扼杀后梁启超亡命到日本，以后康有为也到了日本，他们在那里不仅出版发行鼓吹立宪的《清议报》，还设立大同学校来训练干部；通过合法或不合法手段，反对清王朝的统治失败以后，一批又一批都涌到日本，在那里继续其没有完成的工作，并且还在大量的留学生中，扩展其队伍。也就是说，日本在清统治阶级想利用来作为敷衍中国人民、延长其统治的模式同时，也被利用成为反对、推翻清王朝的根据地；而这批到国外来吸收新思想的留学生，就成了这些反对、推翻清王朝统治的基本队伍。这些事实，当然不是清朝统治者所愿见到的；留学生的大量增加，使这种他们所不愿见到的事情，更增加了严重性。

统治者为了保护其本身的利益，必然要想尽一切方法来减轻或消灭这种威胁他们存在、不利于他们延长统治的行动。大量留学生不仅在思想上倾向革命或改革，而且在实际上补充了反对清王朝队伍的事，很快引起了统治者的重视，并且迅速采取了相应的行动。在国内，他们一反过去那种鼓励的办法，采用了限制的规定，[①]减少前往日本留学的学生；在日本，由于通过外交途径，希望日本政府出面干预无法如愿，所以从光绪二十八年（1902年）起设立留日学生总监督，并规定一系列的条例，以加强监视学生；更禁止自费学生学习陆军，还通知各省停送速成生等等。不过这些限制和规定，并没有收到很大实效，不仅受到留日学生的抵制，就是各省，由于地方实权派和清王朝之间的矛盾，执行也很不得力。随着在限制留日学生方面的措施，并没有能消除和减轻对统治者的威胁，所以他们又从另一方面着手。

鸦片战争打开中国的门户之后，新风气、新思潮不断地涌入，旧的教育制度逐渐被排斥，最后不能不淘汰。新的教育制度建立以后，各地都开始设立新式学堂，从小学到大学，有的地方还是从幼稚园起。建立学校，物质方面容易解决，可是师资却是一大问题；有些课程，像国文、修身可以由旧科举出身的暂时充任，

---

① 如光绪三十二年（1906年）二月十九日，学部咨各省限制留东学生资格电中，有这样的规定说："凡欲入高等以上学校，及各专门学校者，必有中等以上之毕业程度，且通习彼国语文，方为合格。习速成科，或法政，或师范者，必须中学与中文俱优，年在二十五岁以上，于学界、政界实有经验者，方为合格。"（见《学部咨奏辑要》）

但一些新的课程，从图画、体操、音乐到物理、化学（格致）、博物等，连听都是第一次听到，更不必说教授了。这些师资的解决办法，曾经用向日本遣送速成生的方法。但一则三个月半年的速成没有学到什么，只带回了一纸文凭，授课教学仍然是力不胜任；加上大量派遣学生到日本，在经济负担上，也难维持，何况还会起相反作用——怕派出去的学生，成了“乱党”回来。

清朝统治者在权衡轻重利害之后，采取了向外国（主要是日本）聘请教员到中国来授教的方法，以代替遣送学生到日本去留学的方法。这样做，可以使青年人学习的新知识，仍然是在统治阶级控制下，不会成为反对以至推翻政权的革命党或改革派等乱党分子；加上在经济负担上也可以比派遣学生出国要少，而能接受新知识的人数，却反而增加。另外，由此而培养出来的，具有新知识的人才，和从旧教育制度中出来的一样，能适合统治阶级要求的“忠君、尊孔、尚公、尚武、尚实”[①]的人才。因此，很快就把鼓励和大量派遣青年、学生前往国外，主要是日本留学的政策，改变成为向国外（主要是日本）聘请大量教员来到新建立的学堂中去担任教习。

这种变动是很大的，但必然会发生的。

日本教习的开始和分布

日本教习的被聘请到中国来，除了上述一些原因以外，和日本政府在当时所采取的对华政策，在《马关条约》的保护下，大量向

①《奏定学堂章程》。

中国移民，以扩展其在华势力这点，也有密切关系。

当时日本政府在“保全清国”和“帮助中国改革”的名义下，大事鼓励移居中国。在当时日本形成了一股“清国热”，所以在中国的日本侨民成倍地增长。据统计，明治二十三年度（1890年），在中国的日侨总数是863人，其中有734人居住在上海，可是到明治三十二年度（1899年）在中国日侨总数已增至1725人，到1916年已是104 275人了。二十五年间猛增一百二十倍以上。[①]这种增加和甲午战争后订立的《马关条约》，关系颇大，但在《马关条约》订立以后到1910年十五年间，也增长三十五倍以上，这就完全由于日本政府当时所推行的政策有关。这些移民到中国的日侨，大多数是在中国内地经营工商业，但也有从事文化教育事业，更有以中国人为对象，而创办学校的。

日本人在中国办学校，最早的是荒尾精于光绪十六年（1890年）在上海创办设立的日清贸易研究所，不过到1894年因经费无着而停办；这学校并不是以中国人为对象，而且创办的目的也和一般学校不同。

东亚同文会成立之后，就把在中国创办学校为任务，并以“开发中国人风气”为目的，专收中国学生；另外还设立了一些以训练到中国工作的日本人为对象的学校。20世纪初叶，属于这个会经营的有：福州的东文学社（1898年），以后改名为全闽师范学堂，泉州的彰化学堂（1899年），漳州的中正学堂（1899年）；厦门的东亚书院（1900年），南京的同文书院（以后迁到上海，改名

① 据《支那年鉴》所载，从1890年到1916年间在中国日侨人数的变迁情况是：1890年863人，1899年1725人，1905年16 910人，1910年65 434人，1916年104 275人。

为东亚同文书院）（1900 年）和天津的中日学院（1901 年），汉口的江汉中学（1902 年）等。不属于东亚同文会的，有天津的东文学堂（1899 年），北京的东文学社（1901 年），南京的东文学堂（1901 年）和上海的留东高等预备学堂（1905 年）等等。这些学校里，除以中国学生为对象，校长由中国人担任以外，其他各职概由日本人担任。因此日本教习的到中国，应该说是从 20 世纪一开始就有，而不是从光绪三十一年（1905 年）才有的，不过大量的聘请，则是以后的事。

日本人在中国设立学校，招收中国学生的事，很快就被当时清王朝统治阶级中想用改革来敷衍、欺骗人民的官僚们注意到了。同时，主张“保全清国”的日本人，也认为这是一种可以启迪中国人“忘愆弃咎，共防外侮”[①]的有效办法。由于两者目的相同，不谋而合，所以很快就达成协议，见诸实行了。

光绪二十七年（1901 年）二月，创办北京东文学社，并担任该校总教习的中岛裁之，通过其师吴汝纶的关系，见到李鸿章时，曾不惮其烦地讲述延聘日本教习到中国的优点。李听到以后，很快就答应聘请两千名，并要中岛从中斡旋。[②]次年五月，中岛裁之的老师，曾作为李鸿章高级幕宾，并受到洋务派官僚们尊重的保定莲池书院山长吴汝纶访问日本，考察教育时，就一再和日本教育界人士谈论此问题。显然，他的这种做法，是受到以李鸿章为首的地方实权派官僚的委托。结果，委托日本教育界人士向日本文部省和帝国教育会提出，请他们代为遴选、训练和招聘一定数量的

① 东亚同文会宗旨书中语，见《对支回顾录》。
② 中岛裁之：《东文学社纪要》（1908年）。

日本教习到中国。[①]

在这以前，由于聘请的人数很少，一般都是通过私人关系招聘的。现在，需要招聘的人数以百计，而且程度也高低不一，委托私人，当然是不易达到目的的。因此，利用这次吴汝纶的访日，正式向日本方面提出要求、委托。

日本在接到吴汝纶的要求之后，就由文部大臣菊池大麓答复，同意选派，但并不作为政府的工作，而由帝国教育会出面承担，原则上是从日本的师范毕业生及现任中学、师范教员中选拔一批，由帝国教育会负责，经过短期训练后送到中国。至于比较高级学校的师资，则由已经从事中国留学生教育的一些学校，如东京帝国大学、东京专科学校（以后的早稻田大学）和东京高等师范学校等中间，招聘一批志愿到中国工作的教习。东京高等师范，因为是最早接收中国留学生预备教育的学校，而且当时该校校长是嘉纳治五郎，所以选拔得较多。所谓的短期训练，是指对师范毕业生或职业学校学生，让他们在半年左右时间内学习中国历史、地理、语言和了解风俗人情，不致对一个新的陌生地方茫然不解。当时在日本，曾由帝国教育会设立专为训练派遣到中国教员学习用的“清国派遣教员养成所”这样的机构。有些民间团体，也有举办类似训练班的。如东洋妇人会在1903年，就在东京成立清国派遣女教员养成所，可以想象，在当时到中国去当教习之风，一定也相当盛行。

① 据吴汝纶《东游丛录》所载：光绪二十八年（1902年）日户胜郎致吴函中，称：“仆本日见敝邦菊池（大麓）文部大臣，对清国教育事宜有所谈及。……文相意，处今之际，敝邦虽乏干济之材，然欲为清国选送优良教员，则属定局。”同书中还载有日本帝国教育会会长辻新次给吴的信，表示准备招募遴选，说：“窃拟募集敝国之师范卒业生，授以贵国历史地理，并告以风俗人情及通行言语，此所以假敝国人士以为贵国养成教员者也。”

光绪二十九年（1903年），清政府一面加强对留日学生的管理、限制，一面又改革学制，设立新式学校，准备延聘外籍教习来任教。次年部分学校，已有日本教习任教（如在北京肃王府的和育女学堂，就已有川岛浪速等执教）。不过那时延聘的日本教习，人数还不很多。大量的招聘，则是两年以后光绪三十一年的事。

光绪三十一年（1905年），日本在日俄战争中打败了当时称霸世界、为列强之一的沙俄，中国又在变革的情况下，废止了八股取士的科举，到处成立新式学校，留学生也大批涌到日本；这一系列的因素，促使清政府下决心，以招聘日本籍教员来代替向日本派遣留学生。从这时候开始，大批的日本教习就来到中国，担任从小学到大学的教职。第二年更多，据估计，不下五六百名之多，可以说是其全盛时期。

当时聘请日本教习担任教职的学校，几乎遍及全中国，不限于少数大城市，也不限于公立学校。曾经担任过天津北洋师范学堂总教习的中岛半次郎，在回国之后，曾写过一篇《日清间的教育关系》，里面说：根据他在1909年11月间的调查，当时在中国执教的外籍教员共356人，其中除45人是其他国籍者外，所余311人都是日本教习。1909年已不是日本教习的全盛时期，因此1905-1906年在华的日本教习自必更多。现在根据他的调查，再用日本外务省的资料补充，做成《日本教习分布表》如次。但这调查很不完全，只能说是近似值，而且由于调查根据的年份并不一致，所以也无法计算每年的正确人数。至于遗漏，更所不免，即使外务省的官方文件也有这样的缺点，例如根据一些原始记录，1909年在上海和南通，都有一些日本教习的记录，可是无论在中岛的调查，外务省的文件中都没有。现在虽根据一些可靠的文献资料和当时曾经担任过日本教习的人的回忆做了些补充，但仍只能说是接近完全，而不能认为是正确无误的。

这表中也不包括一些当时日本人在中国所办、以中国学生为对象的学校，也不包括所有特殊性质学校中的日本教员。私立学校，因为没有可靠的记录留下，所以遗漏的更多。

日本教习分布表

〔说明〕

这个表是根据实藤惠秀博士在1937年，依据中岛半次郎氏在1909年调查的基础上增补而成的名单，经过多少年来不断修改而成。修增的主要资料是：

明治四十二年（1909年）日本外务省档案《清国佣聘本邦人名表》。

光绪三十三年（1907年）至中华民国三年（1914年）间中国教育方面有关的文件、公报。

其他能见到的书刊杂志，特别是学校和私家刊行，不公开的书刊。

私人函件及访问当事人或后裔的说法记录。

由于表中所列名字是从不同来源搜集所得，有时其任职时期难以肯定，从而不能据以作为每年的统计。此外，因为来源不同，而且时间已隔一世纪，记忆难免有误，所以有几点希注意。

（1）本表只说明当时日本教习的分布情况，其中有部分虽不见于日本外务省档案，但能从中国方面官方资料中确认有曾任此职者，一律列入，人名后有（　）者，系指资料中说明其任职的年份。

（2）凡私人函件及访问所得，在事后无法由其他方面加以证实、确认的，一律存疑，不予录入。例如武安隆文中，有部分涉及严修氏当时在天津所办学塾也聘有日籍教习的记录，并有名单。我曾在早年有机会直接向严智怡氏请教，据其称这些学塾只教育家属及少数亲戚，不对外招生。所聘外籍教师，类似今日之家庭教师。像这类学塾，在当时北京、天津乃至上海一带还有不少（如吉泽嘉寿之丞氏就先在张氏家塾中教育张氏子弟，以后才转入南通师范学堂的），在未获确切证据，说明此类学塾具有学校性质前，对当时任职的日籍教师，一律不予录入。

（3）当时在中国政府机构中，也聘有部分日籍人员担任工作者，尤其在法政、军事、警务部门，其中有些人同时也担任学校教职的，凡其只担任公职，不兼任教职的，不列入；其兼有教职者则分别列入其执教学校项下。

（4）当时校名更动其多，表中所列可能有不符之处。

（5）在私人函件及谈话中，有些在其他资料中无法证实者，就不录入，如有文字记录称，永持德一曾在北京税务学堂供职，京都大学清水茂教授函中称京都五条坂土丸氏的祖父当时曾在磁业学堂任教等，由于无从取得其他证明，只能供参考。

（6）人名中有重复，其在一地者为同时兼任：在不同地点者系先后调动，并非重复误记。

（7）由于资料不充分，时间又相隔近一世纪，漏误不免，希指正补充。

（8）人名中，有些有姓无名，并非我的疏忽，而系原资料如此；有些学校，只在校名之后，而仅书“有日籍教习某名”者，表中也据此只列人数，无姓名，请知者加以补充。

（9）表中所列各项，已多方查核，特别是人名中日文字母的对音，译成中文与原名不符者，已经日译者多方调查纠正，但仍不免有错误，希指正。

地区	校名	教习姓名	备考
京师（北京）	京师大学堂（师范馆）	岩谷　孙藏	原仕学馆总教习（1902–1906年）　法学博士，后京都帝国大学教授
		服部　宇之吉	原师范馆总教习（1904–1912年）　文学博士，后东京帝国大学教授
		太田　达人	（1902–1908年）　理学士，教物理
		杉　荣三郎	（1902–1906年）　法学士，教经济学，后日本帝室博物馆馆长
		铃木　信太郎	（1904–1906年）　教日语
		高桥　勇	（1904–1906年）　文学士，教日语
		西村　熊二	（1904–1907年）　理学士，教化学、日语
		氏家　谦曹	（1904–1909年）　理学士，教理科，原第二高等学校教授，后早稻田大学教授
		坂本　健一	（1904–1908年）　文学士，教世界史、世界地理
		矢部　吉祯	（1904–1908年）　理学士，教植物学，原东京帝国大学副教授，后东京女子高等师范学校教授，理学博士
		桑野　久任	（1904–1908年）　理学士，教动物学，原东京帝国大学副教授，后奈良女子高等师范学校教授，理学博士
		法贵　庆次郎	（1905–1908年）　法学士，教教育学，原东京高等师范学校教授，后东京市督学

续表

地区	校名	教习姓名	备考
		土田　兔四造	（1905-1909年）　教博物、日语，原东京理科大学助教
		野田　昇平	（1905-1909年）　教博物，原日本宫琦中学教员
		永野　庆次郎	（1905-1909年）　教理科
		安井　小太郎	（1905-1908年）　后日本第一高等学校教授，大东文化学院教授
		森冈　柳藏	（1905-1907年）　教日语
		芝本　为一郎	（1905-1906年）　教日语
		松野　藤吉	（1910年）　教博物
		杉野　章	（1910年）　教理科
		切田　太郎	（1910年）　教商科
		冈田　朝太郎	（1910-1915年）　法学士，教法政学，后东京法科大学教授，法学博士
		织田　万	（1910年）　法学士，后京都帝国大学教授，法学博士
	京师法政学堂（京师大学堂仕学馆）	岩谷　孙藏	总教习，见前
		杉　荣三郎	副总教习，见前
		矢野　仁一	文学士，原东京文科大学副教授，后京都帝国大学教授，文学博士
		小林　吉人	文学士，教日语，后日本新潟中学学校校长
		井上　翠	教日语，后山口高等商业学校，大阪外国语学校教授
		松本　龟次郎	（1910-1912年）　教日语，后东亚高等预备学校创办人
		冈田　朝太郎	教法学，见前
		石桥　哲尔	后名古屋高等商业学校，福岛高等商业学校教授

续表

地区	校名	教习姓名	备考
	京师法律专门学堂（京师法律学堂）	原　冈武	后小樽高等商业学校教授
		高桥　健三	法学士
		小河　滋次郎	法学士，后法学博士
		冈田　朝太郎	总教习，见前
		松冈　义正	法学士，教法学，原东京控诉院推事，后法学博士，东京大审院部长
		岩井　尊文	原法学士，教国际公法，海军大主计
		志田　钾太郎	原法学士，后法学博士，明治大学，东京商科大学教授
		小河　滋次郎	见前
		中村　襄	后典狱
	高等巡警学堂	川岛　浪速	监督
		町野　武马	总教习，原陆军大尉，后张作霖顾问
		浅井　新太郎	教日语，原陆军通译，后日本陆军大学教官
		前田　爱之进	教法律学，原警部（巡官）
		染川　丰彦	教法律学，原警部（巡官）
		岩井　北子	教数学、体操，原陆军步兵曹长（下士）
		赤须　德治	
		长谷川　辰之助	即二叶亭四迷
		潮村　哲次郎	
		相苏　清五郎	
		小平　总治	后在中国奉天博物馆工作
		阿部　精二	
		久松　省三	
		镰田　弥助	后任南满铁道株式会社嘱托
		太田　原俭次	任翻译
		佐藤　长太郎	任翻译，善邻书院毕业

续表

地区	校名	教习姓名	备考
		稻田　穰	
		内田　茂太郎	
		堀内　维一	
	北京电话学堂	辻野　朔次郎	监督，原通信技师，后递信省课长
		村濑　和一	原递信省通信官吏养成所教官，后递信省官吏
	京师第一师范学堂	北村　泽吉	文学士，后文学博士，广岛文理科大学教授
		芝本　为一郎	文学士，见前
	高等实业学堂	小谷　铁次郎	农商务省特许（专利）局审查官
	财政学堂	小林　丑太郎	法学士，后法学博士
		相川　茂乡	文学士
	艺徒学堂	原田　武雄	东京工业学校毕业
		川渊　薰平	原冈山县立工业学校教员
		秋野　外也	东京美术学校毕业
		福地　秀雄	教陶瓷器，东京美术学校毕业
		信谷　友三	教雕刻
		岩泷　多麿	教漆器绘画，原千叶商工补习学校教头
		杉本　宪作	教染织
		和知　时造	教金工，原东京海军兵工厂助手
		根崎　元良	教漆工
		直江　胜朗	教铸工
		松本　秀雄	教染色
		小岛　学	教染色
		田中　万次郎	教织布
		伊藤　幸次郎	助手，教织布
		中山　金次郎	教金细工
		滨田　义德	教窑业
		石塚　吉五郎	教针织

续表

地区	校名	教习姓名	备考
		中川　胜三郎	教针织
		小黑　忠次郎	教木工
		塚田　良介	教染色
		来海　笃次郎	教染色
	京师五城学堂	五十岚　吉三	教军操，原陆军步兵曹长（上士）
	官立工艺局	阪本　菊吉	教织锦，原农商务省实业练习生
		谷　环	教织锦，原农商务省实业练习生
	淑慎女学堂	常田　武子	
	四川女学堂	饭塚　贞子	
	豫教女学堂	服部　繁子	（服部宇之吉夫人）
		龟田　操子	
		藤田　驹子	
		佐伯　园子	
		加美田　操子	
	慧仙女学堂	野口　芳子	教普通科及织物，日本女子大学毕业
		冈田　ゥノ	教织物
	内外城女学传习所	山名　タキ	教普通学及造花
	淑范女学堂	木村　芳子	日本实践女学校毕业
		氏家　玉井子	（氏家谦曹夫人）
	京师第一蒙养院	加藤　贞子	训练幼儿师资，原东京寻常高等小学训导
		木村	教舞蹈
	测绘学堂	岩永　义晴	原陆地测量所技师
		三轮　昌辅	同上
		古田　和三郎	同上
		吉村　义行	原陆地测量所技手
		山本　菊次郎	教数学、测量，原陆地测量所技手

续表

地区	校名	教习姓名	备考
	八旗中学堂	堀部　直人	
		佐伯　新太郎	
	蜀学堂	福山　秀助	北京东文学社毕业
	会文学堂	高濑　敏德	北京东文学社毕业
		藤田　驹子	见前
		（外一名）	兼任
直隶保定	直隶师范学堂	渡边　龙圣	总教习，直隶总督府学务顾问，美国康奈尔大学毕业，后文学博士
		关本　幸太郎	东京高等师范毕业，原东京高等师范教员，后朝鲜釜山中学校长
		中谷　延治	东京高等师范毕业，原东京高等师范教员
		永井　勇助	东京高等师范毕业，原东京高等师范教员
		近森　出来治	东京音乐学校毕业，原和歌山县立师范教员
		柏原　伊之吉	东京高等师范毕业，原和歌山县立师范教员
		都甲　昂	
		直江　光次	东京高等师范学校毕业
		剑持　百喜	日本司法省讲习所毕业
		牧野田　彦松	文学士，后日本陆军省通译官
		渡　俊治	日本善邻书院毕业，后早稻田大学讲师
		纪田　宽作	东京外国语学校出身
		松本　士农夫	东京外国语学校出身
		大桥　末彦	东京外国语学校出身
		儿崎　为槌	东京高等师范学校毕业
		田中　矢德	
		新纳　时哉	
		竹内　菊五郎	
		井原　外助	（1903年）
		吉武　藤吉	（1903年）

续表

地区	校名	教习姓名	备考
		大境　鸿藏	（1904年）
		芝本　为良	（1904年）
		铃木　米次郎	（1904年）
	直隶初级师范学堂	寺本　三二	和歌山县立师范学校毕业
	直隶法政学堂	甲斐　一之	法学士，后日本司法省参事官
		中津　三省	法学士
		矢板　宽	法学士
		太田　一平	法学士
		剑持　百喜	见前
		中岛　比多吉	通译
	高等农业学堂（农务学堂）	山中　寿弥	正教习，农学士，原福井县农业技师
		木下　米一	副教习，原东京农业大学助手
		酒井　亲辅	东京高等师范学校毕业，日本农商务省农商试验场技师
		米仓　又记	盛冈高等农林学校毕业
		高桥　大吉	教蚕业，原东京蚕桑讲习所毕业，岩手县立农学校教员
		楠原　正三	总教习，农学士（1903年）
		指宿　武吉	农学士（1903年）
		岩田　次郎	农学士（1903年）
		楢崎　一良	（1903年）
		木原　金一	（1904年）
		山崎　隆一	（1904年）
	北洋陆军马医学堂	野口　次郎三	总教习，原陆军军医少佐
		佐藤　浪三	原农商务省技师
		篠原　保态	
		浅见　正吉	原骑兵一等兵，日本农商务省技手
		中田　醇	原日本农商务省技手

续表

地区	校名	教习姓名	备考
	陆军武备学堂	黑川　敬藏	原骑兵大尉
		上原　多市	中国名原尚志
	陆军速成学堂	近藤　义策	原辎重兵大尉
		中川　文昱	
		多贺　宗之（长雄）	总教习，原陆军步兵大尉，后少将，后担任将弁学堂教习
	将弁学堂	寺西　秀武	总教习，原陆军步兵少佐，后大佐
		立花　小一郎	原陆军步兵少佐，后大将
		多贺　宗之	见前
		嘉　悦敏	原陆军步兵大尉，后少将
		木堂　直枝	原陆军炮兵大尉
		川喜多　大治郎	原陆军炮兵大尉
		间室　直义	原陆军炮兵大尉
		樱井　文雄	原陆军步兵大尉
		守永　弥惣次	原陆军步兵大尉
		中村　正一	原陆军工兵大尉
		雨森　良意	原军医少尉
		纳富　四郎	教马术
		田冈　正树	通译
		籾山　逸也	通译
		平山　武清	通译
		中岛　比多吉	通译，见前
		安藤　虎雄	通译
		郡司　厚	
	警务学堂	村田　宜宽	原警视
	公立东文学堂	飞松　常盘	
		关本　幸太郎	见前
		牧野田　彦松	见前
		渡　俊治	见前

续表

地区	校名	教习姓名	备考
天津	北洋师范学堂	剑持　百喜	见前
		松本　士农夫	见前
		纪田　宽作	见前
		新纳　时哉	见前
		中岛　半次郎	文学士，教心理、伦理，后早稻田第一高等学院校长
		大津　源三郎	教博物，东京高等师范学校毕业
		关　荣太郎	教历史、地理，东京高等师范学校毕业，东京府立一中教员
		斋藤　保次	教历史、地理
		安成　一雄	教图画手工，东京高等工业学校毕业，名古屋高等工业学校教员
		武正　兼一	东京物理学校毕业
		后藤　龙缘	早稻田大学毕业，后兵库县学务委员
		泷本　洁	教数学、物理
		北尾　鼎	教物理、化学
		柴田　胜熊	教博物、农业
		月原　秀范	校医，金泽医科专门学校毕业
	北洋法政学堂	吉野　作造	总教习，后法学博士，东京帝国大学教授
		今井　嘉幸	法学士，东京地方裁判所推事，后法学博士，众议院议员
		小鹿　青云	庆应大学毕业
		浅井　周治	教日语，东京外国语学校毕业
		桑原　信雄	教日语
		中村　仲	后早稻田大学教员
		大石　定吉	法学士，后日本铁道省官吏
		名和　刚	法学士，后日本司法省推事
		石桥　哲尔	见前
		樋口　龙缘	即后藤龙缘，见前
		郭廷献	台北人（当时为日籍），教日语兼通译
		中村　纲一	校医

续表

地区	校名	教习姓名	备考
	直隶初级师范学堂	小幡　勇治	东京高等师范学校毕业，原滨松中学教员
		熊泽　文吾	岐阜师范学校毕业
		村冈　祥太郎	
		吉冈　实	
		藤井　恒久	
	北洋女子师范学堂	佐口　美都子	（1908年）
		半冈　梅	（1908年）　教音乐
	公立女学堂	半冈　梅	见前
	直隶高等工业学堂（天津工业学堂）	松永　长三郎	东京美术学校毕业
		长岛　忠三郎	
		宫崎　良荣	
		驹井　於菟	
		中泽　政太	
		藤田　语郎	校医，长崎医专毕业
	银行专修所	加藤　子郎	东京高师教员养成所毕业
	音乐体操传习所	村冈　祥太郎	教音乐，见前
		斋藤　傅寿	教体操
	北洋陆军讲武学堂	鹫见　荣治	原陆军步兵少佐
		渡濑　二郎	原陆军炮兵中尉
	北洋军医学堂	平贺　精次郎	总教习，原军医三等正
		味冈　平吉	教医学
		宫川　渔男	教药学
		我妻　孝助	
		高桥　刚吉	
		藤田　秀太郎	原日本文部省医师开业试验委员
		古城　梅溪	附属防疫医院院长
		西村　丰太郎	教习，兼附属防疫医院医生

续表

地区	校名	教习姓名	备考
	直隶高级巡警学堂（天津警务学堂）	三浦　喜传	总教习，原东京警视厅警视
		天野　健藏	教警察法规，原日本外务省警官
		葛上　德五郎	教术科，原陆军步兵曹长（上士）
		细冈　德五郎	
		和泉　正藏	
		小川　胜治	原外务省警官
		原田　俊三郎	原外务省警官
		镰田　弥助	见前
	南开学堂	驹形	
		佐野	
		松长	
		平原	
		内田	
		山口	
大沽	北洋宪兵学堂	梅津　政德	总教习，原日本宪兵少佐
		东　元三郎	原日本宪兵曹长（上士）
		藤林　实	原日本宪兵曹长（上士）
		高桥　寅治	通译
丰台	日新文社	吉田　角亮	北京东文学社出身
定州	定州中学	松崎　保一	北京东文学社出身
赵州	赵州学堂	三岛　海云	北京东文学社出身
山东济南	山东师范学堂	内堀　维文	总教习，原东京高等师范学校教员
		秋田　友作	东京高等师范学校毕业，原秋田县师范学校委员
		河濑　半四郎	东京高等师范学校毕业
		上田　芳郎	
		井手　胜治	
		泽村　大宇	东京高等师范学校毕业 该校有日籍教员十一人，其余姓名不详

续表

地区	校名	教习姓名	备考
	山东高等学堂	桥本　五作	原埼玉县立师范教员
	山东法政学堂	松野　佑裔	法学士
		八田　光二	法学士
		宅野　洁	
	山东警务学堂	别府　彦麿	原日本东京警视厅巡官
	山东高等农林学堂	川上　精一	
		福井　宽	
		平井　平次郎	
曹州	普通学堂	藤田　孤寒	
芝罘	毓材学堂	仓谷　箕藏	理学士
山西太原	山西优级师范学堂	大森　千藏	理学士
		林　房吉	
		多田　政固	原爱知县督学
		伊藤　茂松	理学士
		吉国　半五	理学士
		早川　新次	日本中央大学毕业
		宫崎　重藏	东京高等师范学校毕业
		丸野　丰	东京美术学校毕业
		小松崎　武司	教体操、唱歌
		上野　猪熊	教体操，日本陆军士官学校教导团出身，警察
	山西大学堂（中斋）	冈田　定次郎	理学士
		小金　龟次郎	
	山西高等农林学堂	樋口　千五郎	农学士
		松下　庄作	农学士
		鸟居　信平	农学士
		冈田　真一郎	农学士
		三户　章三	农学士
		高桥　昌	
		西泽　勇志智	
		小野　敏夫	

续表

地区	校名	教习姓名	备考
	陆军小学堂	长谷部　岩	原陆军步兵少尉
		安尾　信太郎	教术科及体操，原陆军步兵特务曹长（上士）
	山西法政学堂	横山　治一郎	文学士
	山西警务学堂	柏原	
		来坂	
		有马	
	晋明小学堂	多田　政固	见前
河南开封	河南高等学堂	氏家　谦曹	见前
		三宅　喜代太	通译，北京东文学社出身
	河南优级师范学堂	饭河　道雄	东京高等师范学校毕业
安徽安庆	安徽师范学堂	西山　荣久	文学士，后山口高等商业学校教授
		正木　直太郎	东京高等师范学校毕业
		小仓　孝治	东京帝国大学毕业
	安徽高等学堂	新井　部三郎	东京高等师范学校毕业
	中等工业学堂	知仓　嘉真	东京高等技工学校毕业
		二宫　猪十郎	东京高等技工学校毕业
	陆军小学堂	正木　直太郎	见前
	安徽女子师范学堂	龙冈　テル	鹿儿岛女子师范学校毕业
	布政司衙门幼稚园	酒井　余野	日本清韩语讲习所毕业
江西南昌	实业学堂	斋藤　丰喜	林学士
		粟屋　春太郎	农学士
	省城高等学堂	冈崎　平三郎	（1905年）　工学士，教物理、化学
	法政学堂	日下　清痴	早稻田大学毕业，后营口日本人商工会议所理事
	医学堂	南　雅雄	长崎医专毕业
	陆军小学堂	岩永　法龙	

续表

地区	校名	教习姓名	备考
浙江杭州	杭州医学堂	岛田　传之助	千叶医专毕业
	浙江高等学堂	铃木　珪寿	东京高等师范学校毕业
		辻　安弥	
		元桥　义敦	
		富长　德藏	
	浙江法政学堂	大石　定吉	法学士，后转至天津北洋法政学堂，见前
	浙江铁路学堂	新井　则正	札幌农业学校毕业
		永濑　久七	东京高等工业学校毕业
		田中　喜代三	
		小林　敬吉	
	私立浙江工艺女学堂	菱沼　秋代	
	浙江两级师范学堂	中桐　确太郎	早稻田大学毕业，后早稻田大学教授
		铃木　克己	教西洋史
		木多　原二	东京高等师范学校毕业
	安定中学堂	铃木　珪寿	见前
		嘉江　宗二	东京高等师范学校毕业
		福井　直秋	东京音乐学校毕业
	杭州开导学堂	伊藤　贤造	
	浙江武备学堂（后改陆军小学堂）	斋藤　季次郎	总教习 该校有日本籍教员7人
	炮工学堂	三宅　缝造	陆军炮兵少尉
		松岛　良吉	陆军曹长（上士）
	浙江蚕学馆	轰　木长	原宫城县农学校教员
		西原　德太郎	教蚕学
		前岛　次郎	原宫城县农学校教员
长安	公立中学堂	大串　忠次	

续表

地区	校名	教习姓名	备考
湖州	府立中学堂	大西　胜人	
		海老名　昌一	
	吴兴慧兴女学堂	菱沼　秋代	见前
绍兴	中西学堂(后改绍兴府学堂)	中川　外雄	教日语、体操
		藤乡　秀树	教测绘、日语、体操
宁波	宁波府中学堂	石川　旭溪	教体操
桐乡	桐乡县学堂	嵯峨崎　开城	
江苏南京	两江师范学堂(三江师范学堂)	菊地　谦次郎	1905-1906年时总教习，文学士
		松本　孝次郎	1907-1910年时总教习，文学士，后文学博士
		志贺　实	东京帝国大学毕业
		山田　荣吉	东京美术学校毕业
		一户　清方	东京高等工业学校毕业
		小川　邦人	文学士
		粟野　宗太郎	文学士
		盐见　竞	大学毕业
		伊藤　村雄	教图画
		菅　虎雄[①]	文学士
		松原　俊造	理学士
		志田　胜民	法学士
		早田　德太郎	理学士，教理化
		须田　哲三	农学士，教农学
		小野　孝太郎	理学士，教博物
		早濑　完二	法学士，教法学
		杉田　稔	工学士，原东京工业学校副教授

① 菅虎雄，初版中作"菅虎雄"，但日译本改作"菅沼虎雄"，系误改。因据日本外务省《清国官厅雇入本邦人档案》第四卷所收明治三十九年三月三十日《有关南京两江师范学堂日本人教习解雇报告》中所记人名为"菅虎雄"。菅后任东京第一高等学校教授。

续表

地区	校名	教习姓名	备考
		亘理　宽之助	教图画，原仙台陆军幼年学校教员
		柳原　又熊	教日语，通译
		那波　武二	教日语，通译
		松田　茂	教日语
		安藤　安	农学士
		岸　廉一	医学士
		大森　千藏	理学士，见前（1910年）
		石崎　巍	教音乐
		森　祐好	理学士
		松浦　秋作	理学士
		小川　市太郎	法学士
		增田　真吉	
			1909-1910年，两江师范学堂共有日本教习十五名。
	巡警学堂	新纳　时哉	见前
	宁属初级师范学堂	永井　正直	东京高等师范学校毕业
		船冈　献治	
	江南实业学堂	桦岛　礼吉	大学毕业
		辻　武雄	庆应大学毕业，即以后以剧评家著名的辻听花
		浅田　忠顺	大学毕业
		服部　元彦	大学毕业
		大桥　政次	甲种农业学校毕业
		铃木　万太郎	
		内山　弥右卫门	
		芳贺　龟太郎	
			1910年时，江南实业学堂有日本教习五名，已知三名外，尚缺两名
	兽医学堂	村谷　幸雄	东京麻布兽医学校毕业，原陆军三等军医
		关根　金作	教蹄铁术

续表

地区	校名	教习姓名	备考
	南京高等学堂	梶原　熊雄	东京美术学校毕业
		白河　次郎	
	旅宁第一女学堂	斋藤　チカ	
		手塚　カツオ	
	旅宁第二女学堂	石田　マッ	
		松田　てつよ	
	辨敏女学堂	小野　八千代	
	毓秀女学堂	（一名）	
	江南讲武学堂	坂田　虎之助	正教习，原陆军步兵大佐
		天野　平八	原陆军炮兵少佐
		福田　实	原陆军下士
		真壁　政人	原陆军下士
		伊藤　辰次郎	原陆军下士
		野崎　铁司	原陆军下士
		关根　金作	原陆军下士，见前
		今井　政右卫门	原陆军下士
	陆军测绘学堂	土方　龟次郎	
		谷　武松	
		元吉　八五郎	
	高等商业学堂	（一名）	
苏州	江苏两级师范学堂	藤田　丰八	总教习，当时文学士，后文学博士，京都帝大教授
		池田　夏苗	文学士
		小野　孝太郎	理学士
		细川　贯了	理学士
		浅野　金兵卫	工学士
		八木　光贯	文学士
		永井　元吉	理学士
		西冈　永太郎	东京高等师范学校毕业
		高田　九郎	东京府立师范学校毕业

续表

地区	校名	教习姓名	备考
		巽　健雄	
		中村　信三郎	
		辻　武雄	见前
		梶原　熊雄	见前
		小野　清一	
		冈　真三	教生物
		村井　里之辅	教图画
	江苏高等学堂	三谷　新	总教习，理学士
		新田　觉二	
		八木　光贯	见前
	法制学堂	土井　常太郎	京都私立法制学校毕业
	武备学堂	樗木　耕一	总教习，陆军少佐
上海	务本女学堂	河原　操子	实践女学校毕业
		冈岛	
	龙门师范学堂	田村　丰九郎	（1907–1908年）　教手工
		小仓　绳	（1907–1908年）　教手工
	私立中国公学	森　惠梁	理学士
		稻盛　荣市郎	教博物
		毛利　教定	教图画
无锡	高等学堂	藤田　友彦	
	竣实学堂	松本	教日语
南通	南通师范学堂	木村　忠治郎	
		西谷　宪二	
		远藤　民次郎	
		吉泽　嘉寿之丞	东京高等师范学校毕业
		宫本　儿次	
	民立师范学堂	木造　高俊	教日语
	私立农学校	照井　喜三郎	教农学

续表

地区	校名	教习姓名	备考
	女子师范学校	森田　政子	教算术、体操、唱歌、图画、手工
松江	清华女学	冈崎　千代	教体操
镇江	八旗中学堂	橘　量	
湖北武昌	两湖师范学堂	稻并　幸吉	理学士，原东京第一高等学校教授
		三泽　力太郎	东京高等师范学校毕业
		渡边　几治	
	农务学堂	美代　清彦	农学士
		野尻　贞一	林学士
		后藤　房治	
		近藤　时太郎	
		早川　正文	
		真山　总三郎	
		津村　哲四郎	
		南　谕吉	
		富士　省三	
		船冈　献治	见前
		横山　春平	
		吉田	
	武备学堂	寺西　秀武	见前
		铸方　德藏	陆军炮兵大佐
	陆军学堂	中村　重臣	
		相羽　恒三	
		伊东　真经	
	讲武堂	远藤　保雄	
	陆军小学堂	丸山　丰	陆军炮兵大尉
		松林　义之	陆军工兵大尉
		木村　恒夫	陆军步兵大尉
		横须贺　辰藏	陆军辎重兵大尉

续表

地区	校名	教习姓名	备考
		太地　周三郎	助手，当时陆军下士
		青木　长	同上
		本多　勘四郎	同上
		宇都宫　治右卫门	同上
		松村　林平	同上
		松崎　幸三郎	同上
		中田　为三	同上
		真藤　骏士	
		小山田　淑助	
		山田　胜治	
		阿部　精二	
		胜木　恒喜	
		南浮　智成	
	军医学堂	吉川　寿次郎	军医大尉
		杉　宽一郎	
	高等巡警学堂	小平　总治	见前
	武昌普通学堂	森川　勉	东京高等师范学校毕业，原东京第三高等女学校教员
		高桑　良兴	东京高等师范学校毕业
		臼井　胜三	东京高等师范学校毕业，原岐阜师范学校教员
	商业学堂	北田　正寅	
		石桥　元一	
	湖北法政学堂	作田　正一	
		篠崎　正	
		玉本　熏正	
		野村　浩一	
	方言学堂	中久　喜信周	

续表

地区	校名	教习姓名	备考
		中野　太郎	
	方言学堂幼稚园	户野　ミチエ	
	湖北女师范学堂	武井　ハツ	
	女子师范学堂幼稚园	佐藤　ミサラ	
		大杉　ハル	
		丹　雪江	
		丹　トク	
	铁路学堂	折原　佐十郎	
		志水　直彦	
		佐藤　知恭	
		近藤　益人	
	湖北农务工艺学堂	峰村　喜藏	教蚕学
		中西　留应	
	湖北自强学堂	吉田　荣三郎	教普通学、体操
		根岸　福弥	同上
汉口	高等学堂	岛村　孝太郎	文学士
湖南长沙	高等学堂	关口　壮吉	教理化，理学士
		园田　爱之助	教博物、图画
	明德学堂	堀井　觉太郎	教理化
		永江　正直	教博物
	湖南高等实业学堂	久保田　正雄	教土木工程
		小山　十一郎	教理化
	优级师范学堂	原田　长治	东京高等师范学校毕业
		能势　赖俊	东京高等师范学校毕业
		臼田　寿惠吉	长野县师范学校毕业
		爱甲　平一郎	东京高等师范学校毕业
	中路师范学堂	松山　亮藏	教博物，原札幌中学教员

续表

地区	校名	教习姓名	备考
	陆军速成学堂	生田　清范	总教习，当时陆军步兵少佐
		佐久间　三郎	军医兼陆军小学堂教习，原军医少尉
	模范小学堂	斋藤　イシ	
		市村　マツミ	
	蒙养院	佐藤　春子	原日本小学教员
		春山　雪子	原日本小学教员
		斋藤　イシ	见前
		市村　マツミ	见前
醴陵	磁业学堂	安田　乙吉	原日本京都府立陶器试验场技手
		杉本　兵七	助教
		马场　梅吉	教辘轳成坯技术
		川木　乙松	教制模型技术
衡州	南路师范学堂	大洼　敬治	教理化、数学、生物
		园田　爱之助	教博物，见前
	衡州府中学堂	久保田　运统（右卫门）	教理化、博物
常德	西路师范学堂	菅野　新一郎	教理化、博物，原日本佐渡中学教员
		田泽　时四郎	（1910年）　教数学
		奈须　省吾	文学士
	蒙养院	竹中　多嘉	
四川成都	东洋预备学堂	服部　操	文学士，后《日华大辞典》编者，东京成城学校留学生部主任
		德永　熊五郎	原日本佐贺县立中学教员
		大野　璟	
	高等学堂	辻　信一	原日本滋贺县立中学教员
		饭尾　驹太郎	原日本京都师范学校教员
		三木　清二	原日本新潟县中学教员
		进来　重松	原日本熊本县中学教员
		新田　觉二	文学士
		野村　茂	教数学

续表

地区	校名	教习姓名	备考
		平野	教数学
		志贺	教物理
		大鸟居　弃二	东京专门学校（早稻田大学前身）毕业，后在早稻田大学清国留学生部工作
	东文学堂	中岛　裁之	
	优级师范学堂	野崎　常藏	东京物理学校毕业，原东京府立中学教员
		池田　方正	原日本山口县立中学教员
		落合　兼松	东京物理学校毕业，原东京府立中学教员
		川崎　武亲	东京高等师范学校毕业
	师范学堂	小西　三七	理学士，原日本中央气象台工作
		丰冈　茂夫	原日本冈山县师范学校教员
		藤井　庆东	文学士
		小川　正	东京物理学校毕业
		须藤　一多	教博物，原日本中学教员
		大岛　弘公	东京高等师范学校毕业
		山蔦　一海	东京高等师范学校毕业
	客籍学堂	须藤　一多	见前
		本土　源次郎	农学士，原日本长崎县立中学教员
	女子师范学堂	大野　キヨ子	东京女子体操音乐学校毕业
	淑行女塾	今野　セエ	
	成都府中学堂	山本　丰次	理学士
		相田　三代吉	东京物理学校毕业
		杉本　正直	东京医科大学毕业
	中等工业学堂	今田　直策	东京美术学校毕业
		鎣川　丰吉	东京物理学校毕业
	中等农政学堂	本土　源次郎	见前
		松浦　胜太郎	农学士
	铁道学堂	橘　协	原日本铁道技师

续表

地区	校名	教习姓名	备考
		原　清明	
		百濑　国三郎	工学士
		谷井　纲三郎	工学士
	武备学堂	井户川　辰三	当时陆军步兵大尉，后陆军中将
		西原　彦之助	当时陆军步兵大尉
		栗原　贯一	当时陆军步兵大尉，后陆军少将
		臼井　太四郎	当时陆军步兵大尉
		相田　三代治	原日本中学教员
		皆川　秀孝	后在早稻田大学清国留学生部工作
		杉本　正直	见前
	陆军速成学堂	松浦　宽尉	
		酒井　春藏	当时陆军步兵大尉，后步兵中佐
	小学堂	田村　理太郎	
重庆	重庆府中学堂	藤川　勇吉	东京高等师范学校毕业
广安	广安州中学堂	阿部　好一	
	宝枝女学堂	阿部　ハッノ	
夔州	夔州府中学堂	山田　好三郎	
		丰田　五郎	
宜顺	自流井树人学堂	冈本　常太郎	
		广野　该吉	
		山根　はな	
资州	达用学堂	名川　彦作	文学士
永宁	永宁县中学堂	外山　修三	
		神田　正雄	东京专业学校毕业，后日本众议院议员
彭山	师范学堂	泷口　定次郎	
泸州	泸州师范学堂	樱庭　行藏	原冈山师范学校教员
	女子师范学堂	滨崎　ゥノ	
眉州	眉州中学堂	后藤　美之	

续表

地区	校名	教习姓名	备考
内江	内江中学堂	岩川　捷三郎	
陕西西安	高等学堂	足立　喜六	东京高等师范学校毕业，原山梨县师范学校教员，后文学博士
		铃木　直三郎	教博物
	高等师范学堂	吉川　金藏	
		松里　政登	教图画，原冈山师范学校教员
	师范学堂	森　孙一郎	
		中泽　澄	
		田中　久藏	
	西安中学堂	阿部　正治郎	
	宏道高等学堂	小山田　淑助	两教习主教外语、图画、格致、博物、体操等新式学堂的大部分课程
		早崎　梗吉	
三原	高等工业学堂	井上　英治	教染织
		守住　直干	教机械
		冈田　喜太郎	教染织
		藤原　润平	教染色
	弘道高等学校	谢花　宽功	原日本御影师范学校教员
		佐藤　进三	教博物
甘肃兰州	高等学堂	冈岛　诱	
		梅村　次修	
		高桥　吉造	教理化
新疆迪化	法政学堂	林出　贤次郎	
	将弁学堂	上原　多市	见前
福建福州	福建高等学堂	安藤　秋三郎	东京高等师范学校毕业，原北海道中学教员
		上野　巽	东京高等师范学校毕业
	全闽师范学堂	上野　巽	见前
		土田　忠治	东京高等师范学校毕业，原岛根县立第二中学校长

续表

地区	校名	教习姓名	备考
		小畑　勇吉	
		向后　顺一郎	早稻田大学毕业，后日本递信省官吏
		薄井　福治	早稻田大学毕业，后日本文部省维新史料编纂所工作
		森本　修	东京高等师范学校毕业
		永泽　定一	东京高等师范学校毕业
	工艺传习所	原田　谨次郎	东京美术学校毕业
		盐路　几之丞	和歌山县立讲习所出身
	武备学堂	泷泽　贤四郎	原日本宫城县立师范学校教员
		山口　安郎	
	警务学堂	佐仓　孙三	原山梨县郡长
	福州女子师范学堂	松里　志麿	
		松里　岛子	
	福州幼稚园	河濑　梅子	
	福州东文学堂	桑田　半藏	
		森原　道二	
		中西　重太郎	
厦门	瀛厦书院	石黑　文吉	
广东广州	两广优级师范学堂	伊藤　充美	文学士，原日本茨城县中学教员
		浦　顺平	东京高等师范学校毕业，原东京师范教员
		佐藤　康造	原日本群马县师范学校教员
		桥本　福藏	原日本冲绳县师范学校教员
		饭田　一雄	原日本早稻田中学教员
		津久井　德次郎	教理科
	广东商务学堂	坂田　定	法学士，教日文
	广州同文馆	长谷川　雄太郎	教日文，1897年到馆
	官立女子师范学堂	滨　マラ	原女子学校教员
		宇佐美　直子	日本新潟县女子寻常师范学校毕业，原小学教员
		宇佐美　茂野	同上

续表

地区	校名	教习姓名	备考
	两广法政学堂	松山　丰造	法学士，原日本第五高等学校教授
		关山　富	法学士
		藤田　积造	法学士
		村中　清司	
	两广方言学堂	菊地　勉	原日本福井县师范学校教员
	两广高等工业学校	今村　孝次	东京高等师范学校毕业，原富山县中学教员
		松村　寿显	原小学校长
		新井　秀一郎	东京美术学校毕业，原中学教员
	广东警察学堂	大胁　菊次郎	法学士，原日本东京警视厅巡官
	两广陆军速成学堂	井上　璞	原陆军步兵大尉
		土屋　隆博	原陆军炮兵大尉
		宫本　秀彦	原陆军工兵大尉
		青岛　正智	原陆军辎重兵大尉
		伊集院　竞	原陆军步兵特务曹长（上士）
		伊豆丸　亮	原陆军步兵曹长（上士）
		大内　玄益	原陆军一等乐手（上士）
		秋田　实	原陆军工兵曹长（上士）
		水谷　周治	原陆军炮兵曹长（上士）
		久纳　汪	原陆军步兵曹长（上士）
		原曾　平	原陆军辎重兵曹长（上士）
		村山　久吉	原陆军步兵曹长（上士）
	两广陆军测绘学堂	田浦　安郎	总教习，原日本陆军测量技师
		御厨　健次郎	原陆军炮兵中尉
		福岛　德太郎	
	两广陆军随营军医学堂	山本　三树	医学博士，原日本金泽医学专门学校教授
		梅田　郁藏	医师，教医学
		猪子　森明	药剂师，教药学
	私立实务农业学校	小椋　科三	教农学，原日本大藏省技师

续表

地区	校名	教习姓名	备考
虎门	陆军速成学堂	四户　友三郎	原日本陆军步兵大尉
汕头	岭东同文学堂	川村　启吉	教日语
肇庆	肇庆府中学堂	竹林　寅造	教图画
	师范学堂	本藤　武彦	
		冈山　源六	
		上野　竹之助	
贵州贵阳	优级师范学堂	落合　兼光	早稻田大学毕业
	官立农林学堂	石山　时人	札幌农业学校别科毕业，后日本北海道厅技正
	武备学堂	岩原　太三郎	后日本东京成城学校留学生部主事
		清宫　宗亲	
		高山　公通	后陆军中将
			另有三人，共六人
普安厅	师范学堂	德满　早苗	早稻田大学毕业
云南昆明	云南府高等学堂	高岛　大二郎	
		迫田　荣太郎	
		江部　淳夫	
		池田　太郎	
		河合　绢吉	
	中等农业学堂	薗部　一郎	兼高等学堂教习，日本盛冈农业学校毕业
		岩城　基作	日本盛冈农业学校毕业
		高桥　正一	
	法政学堂	岛田　俊雄（外一名）	法学士，后日本商工大臣
盛京（奉天、沈阳）	东三省法政学堂	末松　偕一郎	法学士，后内务省书记官
		柏田　哲男	教日语
		泉　廉治	教数学
		大谷　宪	
		朝稻　义孝	法学士，原任学务公所译员

续表

地区	校名	教习姓名	备考
	两级师范学堂	森本　清藏	正教习，原日本文部省督学
		南　洞孝	教日语，东亚同文书院毕业
	女子师范学堂	前田　茂子	教理化、英语、数学、图画，美国大学文学士
		服部　升子	教体操、手工、音乐，后日本日华学会主事，日本女子大学文科毕业
	奉天师范学堂	关口　弥作	教物理，东京物理学校毕业
		松下　敬次	东京帝国大学文学士，教心理、伦理
	奉天中学堂	尾见　五郎	教理化、博物，原日本大阪府高等医学校教员
		榎原　半重	
	奉天农林学堂（森林学堂）	三户　章造	农学士，原日本农商务省技师
		富永　马吉郎	
		萩原　昌彦	农学士
		永井　直五郎	
		木村　卯三郎	
		井上　初之助	通译
	方言学堂	前田　岩吉	教日语，原东京语言学校校长
	第一蒙养院	山口　政子	保姆，女子高等师范毕业
	第二蒙养院	孟　歌子	助教
		前田　新子	保姆，养成所毕业
		大矢　蕗子	助教，教员传习所毕业
	东三省讲武堂	浦　澄江	
	武备学堂	三木　善太郎	
		贵志　弥志郎	陆军步兵少佐，后陆军中将
营口	商业学堂	三田村　源次	
		上野　政则	
		小田原　寅吉	原陆军通译官
		大谷　宪	

续表

地区	校名	教习姓名	备考
安东	岫岩州师范学堂	永尾　龙造	
新民	新民府公学师范学堂	石川　宗雄	
		泷本　洁	北京东文学社出身
复州	师范传习班	野村　正	教日语、英语、算学、格致，教务长
康平	蒙古博王府立学校	小川　庄藏	教日文、算术、体操，陆军步兵曹长（上士）
		桂　德治	教体操、生理、算术，陆军步兵曹长（上士）
吉林吉林	吉林法政馆	木村　钦二	
	外国语学校	谢　介石	台湾新竹厅人（当时日籍），教英语
长春	中等实业学堂	中村　速一	
		加知　贞一郎	东京高等师范学校毕业
	农业实业学堂	笠井　善三郎	
	两级师范学堂	峰簱　良充	教教育学
	女子师范学堂	峰簱　操子	教理科、体操、音乐
蒙古喀喇沁旗	武备学堂	伊藤　柳太郎	当时陆军步兵大尉，后陆军步兵少佐
		吉原　四郎	当时陆军步兵中尉
	崇正学堂	鸟居　龙藏	
	毓正女学堂	河原　操子	见前
		鸟居　君子	鸟居龙藏夫人
包头*	正心学堂	北川　义勇	
		木村　笃治郎	

此外，尚有北京税务学堂教师永持德一的记录，因不明年份，又遍查不到此学堂名称，只能录以备考。

* 上版《日本教习》表中在“直隶”地区下又列入“包头”一项，校名为“正心义学”，教习为“北川义男”和“木村笃次郎”，二人均出自北京东文学社。——编者注

日本教习的实况

清朝政府的聘请日本教习，是从光绪二十七年（1901年）开始的，到宣统三年（1911年）日本教习的大批回国为止，前后共历十一年。民国成立之后，虽仍有聘请日本教习之事，但为数不多。这十一年，时间不算长，但因人数之众和分布地域之广，影响于中国文化史，尤其是教育史者颇巨，是值得重视的。

人数和分布情况

日本教习（包括部分与教育有关的顾问）在人数方面的推移，日本文部省教育研究所的阿部洋氏曾根据日本外务省政务局的档案，将1903年至1918年十五年间在中国的日本教习、顾问人数，列表统计。现转引如表一。这统计源自日本外务局在当

表一　1903–1918年在中国的日本教习、顾问

年　份	日本教习及有关教育顾问	其他顾问教师	总计 （　）为兼任
1903年 （光绪二十九年）	99	49	148
1904年 （光绪三十年）	163	71	234（2）
1909年 （宣统元年）	424	125	549（17）
1912年 （民国元年）	63	96	159
1913年 （民国二年）	84	93	177（3）

续表

年 份	日本教习及有关教育顾问	其他顾问教师	总计 （ ）为兼任
1918年 （民国七年）	36	394	430
总 计	869	828	1697（22）

资料来源：《清国佣聘本邦人名表》明治三十六年（1903年），三十七年（1904年），四十二年（1909年）；大正二年（1913年），七年（1918年）各版。上述人名表，均收入日本外务省档案《清国官厅に於ける本邦人雇入关系——职掌其他应聘员数等调查》第36卷。

本表转引自阿部洋《清末に於ける学堂教育と日本人教习》文，收《多贺秋五郎博士古稀纪念论文集——アジアの教育と社会》，1983年。

地的派出机构（领事馆）的调查，比较正确可靠，但也不能认为绝对无误，遗漏还是有的。特别是清末民初这一段时间内，中国情况紊乱，日本人来往又是不需要任何证件；到中国后，又不一定到所在日本代表机构登记，有的甚至袭用中国人姓名任教的，所以只能认为是比较正确的。至于这些日本教习在中国的分布地区，阿部氏虽也有统计，但因他所根据的是明治四十二年（1909年，清宣统元年）外务省的资料，和上列“日本教习分布表”多少有些出入，现在以分布表为据，统计如表二。从这个分布地区的统计表中，可以清楚地看到，在京师、直隶、江苏、广东等沿海地区，大城市中有日本教习的分布外，其他在当时来说，还是不发达地区的省份如四川、陕西、甘肃、贵州、云南等地，甚至连汉人都罕到的僻地，如蒙古的喀喇沁旗也都有日本教习的存在。当时有些地方，交通很不方便，所以有从出发到到任，花两个月以上时间的。[①]这一事实告诉我们，当时清王朝的统治者们，在广大人民急需变革，吸收新知识面前，是多么被动，采取了这种急不可待的方式来引进新知识、新文化。而日本方面，当然也不简单是帮助中国厉行革新，其深入到中国腹地是另有其他深远目的的；日俄战争爆发以后，北京东文学社教员横川省三、冲祯介等所组成的北京特别任务班，到东北、蒙古去执行任务时，就曾得到当时在喀喇沁旗的河原操子的帮助。[②]

表二　日本教习在中国分布地区

地区别	人　数	地区别	人　数	地区别	人　数
京师	114（6）	江苏	100（3）	广东	45
直隶	148（13）	湖北	66（3）	贵州	6
山东	16	湖南	30（1）	云南	9
山西	27（1）	四川	66（3）	盛京	36
河南	3（1）	陕西	14	吉林	7
安徽	9（1）	甘肃	3	蒙古	7（1）
江西	6	新疆	2（1）		
浙江	32（3）	福建	21（1）		

根据《日本教习分布表》统计，（　）中为重复人数。阿部洋在《清末に於ける学堂教育と日本人教习》中列有1909年分省别表中有广西11人，但所据原始资料中无广西人数；此外其他各省计算，亦有出入，现依分布表为据。

日本教习的资格水平

从名单中，可以看到上中国来的日本教习中，其出身资格和水平并不一致。有不少是确实具有真才实学；以后回国，在国内

① 岛田俊雄（后司法大臣）当时担任云南法政学堂教习，由于北京到昆明，交通不便，所以他从日本到北京后，又取道越南入滇，先后花两个月以上时间（据1943年今井嘉幸氏谈）。

② 船津喜助，小川博：《燕京佳信》。

也做出一定贡献的，但也有些却素质不高。现在根据名单，对其文化程度做一统计如表三。从统计中可以看出大学毕业和师范毕

表三　日本教习的文化程度

文化程度别	人　数
大学毕业	141
师范毕业（东京高师毕业）	72（43）
专科学校毕业	85
军警	98
其他	26
不明	351

根据《日本教习分布表》统计，总人数共773人，内重复49人。

业的占大多数，而其中出身于嘉纳治五郎担任校长的东京高等师范者，竟占总数的十四分之一，大学、师范毕业生的四分之一弱。东京高等师范学校，在当时的日本是培养师资的最高学府；20世纪初，日本虽已完成了革新，学校制度和规模也有一定成就，但在师资方面仍不是很充足的，能这样派出近两百人的大学师范生，不能不认为日本政府是煞费苦心的，这当然是和当时推行的对华政策有关。

日本教习名单中，有不少人是至今还为人所熟悉的，有一定成就和影响的。像服部宇之吉、冈田朝太郎、吉野作造等回国后担任东京帝国大学教授；岩谷孙藏、矢野仁一、织田万等出任京都帝国大学教授；中岛半次郎、渡俊治、松平康国、氏家谦曹等任早稻田大学教授，均在学术界有一定的地位。此外如以后担任商工大臣的岛田俊雄，宫内省顾问官和帝室博物馆馆长的杉荣三

郎，终身从事中国留学生预备教育的松本龟次郎，编著《日华辞典》为中国学习日语做过贡献的井上翠、服部操，以及有名的中国问题专家神田正雄等当时都曾在中国担任过日本教习。后来以"二叶亭四迷"见著于世的长谷川辰之助也能在这名单中找到。至于军人方面，就更多了。这些日本教习，由于其本身的资格水平和品质素养，所以确实在中国需要的时候，传播了新知识，为中日两国人民的友好交谊做出了贡献。但也不能不指出，有部分日本教习的资格水平和学术素养是不够标准的。他们的应聘到中国，或者是视作生财之道，或者是另有目的；因此在担任教习期间，不仅不能胜任，而且还因行为失检，举止不规，受到学校、地方或学生责难。这些人，在中国人中，造成了不良的印象，直接影响到两国人民的交谊。一直到后来，还为当时担任过日本教习的人士所指责，引为遗憾。[①]虽然这种人不多，但其造成的影响，却还是深远的。

日本教习的遴选和聘请

从上面日本教习的学历、资格的统计看来，可以知道其间的相差是颇大的。为什么会这样，这和日本教习应聘前的遴选有关。

光绪二十九年（1903年）三月，张之洞和袁世凯联名上了《奏请递减科举折》以后，中国的教育制度开始有了大的变革，各地纷纷兴建新式学堂。但在1904年《奏定学堂章程》公布，

① 日本政府曾为这种情况，发过内部通报。当时曾在中国担任教习的中岛裁之、今井嘉幸、矢野仁一和松本龟次郎等，在以后的文章或谈话中，回忆到这些人的行为时，都痛加指责。详见下文。

1905年成立中央教育行政机关——学部之前，兴建学校之风还不太盛，因此对于师资的需要还不十分突出。当时一些学校聘请外籍教员，并不是由政府出面，都是通过私人间关系相托而来，至多也不过是由地方实权派，委托外国政府机构或有力人士推荐而已。1903年以前，中国各地学校中的日本教习，就是通过这种渠道来的。例如光绪二十三年（1897年）杭州的蚕学馆中聘请日本教习一名，就是由原任该校教习的江生金托相熟的日侨介绍而来。光绪二十四年（1898年）张之洞在武昌设立湖北工艺学堂时，就曾托当时日本贵族院议长、东亚会（以后的东亚同文会）会长近卫笃磨物色了两名日本教习，担任教授格致和机器学等课程。光绪二十八年（1902年），清政府管学大臣派严道震到日本，负责招聘农业、林业教员各一名，以备定于是年十一月开学的农林学堂中任教，当时也没有通过政府，而由私人介绍。由此可知，开始，少量延聘时，都是通过私人间的介绍，并不是作为政府间事务的。这种介绍和延聘，当然也谈不上什么遴选。但到1905年以后，形势骤变，科举废止之后，取士就靠学校；因此各地不但政府兴办学堂，连私人也纷纷设校兴学。于是师资的要求突增，对日本教习的需要也骤增，私人介绍无法满足。这样才由清政府正式向日本政府提出，要求他们代为斡旋、遴选。就在这种情况下，通过私人介绍这渠道而应聘的，仍还有；尤其是在一些私人兴办的学校中，因为延聘而来的日本教习，连公立学校都不敷分配，所以绝大多数仍是由私人推荐的。[①]

日本政府在当时的对华政策下，同意、接受了清政府的要求。早在1902年日本文部省就同意吴汝纶的要求，而让帝国教育会等一些民间团体出面斡旋遴选。日本政府之所以不由文部省直接出面，可能是与当时局势有关，因为当时日本政府一面支持以西太后为首的清政府，而在另一面又资助和保护反对清政府的一些势力；日本民间则公开认为“清政府的灭亡非遥”[②]，反对支持昏聩的清政府。文部省虽然不直接出面，但实际的遴选和决定工作，还是由他们负责主持的。

由文部省决定选派到中国的教习，除派往首都及少数省会高等学堂者外，则不是很认真的，都委托民间团体或私人介绍。一些特殊性质的学校，如铁路学校、军警学校等则都由对口机关推荐决定，或者由他们直接和中国联系介绍，不通过文部省（帝国教育会）遴选这渠道。因为这样，所以来中国担任日本教习的人选，就不免有鱼龙混杂的情况。

到中国任教的日本教习，特别是经日本帝国教育会遴选推荐到中国来的，都由中国方面给予聘请，规定期限、薪俸待遇和教授课程，每周授课时间及其他权利义务。例如直隶学务处聘请关本幸太郎担任直隶师范学堂教员的聘约，全文共十九条，其中规定：

① 如黄遵宪于光绪三十一年（1905年）致函杨徽五、黄篔孙，请他们物色日本教习。函中说：“在东洋应予谋者，为延聘东人一事。其束修比照汕头之熊泽纯，大约订约并来去盘费，以二千元为度。声明系教速成师范生，此项系小学师范，以一年卒业者。前函所云古城贞吉，试一询问能来与否？”（《黄遵宪研究》，1982年）

②《福泽谕吉全集》第十四卷。

于期限以内，每月支给薪水库平银二百两，所有佣工给养伙食，一切杂费均在内。

该员于合同期内，在师范学堂承教化学科，每星期授业时间不逾二十四小时。

该员应听监督及教务长之指挥。

学堂分配教授时间及裁定课程，其权由监督及教务长会商主持。该员有忠告之义，无干涉之权。①

聘书上最初并没有规定聘期，后来才规定了年限，一般都是两年到三年。在聘期内，除有严重违约行为（主要指品行不端）外，不得辞退；聘期期满，双方同意仍可继续。如关本幸太郎从光绪二十八年（1902年）九月二十六日接受第一次聘书后，共延续了五次，其第五次聘书的日期是宣统二年（1910年）十二月二十九日。这种聘期期满而继续延聘的事，不限于某一个人或某一地、某一校，而是普遍的事。其原因当然还是中国到处兴办学堂，缺乏师资，所以除了实在不堪为人师者外，或因本人的原因而不愿连任外，一般都蝉联。京师大学堂、京师法政学堂和北洋法政学堂的聘约期限较长，有达四年或五年的；这些学校的日本教习，事实上几均执教到辛亥革命，清王朝被推翻，学校根本改组为止；个别的如今井嘉幸，在改组后仍有继续执教的。

日本教习在聘期期满不愿连任或中途毁约的，主要是薪俸、待遇方面的原因，这一点将在下面谈及。

当时和日本教习的聘约上，很清楚地规定，他们的任务是教

① 《关本文书》（转引自阿部洋：《清末的学堂教育及日本教习》）。

授课程，对其他有关事务，可以建议，而无权干预。不仅对教员的聘约上明白写明，就是对应聘担任顾问等高级职务的聘约上，也都有规定。如直隶总督袁世凯聘请渡边龙圣担任直隶省学务高等顾问时，就在十五项条款中，明白写有：

> 该员应听本大臣节制，所有本大臣定立规条，均须遵办。
>
> 该员应办事件，由本大臣酌定，或由学校司督办、总办会商。①

日本教习执教学校分类

中国在废除八股取士之后，各地大举兴学，当时几成一股热潮，不问需要，也不论在人力、物力上是否有条件。招聘日本教习，主要是充任这些新建学校的师资，因此当时由日本教习执教的学校，并不仅限于高等教育的各类学校，什么性质的都有。可以说，从小学、幼稚园起，一直到最高学府的京师大学堂，都聘有日本教习。现在根据日本教习的分布表，统计分类如表四。从这统计中可以知道，日本教习最集中的还是中等教育方面；以性质分，则师范学堂最多。这情况符合中国刚废除科举，兴办学校初期的实际情况，同时也说明了当时的人心趋向。

今天，可能会问，为什么幼稚园那样的学校还要请日本教习？的确，小学校的聘请外籍教员已似乎没有什么必要，何况幼稚园。可是事实就这样，当时就有不止一所幼稚园，到日本去延

① 日本外务省档案：《有关外国官厅雇佣本邦人关系杂件（清国之部）》第六卷所收明治三十五年十一月二十九日在清国松井代理公使致小村外相《关于抄送直隶总督袁世凯学务顾问渡边龙圣聘约》。

聘教员。这和请日本教习来担任手工、图画、体操教员一样，都不是今天所能理解的。不过至少可以看出当时办学者急于掌握新知识的心情。

表四　日本教习执教学校分类统计

高等教育	高等学堂	71	军事教育	武备、将弁学堂	68
	法政学堂	42		军医学堂	28
	高等师范	68		测绘学堂	11
	高等实业学堂	3	特殊教育	警务学堂	33
	高等农业学堂	20		电话学堂	2
中等教育	中学堂	58		铁路学堂	7
	中级师范学堂	76		银　行	1
	中级法政学堂	21		音乐体操	2
	中级实业学堂	52		方言学堂	7
	中级财政学堂	5		医务学堂	2
	中级农业学堂	14		东文学堂	14
	女子学堂、师范	35		蒙养院	6
初等教育	小学（包括陆军小学）	22	其他	私立学堂	7
	实业学堂	21		其　他	3
	幼稚园	6			

根据《日本教习分布表》分类统计，未剔除重复人员。

一时延聘这样大批的日本教习来，他们担任些什么课程，一般地说，是中国人所担任不了的，即属于“西学”这范围的。但由现在所能见到的资料看来，并不完全是这样，正如上面所说连小学、幼稚园都聘用日本教习一样，有许多地方，把学校课程的一半或更多些教课任务，放到日本教习肩上。

现在把分布表中所有日本教习的教授科目，分类统计如表五。因其中有人同时教授两种科目或以上的，所以其总数无法相符，故不加统计。另外将明治四十二年日本外务省档案中日本教习所授科目作为对照，一并列入，以供参考。

表五　日本教习教授科目分类

科目	人数	对照	科目	人数	对照	科目	人数	对照
总教习	22	14	图画手工	19	8	心理伦理	2	2
日本语	38	16	音乐体操	22	11	动植博物	27	—
理　科	54	34	医药学	12	8	生　理	7	—
实　业	63	39	幼儿教育	13	5	普　通	42	15
法　政	25	19	史　地	16	5	通　译	17	—
军　事	66	10	数　学	15	6	不　详	283	241
警　察	11	3	教育学	14	5			

具体地说，属于理科和实用的一些课程，几乎全由日本教习担任；特殊性质学校中，属于专业的课程，也几乎全部是日本教习承担的。社会科学方面的课程，像历史、地理，有日本教习执教，也有中国教习担任的；可是像政治、经济、法律、哲学、教育等，就都是由日本教习授课。统计中还可以见到，不少学校的图画、音乐、手工和体操等，乃至全部课程，也是由日本教习任教。

据松本龟次郎的回忆，那时他所执教的京师法政学堂中，六位日本教习分别担任的课程是：总教习岩谷孙藏教政法学，副总教习杉荣三郎主讲公法和经济学，教习矢野仁一教政治史和政治地理；教授日本语的三人中，小林吉人和井上翠教读本，他则教文法。[①]

当时的学校中，多设有日语一课，有的学校还设有日语专修班级。在一般正规、非速成的高等学堂、大学校中，每星期约36课时中，日语的课程要占三分之一以上（如京师法政学堂，每周总学时为36，日语课学时为14-17；直隶师范学堂每周总学时36，日语课学时为15）。这和当时要求尽快通过学习日语，掌握新知识有关。光绪三十三年《学部奏派调查直隶学务委员报告书》[②]中，认为当时在天津的北洋师范学堂预科课程中，日本语的课时太少，建议增加。说：

> 预科课目有东文语一门最合，盖一可收直接听讲之益，二可参观东文书籍。宜增改钟点为每星期七小时，原定四小时，即以三小时增入。本堂用日本教员甚多，如入正科时，一切科学必须译员传达，既费时又易失真，不如于预科中增多日本语时刻为宜。

黄遵宪也认为增加日本语，可使学生在一年之后，能“不通过翻译，直接听懂日本教习之课”[③]。

至于教授方法，由于实际的情况，即受教的中国学生不懂日本语言，而绝大多数的日本教习又不通汉语。所以当时所采取的教授方法，必须适应这种特殊情况，一般都用双重讲授的间接教

① 松本龟次郎：《邻邦留学生教育的回顾与前瞻》（《教育》七卷四期，岩波书店1939年版）。
② 《东方杂志》光绪三十三年（1907年）十一月号。
③ 黄遵宪1905年致杨徽五、黄赞孙函（《黄遵宪研究》，1982年）。

授法。即上课时，日本教习讲课到一定段落，就由担任翻译的将其所讲的内容，译成学生能听得懂的汉语。这种讲授方式，当然是极不经济的。不但影响教学的进度，而且还由于担任翻译者的日语水平和专业水平的限制，往往有错误发生。曾经在南京两江师范学堂学习过，亲自受过日本教习教育的章沧清（当时江苏省立上海中学教员）在回忆这段历史时，提到翻译的事，说：

> 柳原先生，他是翻译，中国话很好，我们对他所译的很放心。因为有几个留学生程度太差，翻的有些那个（不好的意思——引者）。最可笑的，大森先生讲博物时，于漆板上写明矾两字，而那位仁兄竟读不出那个矾音来。[①]

曾经在直隶师范学堂担任教习的永井勇助，在当时所写的通讯中，描述他们教授情况说：

> 由于教授的方法是每门功课都须由副教习将其由日本文译成汉文，所以在上课的前一天晚上还要先用日本话告诉副教习，像图解、实物等都得一一说明，让副教习能译出，这样当然会有理解不到的感觉。而且担任翻译（每周八小时左右）是曾留学东京工科大学的中国人，由于他是南方人，所以译出来的话，往往为学生们听不懂。[②]

① 见本书《关于日本教习》一文。
②《直隶省保定府通信》（刊《教育时论》714，明治三十八年二月十五日）上转引自阿部洋文。

这样，教学的质量当然不会高；以后，帝国主义者为加强对中国的文化侵略，争夺中国这块阵地而攻击日本教习时，这就是所据的口实之一。其实，日本教习教学质量不高的责任，并不完全在日本教习本身，担任翻译的也要负责。

担任日本教习翻译的，除一部分日本人以外，大多数是回国的留日学生。当时的留日学生，大部分都质量不高，仅仅到日本一年半载，受到的教育也只是配有翻译的速成教育。对于一些比较专门高深的学科，当然是完全不懂的。由他们来担任日本教习的翻译，也是不得已的事。不过在大城市的高等学校中，这种情况比较好。因为当时在日本受正规教育的留学生，也已陆续学成回国，他们回国以后一般都在大城市中工作，有不少在政府机关中担任官吏，也有些在学校中教课的；因此大城市中的高等学校，大部分由他们兼任翻译。这些留学生因为是按部就班从日本学校中毕业的，所以除专业知识外，日语水平也不是速成生能比的；由他们担任翻译，教学的质量当然不成问题。据松本龟次郎回忆，当时在京师法政学堂担任过翻译的留日学生有曹汝霖、章宗祥、陆宗舆、汪荣宝、范源濂、江庸、张孝移、姚震、汪爔芝、曾彝进、黄德章、夏燏时、朱绍濂等人，而林棨（福建东文学堂毕业）更以中国总教习的身份担任过岩谷孙藏、杉荣三郎的翻译。[①]在同校任职的矢野仁一，也回忆说，当时给他担任翻译的，主要是在政府中任职的曹汝霖。[②]

除了极少数日侨和回国的留日学生外，当时担任日本教习翻

① 松本龟次郎：《中华留学生教育小史》。

② 矢野仁一氏于1942年告作者语。

译的，还有一些在中国的朝鲜籍侨民或台湾籍人；当时朝鲜和台湾，都已为日本所并吞，因此他们都是以日本籍出现的。天津法政学堂今井嘉幸的翻译，就是台湾籍的郭廷献。[①]这情况在东北三省和福建更甚。

一些比较简单的课程，如体操、图画、手工之类，是不配备翻译，直接用日本语，辅以手势教授的。因此，一直到20世纪20年代，有些地方的体操口令，还袭用日语发音的。军事学校中的术科，则仍有配翻译的。

学制、课程等一套新教育中的主要方式，都直接仿效日本，并且又由日本教习教授，所以教材，不用说也直接采自日本。现在我们还能在文献资料中见到一些，如湖北省学务处有一套《师范教育丛编》的教科书，共十一册，是由他们委托日本人编就后，经湖北省留日学生译成汉文，在日本印刷后运回应用的。松本龟次郎在宏文学院时，为中国学生学习日本语而编写的《日本语教科书》和井上翠所编的《东语会话大成》，也都被各学校采为教科书。宏文学院的讲义，也有不少被转用为教材的。不仅是一些专业课的教材，连图画用的范本，“也得到东邦去买”（章沦清函中所述）。

到后期，即1909年以后，中国和日本都曾出版过一些日本教习根据他们在实际教学中的经验，而为中国学生编写的教材，以及回国留日学生所编写、译述的教科书。这些教科书，有的到20世纪20年代还在应用。

---

① 今井嘉幸氏于1943年告作者语。

薪俸和待遇

在急需的情况下，本国既不能满足，也没有适用的人才，当然只能求助于国外，聘请外籍专家、教师来担任。这样当然在物质上要给以远优于本国人员的待遇，也就是说，对应聘而来的外籍专家、教师给以高于本国同样工作人员的薪俸、待遇，是理所当然的，不仅中国如此，就是日本在明治维新初期也是这样的。据现在所能见到的资料看，当时日本教习在中国时的薪俸，颇不一致。一般地说，地方高于首都。公立学校高于私立学校，特殊性质的学校，尤其是军事学校高于普通学校，男教习又高于女教习。比当时中国同工人员的薪俸，约高5-10倍；就是比日本国内同工的最高薪俸，也要高出3-5倍左右。[①]具体地说，有少在百元以下，也有高逾五百元的，一般都在一百五十元至五百元左右。

现在根据日本外务省档案的资料，将明治四十二年（1909年）日本教习的薪俸数分级统计如表六。在这份资料中，月薪最高的是担任湖北省铁道顾问的原口要工学博士，年俸一万二千元，即月俸一千元。因为不是教习，所以不能计入。教习中最高的是京师大学堂的冈田朝太郎，月俸八百元，但这不单纯是教习的薪俸，还有他担任修律馆工作的薪俸。教习薪俸最高的是月俸六百元，享受这待遇的有京师大学堂的服部宇之吉、京师法政学堂的岩谷孙藏、高等巡警学堂的川岛浪速和江南讲武学堂的坂田虎之助。岩谷和川岛都包括兼职的薪俸在内，所以实际上最高的是服部宇之吉。低于百元的，大概是随丈夫同行担任教职的女教习和一些由

① 明治三十九年（1906年）三月，日文《教育研究》第二十四期中，刊有儿玉崎人的《北清通信》。其中有“在清国教育界，邦人的势力颇大。他们的薪俸约都在百元以上，五百元以下。较诸国内要高三至五倍左右”等语。

表六　日本教习月薪统计

月俸数		人　数
库平两数	银元数	
50以下	70以下	59
51-72	70-100	26
73-110	101-150	77
111-150	151 200	101
150-220	201-300	79
221-292	301-400	49
293以上	400以上	24
不详		9
总　计		424

资料来源：《清国佣聘本邦人名表》明治四十二年月俸数包括住宅、伙食等津贴在内的合计数。

日侨转任的，或是兼职的（如校医）。下面再举几个实例，以说明当时日本教习的薪俸情况。

1.光绪二十九年（1903年）南京两江师范学堂

菊池谦次郎（总教习，文学士）　月俸400元
菅虎雄（伦理、教育教习，文学士）　月俸300元
松原俊造（格致教习，理学士）　月俸300元
志田胜民（理财、商业教习，法学士）　月俸300元
安藤安（农业教习，农学士）　月俸300元
岸廉一（教习兼校医，医学士）　月俸300元
大森千藏（博物教习，理学士）　月俸250元
柳原又熊（日语教习，翻译）　月俸250元
那波武二（日语教习，翻译）　月俸250元

杉田稔（手工教习，工学士）	月俸 200 元
亘理宽之助（图画教习）	月俸 200 元

2.京师法政学堂

岩谷孙藏（总教习，法学士）	月俸 600 元
杉荣三郎（副总教习，法学士）	月俸 360 元
矢野仁一（教习，文学士）	月俸 360 元
小林吉人（教习，文学士）	月俸 180 元
井上翠（教习）	月俸 180 元
松本龟次郎（教习）	月俸 180 元

3.天津北洋师范学堂

中岛半次郎（总教习）	月俸 350 元
大津源三郎（教习）	月俸 200 元
关荣太郎（教习）	月俸 200 元
北尾鼎（教习）	月俸 200 元
安成一雄（教习）	月俸 200 元
柴田胜熊（教习）	月俸 170 元
后藤龙缘（教习）	月俸 170 元
泷本洁（教习）	月俸 150 元
月原秀范（校医，兼职）	月俸 60 元

从上面三个实例看来，可以知道南京的标准比较高，北京虽属首都，但和天津一样都要低些。

除了月薪以外，对某些教习还有住宅津贴、伙食津贴等贴补。例如上述京师法政学堂六位教习中，岩谷孙藏、杉荣三郎和矢野仁一三人每月另有住宅津贴四十五元，其他三人的住宅津贴是每月二十元。这种津贴在应聘时就先说明，并订入聘约中了。

日本教习当时的月薪数，无疑是颇高的，比日本国内同样职务的最高俸，至少要高三倍以上；比中国教习则更高很多，例如当时京师法政学堂中国总教习林棨的月俸是150元，而一般教习都在百元以下。两江师范学堂的中国教习，当学监主任的是月俸八十元，一般教习仅四十元左右，相差之巨，可以想象。①

由于清政府给予日本教习的薪俸极高，因而引起一系列不愉快的事。中岛裁之在《东文学社纪要》中，有不少是记载这方面事的，如争月俸数，不达要求不就职等。日本国内，也有一批人夤缘来华，其目的不在沟通文化，启迪中国人民，而在高薪。

因为各地日本教习间薪俸的高低不一，有的日本教习为了追求高俸，就不顾聘约的规定，不履行在聘约期内不能擅自离任的规定，单方面毁约而就任较高待遇的职务；当时中国方面因需才孔殷，明知其违约也照常聘任，至于违约，本来可以从法律上追究，但因日本人已享有治外法权，受领事裁判权的保护，所以中国方面对他们这种行为也无可奈何。

中国人对日本教习的反应

应聘到中国来帮助中国兴办新教育的日本教习，绝大多数是

① 据当时在保定直隶法政学堂任职的太田一平之子太田良平于1991年6月20日致本书日译本监修者竹内实函中说："至于到中国任职的理由，父亲曾说是由于高薪。当时他在中国月入可达300元，而其在日本三十四银行时的月薪才30元。"

才德都能胜任，经过一定选拔的。[1]尤其是到一些较大城市中主要学校中担任教习的，其中多数回国之后，也颇有成就。但也毋庸讳言，有一小部分却是为高俸给而来；或者有些在日本国内并无正当工作，通过三个月养成所的训练，到中国来投机冒险的。这些人，当然谈不上什么品德，更不用说能符合人师的标准。当然，无论是哪一种情况，通过长时期的交往，必然会有其表现的。

中国方面聘请时，所予聘书上都写明聘任期限，一般都在两三年左右。对于品德不堪的，当然期满就不再续聘。但据现在所知，有不少日本教习在中国执教期限，都不止两三年，也就是通过续聘继续留任的。其中有像关本幸太郎那样，续聘达五次的；也有到辛亥革命成功，清政府被推翻，学校根本改组而仍被留任，像天津法政学堂的今井嘉幸那样。这些都说明他们的品德学识在中国人心目中的评价。

当时中国青年学生的求知欲很盛，都知道非习新学无以强国，所以对日本教习的期望颇大。一般学生在上课时和课后，都很认真。两江师范学堂监督李梅庵，曾因学生过分钻研书本，忽视身体而出过长文布告，劝学生勿迟睡，勿过于在课后向日本老师求教，以免影响休息，语颇剀切。[2]由此可知那时中国学生对日本教习是尊敬的，彼此之间相处也十分融洽，否则绝不会课余还求教，而要烦监督出示劝阻的。

曾经担任过京师法政学堂副总教习，回国之后又担任日本宫

① 阿部洋在《清末的学堂教育及日本教习》文中谈及直隶师范学堂的日本教习，没有发生过受中国人批评及同僚间争斗等事时，说："其理由之一是由于对教习之人选，渡边曾通过东京高等师范学校，对其学历、品行都严加遴选，然后向中国方面推荐所致。"

② 见本书《关于日本教习》一文。

内省顾问、帝室博物馆馆长的杉荣三郎，在日后回忆悼念其在京师法政学堂同僚松本龟次郎时，说："原来教育之成果，并不仅靠学问之深浅，教授法之巧拙而已；其最重要的因素，还在于教育者本身的人格。由于君（指松本——引者）是位秉性温厚笃实的君子，其人格影响于学生者至深。因此学生们敬爱他，忠实地受其教育，所以他的教育成果至巨。"[①]这席话，并不是夸张的过誉。松本龟次郎的令人敬仰的高尚人格，是大多数留日学生所共知的；而其肇始，可以认为是在京师法政学堂当教习时代。

日本教习在中国学堂执教，虽然在事前对中国的学校教育情况有所了解，应聘时也有关约（合同）的规定，但免不了和中国方面会发生误会；而在日本教习间，也会因某些意见相异以致形成纠纷，影响到中国方面对其信任的。例如三江（两江）师范学堂，在1905年成立之前，于1904年11月由当时新任总督周馥、三江师范学堂总办李瑞清（梅庵）会同当时担任学务处参议，以后担任总教习的菊池，对报名入学的学生举行选拔考试。菊池按照明治初期，日本寻常师范的例子，把参加考试人员分成速成及本科两类，规定其修业时间分别为一年及三年。在这一点上和急于求成的中国当局想法有距离，尤其是对一批在地方上已办起新式学堂，急需师资的绅士们，更因而产生一些误会。以后，在对师范生的训练、教育进度和管理方法上，菊池又和日本教习们有不同的看法；这种分歧逐渐加深，到1905年10月，在该校执教的日本教习，由菅虎雄领衔，向当时斡旋中日教育文化事务的东亚同文会提出抵制、排斥菊池总教习的申请。其理由是菊池"在

① 增田实：《松本龟次郎先生传》（1951年，非卖品）。

公私各方面，均以专制独断方式处理，致使各教习无法发挥各自特长，在教务上无从取得充分成绩”。此项申请意见同时也传到中国方面，从而使中国方面对日本教习的误会更为加深，江苏教育界的士绅更因而向总督周馥提出改组学校，解聘日本教习的要求。以后，东亚同文会为使中国方面消除误会，恢复对日本教习的信任，而由该会根津一出面在菊池和九名教习间做工作，企图调解，甚至连日本驻上海领事馆也参加进去了。由于中国方面对菊池的评价颇高，所以根津拟保留菊池和菅二人，而将其他有异议的日本教习八名解聘，但没有取得菅及教习们的同意，结果只能改旧学校，将包括菊池在内的教习全部解聘。这一行动，严重影响了中国人对日本教习的看法。

日本教习人数很多，不免鱼龙混杂，良莠不齐。有人格高尚，令人敬仰的；也有品质恶劣，不堪卒闻而激起中国人士极大反感的。创办东文学社的中岛裁之在他的《东文学社纪要》中，曾用相当多的篇幅，记述当时在中国日本教习间那些令人难以容忍的丑闻、行为。中岛在叙述了一系列日本教习间，彼此斗殴、争吵，甚至拔出日本刀来打架等事实之后，感慨地说:“这些举动，自始至终都为寄宿在校的（中国）学生所见到，实在是颇不雅观的。”（第27、28页）此外，中岛还记了一些令人难以想象的事，如东文学社，有部分日本教习鼓动罢教，准备盗卖校具分肥（第79-86页）；有舞刀弄剑，威胁他人者（第29、139、140页）。致使学生们发出:“在这种人教育下，能学到什么。我们就是死，也不学日语了!”“跟这样蛮不讲理的教员学什么？除非国亡，否则我们是坚决不再跟他们学了!”（第139、140页）从这些激愤的言论中，可以想象这批日本教习给他们印象之恶劣，影响之坏，到了什么程度。

对于这种情况，不仅中国人间有强烈的抗议。就是日本人、日本教习本身，也曾对之表示强烈不满。据今井嘉幸的回忆，当时在北京、天津和保定的日本教习，感觉到这少数不良日本教习的作为，势必将影响大多数日本教习及日本人的名誉，所以在1907、1908年左右，几个主要学校的日本教习开了一个会，要求在中国的日本教习自肃、自重，并由服部宇之吉执笔告全体日本教习书，专述此事。①

矢野仁一在四十年后向作者谈到这些事时，还气愤地说："当时（日本）政府缺乏远见，致使派到贵国担任教习的人中，杂有部分缺乏教养的人；其中有些人竟不顾国家体面，因故而争吵、打架，或借教习之名而营牟利之行为，致为贵国人士所轻视。更有甚者，有些人举止野蛮，动辄骂人，无论学识、品德，均不足为人师；致使校方宁牺牲聘约规定期间之全部薪俸，请其回国不必再任教者。苟日本政府而能稍严遴选，自无此等事之发生。贵国人不察，以为日本人皆若斯，诚不胜遗憾之事。"

这样的事，后来连日本政府也不能不加干预了。所以日本政府于明治四十一年（1908年）五月二十三日，通过在中国各地的领事馆，向各教习颁发一份由文部大臣、外务大臣联名的《内训》，其中说：

> 现在本邦人应清国官方之招聘，至该国各地从事教育者，为数不少。近来时有本邦人教师之间互相排挤，猜忌，

① 1942年10月今井嘉幸致本书作者函中语。

> 致不能取得良好成绩之事传来，诚属遗憾之至。盖如斯，不惟有悖善邻之谊，更甚而使国家威信失坠，国民体面受损，其影响决非鲜寡。因此特通知在清国本邦人教师，其在职期间应各自戒饬，放远眼光，正其志操；彼此间亦应辑睦协和，期维系本邦教育者之令名于不毁。①

这种少数日本人的行为，的确使日本教习的名声受到玷污。但日本教习总的成绩，还是被承认的。如光绪三十三年（1907年）学部派到直隶省调查的委员，在其报告书中说：

> 近日舆论则多谓外人不易为用，然据此次调查，凡外国教习大率能举其职，与舆论实相反，询之各堂监督等，所言皆同；可见此等舆论，大抵别有宗旨，于中学以上之教育进步，阻害甚大。有教育行政之责者，不当为此等无意识之舆论所摇也。②

这里所谓的外国教习，实际是指占外籍教习九成左右的日本教习。总的说来，中国人，尤其是知识分子对日本教习的反应还是良好的，既看到其缺点，但也承认其优点和对中国的帮助。

---

①《关本文书》（转引自阿部洋：《清末的学堂教育及日本教习》）。
②《学部奏派调查直隶学务委员报告书》（光绪三十三年十一月《东方杂志》）。

日本教习的衰退

荣枯盛衰，本来是一切事物发展、运行的规律，没有什么好奇怪的。不过日本教习，从开始招聘到衰退，前后时间仅仅十一年左右，而且，日本教习的盛衰，是作为中日文化关系的一个部分来对待的，这就值得我们认真探索一下原因，以便能从中汲取教训。

从中日文化关系来看，日本教习的减退，和中国留日学生数的减退是相一致的。都是以1906年（清光绪三十二年，日明治三十九年）为其最高点，由此就开始逐步下降。据可靠的统计，在中华民国成立以前，这两方面的数字见下表：

年　份	留日学生数	日本教习数
1906	7285	500-600
1907	6797	—
1908	5217	437
1909	5266	424
1910	3979	—
1911	3328	—

这里所列的留日学生统计数字，是根据日本《国立教育研究所纪要》第94集（1981年）而来；和原来的数字（前面引用的）相差颇巨。如陈青之《中国教育史》中估计1905年有一万两千人左右，次年即1906年仍在高峰，当不止此数。

这个下降情况是符合实际的。一般都认为，日本教习的锐减，大批回国是由于辛亥革命推翻了清王朝，各地学校都做了根本改组而起的；其实，从数字上可以见到，早在辛亥革命之前，已经有了衰减的征兆，不能简单地说是政体改变所致。

那么为什么盛极一时的日本教习，竟在这样短暂的时期内，就昙花一现地消失了呢？

原因当然是多方面的，先从中日两国间具体的形势来加以分析、观察。

上面曾经提到过，清王朝之所以决定聘请大批日本教习到中国来执教。其目的，一方面是想解决大规模兴学之后引起的严重师资不足的问题，说明其对变革的态度，是以敷衍、欺骗手段，缓和因要求变革而起的矛盾，延长和加强其统治。另一方面也想利用招聘日本教习到中国来任教的方法，减少遣送学生到日本留学，避免留学生受到革命思想影响，以致发生动摇其统治基础的危险。

19 世纪末叶，中国开始向国外派遣留学生到那时，已有相当年数。即以派学生到日本留学而说，从第一批在光绪二十年（1896 年）出国以后，到 1906 年已有十年，这些留学生，大部分都已学成回国，更不要说以后派出的，大量均以速成为主。这些回国的留学生，不用说多数是进入了仕途，但也有不少部分在文化教育界工作的；尤其是 1905 年前后大批遣送出国的速成生，他们都是为了培养师资而去的，回国之后绝大部分都致力于新兴的教育事业。过去，由于废科举、兴新学而感到严重的师资缺乏；现在由于大批留学生的回国，补充到这方面，因此在人才不足的问题上，得到了缓解。所以在光绪三十二、三十三年（1906、1907 年）以后，学校中原来由日本教习担当的一些课程，陆陆续续都由国人自行执教代替了。例如由川岛浪速创建的北京高等巡警学堂，本来所有的课程，都是由日本教习担任的；光绪三十二年（1906 年）因为遣派到日本学习警察的学生续有回国，所以就由内务部接收，改为高等警务学堂，大部分课程也由中国籍教员接替，原有的日本教习聘期一满，就不再续聘。因此原有的日本教习人数，就骤减到只剩三四人。这不过是一个例子，其他类似的还很多，尤其在中小城市中。

在帝国主义侵略势力的不断威胁下，中国的广大人民也不再像过去闭关自守时代那样的愚昧无知；对自己国家主权的独立完整，也不再漠不关心，尤其是进入20世纪以后，经过八国联军和日俄战争的刺激，中国国内到处都掀起了收回利权的运动。收回利权，当然也包括教育权，对于连中小城市中都有日本教习的情况，当然不会熟视无睹。这部分被日本教习把持着的教育权，当然也要收回。

聘用日本教习，中国在经济方面的负担是很重的。当然，支付巨薪之后，能够收到相当效果的话，也还是值得的。但实际上并不是这样，尤其是日本教习中有少数品质恶劣、学识浅薄，难为师表。因此聘约期满，各地学校就不再继续聘用；有些因秉性太劣，致使学校方面忍痛付清聘期内的费用，停止其任教的。青柳笃恒在《评现政府的对清政策》[①]一文中，就提到从1907年起，就陆续有日本教习没有被解聘而回国的事，就是这原因。

此外，时局的变化也是促使衰退的一项因素。如果清王朝不被推翻，各级学校和政府机构也不会被改组，这样日本教习还可能继续执教。这种推论是有一定根据的，但也不尽然，事实上，即使在学校改组之后，对日本教习的聘约仍被信守，如京师大学堂、京师法政学堂的日本教习，在辛亥革命爆发、清王朝被推翻、学校改组之后仍继续执教，一直到聘期任满才回国。所以时

① 见《外交时报》124（1908年）。

局的变化因素起些作用，但不大。

如果仅仅是中国方面的原因的话，这样大规模聘来的日本教习，不会这样快就衰退的。因此还必须从日本方面来探索。

日本方面的原因，应该从日本教习本身和日本政府两方面来观察。

日本教习本身的原因，那就是学识不足和品质恶劣，难为师范，以致聘约期满后不再续聘。但这只是少部分人，虽然他们影响了日本教习的信誉，但不会使其衰退如此之快。因此说，这不是主要的原因，根本原因还在于日本政府对华政策的改变。

日本政府之所以接受大批留学生并派遣日本教习到中国，完全是以“保全清国”为中心的对华政策的具体表现。也就是说，日本在明治维新改革成功，国力日渐上升的时候，虽然也有并吞邻国，以与欧美资本主义势力相抗衡的意图，但毕竟国内的资本主义体制的发展速度不如欧美老资本主义国家，军事力量方面也还缺乏一定的信心，因此不能不做暂时的抑制。一面加紧准备，一面在外交上采用“保全清国”、“保全东亚”等假面政策抵制欧美资本主义势力的霸占中国和东亚。日本的资本主义经济体制，在中日战争中夺得了台湾和巨额赔款，使之在原料、市场和原始资本积累等方面得到了有力的补充，加速了改组和扩展；日俄战争中，虽没有取得赔款和土地，但从沙俄手中，夺得了势力范围，使其向垄断阶段发展取得了有力的保证。因此过去被压抑着的军阀势力，如今得到了急速抬头、发展的机会。

日本的军阀势力，从明治维新以后就一直想侵略邻国，完全不考虑其本身的条件；可是其政治家却比他们想得多些，既考虑本身的条件，又考虑国际的情况。在日本的国力还不充裕、资本主义体制的改组没有完成前，他们虽也鼓励和支持军阀势力向外侵略和扩张，但还有一定的限度，不敢做过分的冒险。征韩论的被否定，征台的适可而止都说明日本在资本主义体制改组没有完成前，不能不暂时地抑制一下军阀的扩张野心。甲午战后，日本资本主义体制的改组加速，大步地向垄断阶段迈进时；又因而触发了国际的矛盾，不利于日本的发展，使他们不能不采取迂回的方式，避免使矛盾尖锐。日俄战后，虽然日本取得了胜利，但实力消耗很多，还需要有一定的时间，以恢复实力，加速向垄断阶段的改组。20世纪10年代后期，日本的资本主义势力完成了其应有的改组以后，对军阀势力的支持就日益增加，直到肆无忌惮的地步。政党和政治家已到了完全仰承军部鼻息的地步，对外政策也必须听命于军部，接受军部的意志，由军人掌握。

也就在20世纪的10年代，中国的清王朝，由于统治阶级的腐朽昏聩，人民的觉醒程度日益增加，以致这个王朝，随时都有被推翻的可能。而外来的帝国主义者，又虎视眈眈，准备瓜分。在这种情况下，日本为了满足其贪婪的资本主义势力进入垄断阶段后，急速地扩大市场和取得原料基地的要求，改变了其对华政策。大陆政策代替了“保全清国”政策，隐蔽、缓慢的侵略不能满足他们贪得无厌的野心。军人势力，在垄断资本势力支持下取得了左右国事的权力，武力侵略成了推行政策的唯一工具。

接收中国留学生和派遣日本教习，是作为执行“保全清国”那样迂回侵略政策的手段、方法而实行的。现在日本政府的对华政策有了改变，其执行政策的方法、手段自亦随而变更。日本政府从20世纪10年代后期，也就是清王朝被推翻的前几年，就开始制定各种限制的政策、法令来对付留日中国学生和日本教习；因此从20年代起，不但日本教习人数有减无增，就连留日学生的人数也急遽下降。

日本政府在对待日本教习的手段上，采取了听其自生自灭的态度。曾在京师法政学堂担任日本教习四年之久的松本龟次郎，在以后回忆当时的情况时说：

> ……第三，应确立对从事邻邦人、留学生教育者的保障。前述应清政府之聘而前往之教习，聘约期满返国之后，往往因无职可就而陷于一时失业之状态。然返观陆军士官之应聘者，不惟在被聘期间照常升职晋级，且归返以后，也有适当工作。[①]

其实，早在1905年，在直隶师范学堂任教的儿崎为槌，就曾在《教育研究》上为文提出指责：

> 一方受政府之深厚保护，而另一方则听其自然。其成败利钝，识者诚不卜可知也。

这里是指欧美势力保护其在华的教育事业，而日本政府则不加过问，任其自灭。从日本的对华政策改变以后，从其对日本教习所采取的方针看，日本教习的衰退是不可避免地迟早会来临的。

除了上述起决定性作用的原因外，帝国主义之间的倾轧、攻

① 松本龟次郎：《邻邦留学生教育的回顾与前瞻》。

击、争吵，也是一个不可忽视的外因。

对于日本教习的独占中国的教育界，其他国家当然是不会满意的，为了争夺中国的教育阵地，为了争夺中国的下一代，他们非先打倒、排斥日本教习不可，于是采取了公开和日本翻脸、明白指责日本教习的方式。1907年6月2日的《纽约每日论坛报》上发表一篇以《中国人不需要日本教习》（“China don’t want Japanese Teachers”）为题的文章。公开攻击在中国的日本教习，说：

> 中国各地的公立学堂中，都聘有几位外籍教员，其中最多的是日本教习。对于这些日本人，我们不能不发出非难之声。日本人和泰西籍教师相比，在俸给上，确实是比较低廉；在招聘方面，也的确要容易。可是这些日本教习，只具有皮毛、浅薄的知识，也没有凭其学识而能造就专门学术人才的自信。要想依靠他们，进入深奥的学术殿堂，纯属件既愚且蠢的事。
>
> 在今天，排斥在中国的日本教习，俾以其他外籍教师代其地位，实属目下燃眉之急，不可等闲视之。[①]

这不仅是一篇文章而已，而且也是一种行动开始的信号。随着这种公开攻击日本教习的舆论而来的，就是各国的实际行动。

光绪三十三年（1907年），美国政府利用清朝出洋考查、政治大臣端方等一行到达美国的机会，和中国政府签订了耶鲁大学

① 转引自同年日本出版之《同仁》杂志上所刊青柳笃恒：《美纸“支那人之日本教习排斥论”》文中所介绍的片断。

等三所美国大学免费招收定额中国留学生的协定。次年（1908年），美国总统罗斯福在向国会致词时，公开地说："要不惜任何牺牲，以最大的力量来帮助中国人的教育事业。"并提出退还部分庚子赔款，充作中国学生留学美国的经费，加强在中国设立教会学校的活动。1909年（宣统元年）以退还的庚款而设立之留美预备学校在北京清华园成立，这就是后来的清华大学。不久，第一批四十七名学生遣送到美国留学。

这样的争夺文化教育阵地、争夺中国青年的活动，不仅美国这样，其他西欧资本主义国家也不甘落后，纷纷都以退还庚款来充当其经费。甚至连勒索义和团事件赔款最积极的德国，也相率奉行。

在这样错综复杂的因素下，辛亥革命爆发后，日本教习的衰退，就成了必不可避的事实。

简单的总结

日本教习在中国的时间，从开始到完全衰退，不过十一年，可说是昙花一现，而且从其效果看来是失败的。但其影响的深远，却并不因其时间之短暂和失败的效果而改变。应该说，在中国的近代化过程中，中国文化之受外来文化的影响上，日本教习和留日学生具有同等重要地位，或者说更深远些。

今天，近一个世纪之后，总结这一段失败的事实，还是有值得借鉴的经验和汲取的教训的。

文化，是人类共同的财富，不属于某一民族、国家；为了提高和加速本民族、国家的进化，可以，也应该向其他国家借鉴，甚而派出学生前往学习，招聘专门人才来培训，摄取先进的文化技术。这是自古以来，所有国家都采取的一条大道。但是，有一个原则，就是主权必须操之于我，不能旁落。招聘专门人才的目的，是借助于他人之才智以培训我们的人才。在这前提下，可以支付远超国人的高厚俸给、待遇，以换取他们的知识、技能；但是，主权问题，决无商榷余地。清政府聘请日本教习而把办学大权完全相托，未始不是日本教习在中国十年，最终仍以失败结束的原因之一。

历史的经验告诉我们，只有在独立自主的原则之下，有自力更生的决心，借助外力才能得到预期的效果。

关于日本教习

在近代中日文化交流的历史中，在中国的近代化建设过程中，中国的留日学生虽然占有很重要的地位，但在另外一方面，我们也不能忽略了中国近代化初期的清朝末年，在废科举、办新学、新学制刚颁布之际，曾分布于中国各地，从事中国人教育，为培养师资而做出努力的日本籍教师，就是在中国近代史上称之为日本教习的。

从中国近代史的进程来看，20世纪初年，即中国正处于似醒未醒之际，中国留日学生的行动，唤醒了中国人的迷梦，使大多数人民知道国家已处于危亡境地。而大批应聘到中国来的日本教习，则在为中国的近代教育培养了一批人才，加速和推动了中国的革新和近代化的建设。虽然从整个历史的过程看来，中国的留日教育和邀聘日本教习这两件工作都是失败的。但也不能说，对于中国的进步，对于中国历史的发展没有起过一定作用和影响。

几十年来，我曾根据自己所能见到的资料，写过、发表过一些有关日本教习的文章。在这些文章中，曾谈到过我自己对这问题的一些看法并公开了我所掌握的一些资料。我这样做的目的，不仅是想使人知道，在中国近代史上有过这样一段史实；同时也想抛砖引玉，希望能取得更多的资料，使这一段历史的全貌不致湮没。更重要的是，我想用具体的事实和数字来说明，为什么在一个时期内，我国向日本招聘了数以百计的教员，请他们帮助我们解决当时我国面临的难题，以有助于近代化建设，可是其结果却是失败的。现在和将来，我们还需要建设我们的国家，更需要借助于比我们先进的国家。也就是说，我们仍然要吸收和利用外国的人力、物力。为了避免重蹈过去失败的覆辙，为了充分活用历史的经验，有必要重温一下这失败的史实。历史不会重演，但毕竟是有规律可循，研究历史，为的是汲取其经验和教训，不走或少走弯路。

在我的文章发表后，曾得到不少反应，尤其是一些曾亲自受过日本教习教育的，向我提供了很多宝贵的史料。这些，不惟是我过去所不知道，而且也是中国近代史或中日关系史上极宝贵的资料。为了提供后人研究上的方便，我想应该把这些资料公开；不但可以作为我写过的有关日本教习文章的补充，而且也替我国的近代史和中日关系史，保存一些资料。当然，我应该向提供这些资料的师友们表示感谢；没有他们的帮助，这段近乎湮没的史实，更难为人所知了。

四十五年前，我在日本神户的时候，曾有机会结识一位当地名流，当时担任众议院议员，并担任律师工作的法学博士今井嘉幸氏。开始时，只以为他是一位有声望的绅士而已，可是几次交谈以后，才知道他就是当年曾和有名的民主运动斗士吉野作造博士一同受邀在天津法政学堂担任过教习，也就是当过日本教习的人。在我问及他有关当年情况时，他不仅告诉我不少自己所经历的往事，而且还告诉我很多在天津或他地日本教习的情况。虽然说这些都是快过了半个世纪的老话，而且四五十年来，我个人是历尽坎坷，书籍笔记散失殆尽，照片、资料、卡片乃至自己发表过的文章，不是被毁，就是被抄走，但是我的记忆还没有丧失，保存在海外的资料复本和一切发表我文章的刊物还能找到，使我在自己手边资料几乎完全散失、很难恢复的情况下，还能重理这些很快就要消失且不被人注意的日本教习的史实。举例来说，今井博士曾经从他保存的相片簿中，提供给我三张极有价值的照片，其中有一张还飘着黄龙旗，中国籍的学监还穿着补服，戴着红缨帽。这些照片在他提供给我时，已离摄制当时有三十年左右，实在难得。当时我曾加以复制，并将复制品送了一份给从事同样研究的实藤惠秀博士。想不到历经战乱、轰炸和一切社会上不稳情况之后，实藤博士还保存得很好，而我所保存的一份连同底片已毁于丙午。所以到四十五年之后，我仍能利用他所保存的那份，其喜悦之情，实难用文字表示。又例如日本的友人，能在异国的图书馆中找到四十多年前我发表的文章，利用现代科学的成果，将其复印之后寄送给我，使我在日本教习的研究上，还和过去一样，不感到有资料匮乏之虞。

照片上的人，在离照相约八十年后的今天，几乎都已谢世；活着的，怕也已耳聋目黯了。回忆四十五年以前，今井嘉幸氏在借给我照片的同时，还一一地告诉我这是谁，那又是谁。当时他用手指这指那的情况，又一幕一幕地在我脑中映出。他曾将照片上的情况，包括人的情况，一一如实地告诉我，还让我做笔记。像挂黄龙旗的那一幅中，不但有中国籍的学监、教习，而且也有日本籍的教习和台湾籍的翻译（当时台湾籍名义上不存在，是作为日本人而存在的）。在保定日本教习那张中，有不少到后来和中国近代史有关的日本人。例如有穿军装的坂西利八郎、嘉悦敏等少壮军人，也有像吉野作造、今井嘉幸等文人。今天看来，真不胜感慨系之。

从今井氏的回忆中，知道30年代实藤氏根据中岛半次郎所做的统计作战的日本教习名单中，还有不少遗漏，有的还很重要。例如他告诉我，曾经担任过日本内阁中商工大臣（1936、1937–1940年）的岛田俊雄，当时也在云南法政学堂担任过教习。岛田曾向今井谈过这一段回忆，说那时要从中国中原地区到云南，交通非常不便，往往要用上半年左右时间，而且沿途的安全也很难保证。所以岛田从日本到了北京以后，就取道安南（现在的越南）再进入云南，到达昆明需要两个月以上的时间。这在今天几个小时就能从北京抵达昆明的情况下，骤然听了一定会觉得不可想象的，可是七八十年前的情况确实如此，假使不从安南走而取道四川或广西，完全得依靠人力、畜力，加上路上治安并不完全平静等等的实情看来，很可能是需要半年或更长时间的。我记得听到今井氏的谈话以后，曾直接写信给岛田氏（那时他已不当大臣，但似乎仍是议员），请他写些当时的回忆录发表。以后听说他写了，也公开发表了。可惜那时我已回国，看到的日本报纸、杂志有限，没有能见到他的文章。后来知道以后，曾多方寻找，也没有见到。

关于日本教习的名单，过去所能根据的就是中岛半次郎的统计，中岛本人当过日本教习，所据的资料也相当丰富。但由于当时日本教习的分布极广，彼此间不一定有联系；而且来源也不尽相同，绝大多数是通过政府的渠道应聘来华的，但也确有少数是应私人之约而来任教的。后来又多数在较僻远地区，如果在任时间不长的话，不但中岛的统计中没有，就连日本官方统计也漏列了的。40年代初，实藤氏和我一同在旧书店中找到了一些有关材料；以后，我们又分别访问和利用关系，搜集到了一些人名资料。70年代后期，实藤氏委托日本文部省教育研究所的阿部洋，把外务省档案中有关当时清国雇聘的日本人名单复制了一份寄给我（当时阿部也在从事这方面的研究）。仔细地核对以后，发现这份官方统计，也仍然有些漏列的；举例来说，我从原江苏省立上海中学残存的若干记录（不是档案）中和南通的一些文献和当事人的回忆中，就发现当时在那里任教的，名单上都没有，可是事情是确凿、不容怀疑的。这样的情况还有，我就在多方核证、有确实可靠的根据下，把这些人补充进了名单。那时，我已有可能利用国内的资料来查找、补充这名单了。80年代，我不但亲自到北京、上海、沈阳、广州等地的图书馆和一些大学中查找旧报纸、书刊乃至档案，而且还访问和通讯询问了一些可能有关的人士，发现了部分加入了进去；尽管为数不多，但比起实藤氏在1939年发表的名字，大约增加了四分之一到三分之一左右，可以说，大致上已接近了当时情况，当然这份名单还不敢说是最后的。

1988年本书第一版出版后，我曾接到不少读者来信，提供资料。十分感谢，但其中绝大部分都没有确切根据。对于一本研究历史的著作，仅凭传闻是无法入用的，所以只能割爱；但有些是很珍贵的，有当时官方出版物作为证明，而且还有当时日本教习的工资数和介绍人姓名。这些在以后日文版的名单中都补充了进去，1991年日文版出版后，日本学术界掀起了一大反响，称："过去不为人所重视的一段历史事实，又得到了发掘和重视。"有不少日本读者写信给日文版监修者竹内实教授，其中有些是当年日籍教员的后代，他们不但提供了有确切根据的资料，而且还补充了部分不足。有人在信中还提到，过去他家中留存有不少照片，其中辫发姿的清国学生历历可见，可惜是业经散失。对于中日两国读者的热忱，作为著者的我是十分感谢的；当然，对于某些只凭传闻而无据可查核的，也只能存疑。

90年代以后，国内一些刊物上也陆续发表了一些文字，补充分布表中的不足。特别是天津南开大学的武安隆教授，他在有关书刊的资料中找到了不少我所未见而漏列的日本教习名单。这些我在逐一核实之后，分别加以补入了。武文中提到一些曾任教于严修氏所办的学习班、幼稚园等，因而亦列入其文中。我过去曾有机缘得识严氏哲嗣智怡先生，请教过他当时情况；智怡先生称，这些都是家馆，纯为教育其家族中子弟而设，间或有一二亲族附读，并不对外公开，学生人数也不多，既无一定学制，亦无固定学科。而且除聘用日籍教员外，亦聘有英美籍教师；而其中主要的，仍是中国籍老师。换句话说，完全是一种私塾性质的家庭学习班，不过在教员中杂有外籍人员，课程也有新式学科而已。这样的学塾，当时在北京、上海、天津、沈阳等地都有，聘请外籍教员者亦不乏其人，这样的外籍（日籍）教员和今天的家庭教师无异，似不能列作日本教习名单中，所以未列入。

此外，武文中还列有商务印书馆长尾氏等三人，商务印书馆与金港堂合作时，除编译所聘有长尾氏等三人外，印刷所亦聘有两人，但此等外籍人员既不参与教学工作，亦从未列名中国学校教职员名录，所以亦不予录入。其他在各省学务所、军警机构担任顾问、通译而不在学校任职者，也不做教习计，未加录入。

这份名单的编制，先后历一个世纪，但还只能说近似，而不能说完全，尤其由于中国幅员广大，对边远地区肯定有所遗漏；不过到今天为止，可能是比较完整的。

总的说来，作为历史进程中的一事件来说，日本教习的工作是失败的。导致其失败的原因很多，但有一点很重要的，就是日本教习本身存在的缺点。我在有关日本教习的文章中，曾不止一次地提到，当时应中国方面的招聘而到中国各地任职的日本教习中，大多数都很优秀，无论在品德、学识方面均足为人师表，因此有不少后来回日本，也在各方面颇著成绩的；但由于人数众多，就不免有鱼龙混杂，良莠不齐，其中就不免有不孚人望的人杂在其中。这样在他们任职期间，不断发生一些损及日本人名誉及两国人民友谊的坏事，就不是什么怪事或意料之外的。

创设东文学社的中岛裁之，曾对当时东文学社中日本教员的行为有所指摘和批评，在他以后所写的《东文学社纪要》中，曾十分痛心地记述了这些情况和其处理一系列纠纷的经过。今井嘉幸在三十多年后谈到这些日本教习的不良行为时，还十分气愤。说，当时在北京、天津等大城市供职的日本教习，对于这些日本人不顾国家及个人的体面，酗酒、打架、舞弄刀剑以及和中国学生、人民间的纠纷，都极感愤怒，认为这些少数人的行为，势必影响和妨及全体日本教习及日本人的名誉，所以一再集议，决定向日本政府提出必须制止这种事态的要求，日本政府曾以外务省的名义，向驻在机关发出“内训”，让在中国的日本使领馆干预。另外，在光绪三十二、三十三年（1906–1907 年）时，由几个日本教习比较集中的学校，如京师大学堂、京师法政学堂和北洋法政学堂等任职的日本教习，联名发表告各地日本教习的公开信。信是由当时担任京师大学堂师范馆总教习的服部宇之吉博士起草执笔，然后经上述各校全体日本教习签名的，言辞十分严厉。据他回忆，杉荣之郎、矢野仁一、冈田朝太郎、井上翠诸氏均曾列名其间。信发出以后，反应不大，例如东文学社就闹得很厉害，最后不得不停办；四川有些日本教习，也自恃地处边陲，照样酗酒打架，致使中国官厅出面干预。可以想象，当时这些不良日本教习的影响，不唯碍及两国人民间的友谊，而且也使大多数日本教习和日本侨民为之心痛。

我曾问过松本龟次郎先生，他在听我提到这问题时就不住摇头，说他虽因去得较晚，没有赶上签名的事（他说，共同签名是 1906 年的事）。但在他任职期间，曾目睹日本教习间不断发生斗殴纠纷，甚至持刀动武的事；也见到过几次在内地的日本教习（他说主要是保定），因为发生纠纷在当地不得解决，于是上北京来要求服部宇之吉博士排解，或被公使馆命令回国的事。耳闻，自更不必说了。从他们的回忆中，可以知道那些不良的日本教习影响之深了。

松本先生说，当时来中国的日本教习，由于夹杂有一批在日本原来没有固定职业或根本没有职业的，他们的目的是上中国来淘金。这批人既不是以教师为职业，也根本不是师范或专门学校出身，只经过三个月左右短期训练班的语言常识训练，没有时间去考察品德就来到了中国；到中国以后，又分散到各地，不像北京、天津各大城市中一些大学堂要求较严，这些人品质原来就恶劣，再加无人管束，所以时间一长，难免就真相毕露了。不过，这样品质恶劣、不堪为人师的日本教习毕竟是少数；更多的，却是束身自好，以帮助邻邦培育人才为己任，实心实意投身于工作的。因此绝大多数日本教习和中国同仁或学生之间的关系都很融洽：有些一直到他们回国之后，还继续有书信往来，保持经常联系的。更有一些学生，不但和日本教习探讨学问上的事，还把私人生活上的问题，也求助于日本教习，向他们咨询的。他曾举东文学社为例，说东文学社中有些日本教习的品质恶劣，行动十分粗鲁，和中国职员、学生之间，经常有纠纷发生；可是其主持人中岛裁之，却深受中国学生的欢迎和爱戴。不少学生毕业回乡之后，还不断和他通信，向他请教；学生中有不少回家后，出任某些新设学校教职的，他们还以东文学社的学制、规程和课本为范，和中岛商讨、求教的。有的学生，还要求中岛介绍日本女子为妻，或以其他私事相托的。他曾随手捡出中岛裁之所编撰的《东文学社纪要》一书，其中就刊有一名叫李晋年的学生给中岛，要求介绍日本女子为妻的一封信。这封信是这样写的：

中岛先生大人讲席：学生李晋年敬启者。两年来营营科名，不得时聆教语，致东文荒废。近补一微官，羁于职守，不得南雍一步。从前曾有东游之志，今如系如囚，自由不得，必遇钦使奏调，方准出席。人生壮年无几，徒呼奈何而已。惟习东文一念，始终未尝灰心。今欲因势乘便之计，敢向先生商之。学生半生无偶，而支那女学时兴，倘娶妇得师，莫便于此。东邦女士，果有适中人者，但使能守孔教规范，门生情愿先生邀做媒聘娶。将来贵族女子，人人讲学，须择材堪为女师者，故娼妓不能入选。忆唐代敝土刘姓东渡，世为史氏；明代朱顺（舜）水先生后裔，此等伐阅，尤为合格。

区区之意，计祈心照。

门生晋年谨白二月二十四日

这封信是1904年的事。当然李晋年这种想法不切实际。但也从一个方面反映出像李晋年那样的中国学生和作为日本教习的中岛裁之间的感情。很明显，李晋年在校的时候，和中岛间的感情一定是相当融洽的，否则绝不会将当时目为大事的婚姻相托的。这事很小，但可以说明，日本教习中深受中国学生欢迎的，还是大有人在的。一般地说，某些大城市中比较高级的学校中担任教职的日本教习，如北京的京师大学堂、京师法政学堂、天津的北洋法政学堂、保定的直隶师范学堂和南京的三江师范学堂（两江优级师范）等的日本教习，因为都经过选择，学有专长，品德高尚，受到中国各方面的尊重。甚至在他们回国之后，中国人对他们的看法，仍然没有什么变化。

去年访问日本，在京都因为预定停留的时间不多，所以没有敢打搅一些友人，想不到年逾古稀的中村忠行博士，在得知我到达以后，特从奈良赶来和我相会。他是研究清末中国文学的，和中日关系史关系不大，对日本教习更可说风马牛不相及；但在他浏览清末有关资料时，曾发现一些日本教习的材料，其中包括当时担任直隶师范学堂总教习的关本幸太郎的一批文件，其中有聘约、课程表和颁发宝星（奖章）通知以及一些照片。他因知道我和实藤博士从事过这方面的研究，实藤博士故世以后，他觉得应当同我联系，所以不辞跋涉之苦，也不顾时间的迟晚，赶在我还留在京都的时候来看我。见到这批资料，我惊喜若狂，不仅仅是由于其是第一手资料而高兴，更重要的在于当时清政府和日本教习间，除了委托他们培养人才之外，还请他们担任一些工作，也都在聘约上有所规定的；同时日本教习的去留，其权操诸中国方面，这在聘约上也有明白规定（当时事实上如何，那是另外一件事；或者说是当时清政府官吏自行放弃权利，而不是没有规定）。使我清楚地了解到，在日本教习问题上，所以会发生丧权的情况，是由于清政府的腐败和官吏的昏聩失职，而不是聘约上的问题。

尽管当时我已不再研究近、现代的中日关系史，也不再涉及文化交流方面的史实，但能见到这些罕有的资料还是十分高兴和心爱的。中村先生大概了解我的心情，所以在来看我之前就有了准备，把所有的资料都复制了，并说明把复制的一份送我。我以感激的心情接受了他的厚赠，并要求他再复制一份送给东京的国立教育研究所，因为我知道他们正在从事这方面的研究。

中村博士答应了我的请求。很可惜，我因为收到的赠书过多，回国时交邮政寄回，有几包不知什么缘故，竟没有收到，其中就有中村先生送我的资料和他的著作。这实在是件十分遗憾的事。

我初中时代的恩师灌云章沦清先生，过去只知道他年轻的时候，曾到日本留过学，在日本参加过“春柳社”，在日本上过舞台，演过《黑奴吁天录》；学过莲步，扮演过女主角。在上课时，也听过他用日本音训的读法背诵唐诗，课余更听到过他谈及当年留学时的往事。可却从不知道他也曾受过日本教习的教育，而且还是当年比较有名的一些日本教习。1942年，他在杂志上见到我写的有关日本教习的文章，就千里迢迢地寄来了他的回忆。这些回忆，在他个人看来，或许只是片断的回忆，给我寄来一则纠正我在文章中的某些错误，主要的恐怕还是重温我们几年师生之情，所以几经周折不远千里地投送。这些回忆，对于一个从事这方面研究的人看来，实在是极难得的宝贵资料。收到这封信的时候，我已回国；为了提供同做此项研究的实藤惠秀博士的参考，我把原信中有关部分抄寄给他一份。那时战事已十分激烈，日本一般人的生活情况也日趋严峻，但实藤博士在收到我的信以后，很快就回信劝我把原信有关日本教习的部分，写成文章发表，使能为更多研究者所利用（当时我们不知道，除我们两人以外有没有以此作为研究课题的）。我理解他的心情，片言只字，在我们这些“书呆子”心目中，都是十分重要的。我听从了他的劝告，把原信有关部分做了摘要，并把其原文作为主要内容写成文章，寄给一个杂志。以后因为战事更形激烈，交通时断时续，待运的物资中当然轮不到书刊杂志，所以我不知道这篇文章以后的命运。

战事结束后，我和实藤恢复通讯，才从他那里知道，这文章当时是发表了的，但他手中没有，在当时也没有可能找到。后来，这件事慢慢地也就忘怀了。想不到几年以前，友人在海外一些图书馆中搜集我写过的文章时，把这篇文章也复制寄了来，我才回忆起四十多年前的往事，同时也想起原信，早在战事结束的时候丢失了，摘录下来的资料，也在丙午毁于“英勇”的红卫兵手中了，而且摘录的不是原文；所以见到这篇文章，特别高兴，虽然我已不再从事这方面的研究了，但仍愿意把在这篇文章中保存下来的有关日本教习的部分，抄录在下面，供大家参考；同时也以此来纪念，曾对我过去从事“日本教习”的研究中，做出过帮助的师友们，尽管他们早已不在人间。

原信前后部分，我记得是经我删去的，但留下部分的文字，我没有做任何改动。

保存在文章中，原信有关部分是这样的：

……说起来，已有四十年了。我所亲炙的东邦教师，见其姓名，当时景象，还历历在目。在此说说，以博一粲！

我在两江师范学堂，为时不到十月，故所亲炙的，只有以下数位：

菊池先生 他人很矮，还是“彼时”的他们民族型。但因为地位关系，态度很严肃。有时到各教室巡视，有些日籍教师们都战战兢兢地，大约因为他是“总教习”也。（他只为日教师的总教，与学校行政方面无关。）

菅虎雄先生 他是教教育学的，人亦不高。因为有一位翻译曾称他为“管”先生，所以我们也抓住了这笑柄，而于背后称他为“管”先生！此外，因他每次上堂，发语总有：“此の前は”，而我们那时不懂，就谐其音，称他为“哭罗马”先生，幼稚可笑。

松原先生 他是中等身材，教我们物理，但中途被征去参加日俄战争。

大森先生 身材很高，人亦沉着（年龄亦较他们为大），他教我们博物，发语慢而有力，固然作他翻译的不吃力，就是我们抄讲义（从翻译口中）也从容，似一个老教师也。

志田先生 他教我们法制经济，口才似很好，虽然不懂他的话。

杉田先生 他教我们手工。那时我们脑筋顽固，卑视此科，又因他语言态度（大约是大阪人）较别位先生欠雅，就有人说他是“日本小木匠”。于是，我们亦呼他“小木匠”，今看他的学历，固知其为工学士。而有一年，他曾有一贺年片与舍亲（远房的），报告其就任大阪工业学校校长。（按此恐非贺年片，而系转任通知之挨拶状之误。——这大概是我加的注，原信中是没有的。）已知其出身并不微贱矣！（舍亲是两江图画手工科毕业，与杉田先生关系较深。）

亘理先生 他是教我们图画的，人性似有点儿“戆”。可怜那时中国还没有图画范本，还得到东邦买。当范本未到时，第一次叫我们照他在漆板上所画的“操帽”轮廓。天哪！我那时出世二十年，从不曾画过什么画，所以把他那轮廓画好以后，就用粉笔在寝室（那时虽有自修室，无人去）破窗上画来画去，好容易才把几笔简单的线条记牢。不久，范本来了，大家都临范本。这一下，反害了我了，哪有工夫去画它，有时随便画画，有时拾人家弃物去塞责，于是毫无所得。后来到日本，进清华补习学校（在小石川区，是范源濂和梁任公所组织的，款由我国使馆付，二年毕业，专为考理工科之预备），在末一学期，虽也有自在画，但究因自家底子太差，亦无把握。那时预备考高工，而高工是要考自在画的，所以很为“心配”。真是天无绝人之路，也可以说是“学”字这一字的伟大，居然画题是“军帽”，且注明不要阴影。于是，我等于伍子胥所过的昭关般的“难关”，竟轻轻悄悄地过来了。这个教训给我很大，是天下无侥幸的事，而得到了的侥幸，也有他的“渊源”，并非毫无凭借也。

柳原先生 他是翻译，中国话很好，我们对他所翻译的很放心。因为有几个留学生程度太差，译的有些“那个”。最可笑的，大森先生讲博物时，于漆板上写“明矾”两字，而那位“仁兄”竟读不出那个“矾”字音来。

那部先生 他教我们日语，有时当翻译。他于上课时，见了菊池总教习来巡视，就手足无措，大概不是什么正途出身也。

安藤先生 他教我们农业，人很老成，我们称他为“老农”。又因他嘴里常说“种子の”，我们就称他为“喜喜怒”，谐音也。

岸先生 他是校医，死在两江的。

以上所云，不过是因读你的大作而勾起我的回忆罢了。但这是个人的心影，无关宏旨。还有几句"本传"之言，如下：

你说："其效果，可以说是相当于十个……乃至一百个往日本留学的。"诚然！这原因是那时科举虽尚未废，而一般稍有眼光的八股家，都觉得非新学无以强国，故求知欲很盛，所以上课拆烂污[①]的人很少。记得李梅庵先生（即清道人）做两江师范监督时，曾作了一篇很长的布告，劝生徒不可迟睡去自修，语颇剀切。于此事足以觇其学生之态度与精神焉！及科举既废，新政（？）施行，一般投机者，都以留学东邦为终南捷径，于是阿猫、阿狗都盘着辫子去买那什么速成文凭。故"取缔规则"的风潮，就国体言，似觉难堪。而于私人，未尝不赞成之也。

惟那时的两江，似不及苏州师范来得"结棍"[②]。大概两江有点官僚气，与日教习不能沆瀣一气。而苏州师范的监督是罗叔韫，闻教员多为他自己所聘，故成绩较优也。那时，舍弟及问渔兄[③]等六个同乡亲友，皆在彼处，我们颇有相形见绌之处。

至于李伯[④]，对于请日教员而不安心，这还是他老的一般观察，不意竟得其反……

那时日籍教员的俸给，诚然不低。记得那时候有个同乡在两江当地理教员，月俸只有四十元，而学监主任（犹教导主任），亦只有八十元也。

① 拆烂污，上海话，不认真，敷衍了事的意思。
② 结棍，上海话，扎实的意思。
③ 问渔，江恒源，当时在上海和黄炎培一起办中华职业教育社。
④ 李伯，指李鸿章。

惟他们在我国，也留下了许多污点。记得有一次东京某大报特著论说，批评其当局，不应让私人来其国聘请教员。而出国当教员的，必须由官家严格选择派遣。并云，德国凡有外国向其请教师者，不惜将国家最优秀分子派遣出去，这才是正道。好像这篇论说，就是指四川日籍教员互哄及某女教员被骗事而发……（下略）

这封信是四十多年前写的，所写的事又要早三四十年，也就是几乎写的是一个世纪以前的事，应该说是历史的陈迹。但事实并不完全如此，信中述及的一些现象，在今天看来还很熟悉。历史是残酷而又公正的，虽然不会重演，但类似的结果还是会发生的，过去失败的教训，难道不值得我们引以为训吗，难道还想重复经历一次失败吗?

这封信中所提到的事实，都是1905年到1906年间的事；述及的日本教习，也是当时在南京两江师范学堂任职的，其姓名、职务如下：

菊池　谦次郎	当时任总教习，文学士；
菅　虎雄	当时文学士；
松原　俊造	当时理学士；
大森　千藏	当时理学士；
志田　胜民	当时法学士；
杉田　稔	当时工学士；
亘理　宽之助	

柳原　又熊

那波　武二

安藤　安　　　　　　当时农学士；

岸　廉一　　　　　　当时医学士。

至于信中所说的苏州师范，其正式名称是江南两级师范学堂。

中国的新教育和日本教习

这里所谓的新教育，是和旧教育相对而言的。旧教育是指封建教育，而新教育是指学校式的近代教育。普通把近代化教育和新教育混为一谈，但实际上是有区别的。

在中国教育史，一般分成古代、中世、近世、近代和现代几个时期。近代教育是指由封建式教育向资本主义式教育过渡时期的教育，因为是过渡时期，所以还免不了留有封建时期的残余，无论是在形式上，还是在内容上都和以后的不同；因此在这里，不用教育的近代化，而用新教育。王凤喈在其《中国教育史大纲》（1928 年初版）和以后改版的《中国教育史》中说：

> 新教育产生的原因，前已概述。七十余年来新教育之历史，约可分为三期：第一为新教育萌芽时期，起自同治元年至光绪二十七年（1862–1901 年），约四十年；此时期有单个之新式学校，而无整个之新式学制……第二为新教育发展时期，起光绪二十八年至民国十年（1902–1921 年），约二十年……第三为学校系统改革时期，自民国十一年以至现在……

这里他虽说，中国之新教育起自同治元年；但他又补充说明，严格地说，是应从光绪二十八年（1902 年）起算的。他说：

> 本编（指该书第四编，近代教育）所谓之近代教育，即指此大变中所产生之教育也。此种新教育，严格的说起来，应从光绪二十八年（1902 年）颁布新学制之时起，至现在尚不过五十余年的历史。若从新式学校开始设立之时起，则应断自同治元年（1862 年），至今亦不过八十余年。

就是说，他并没有把京师同文馆的设立，作为中国新教育的开始；而把新学制，也就是《钦定学堂章程》的颁布，作为中国新教育的起点。京师同文馆是一所模仿西欧资本主义式的学校，但不仅仅这所学校只对部分人员（先是八旗子弟，以后虽收容部分汉族学生，但仍都属高官家属）开放，而且在其设置之后，并没有在中国国内继续有大量仿效西欧资本主义式的学校成立，封建式的考试制度——科举，也并没有废止。这样孤立的存在，当然不能作为中国新教育开始的标志。

实际上，即使像京师同文馆那样孤立的西欧资本主义式学校的设置，也是在被迫情况下做出的，仍然是以封建式教育为基本的，根本还谈不上接受或采纳新的教育制度。即使到了光绪二十八年颁布《钦定学堂章程》以后，也仍然留有不少封建主义的残余，在“中学为体，西学为用”的方式下，逐步地进行改革而已，和今天我们所理解的近代化教育之间，还是有很大距离的。

所有研究中国历史的人都知道，中国的局势，在 19 世纪中叶以后发生了巨大的变化，正是这种变化，使各方面都展现了新的事物、新的思想。在教育方面，当然也无例外。

向来中国的教育，是以培养统治人才为目的的，所以只教授一些脱离现实的以“四书”、“五经”为主的知识；考试也只考些帖括之类，后来虽有些时文，但也不过是八股、文字游戏，与真正治国、处理事务的能力无关。由此，使中国虽有广土众民、丰富资源而长期积弱，无法和当时新兴的资本主义国家相竞争，甚至摆脱不了他们的宰割、侵略。

鸦片战争的大炮，虽然给予了主要是以皇室为主的贵族们以很大的威胁，一时间使他们觉得动摇了统治基础，不知如何是好，因而有病急乱投医的措施，居然想富国强兵。可是一旦帝国主义者的侵略稍加放松，他们又依然故我，过他们醉生梦死的生活了。

但是，少数比较开明、觉醒的上层知识分子已经觉察到，并且指出，中国的积弱，主要由于人才的缺乏。人才之所以不足，不能发挥其才能，是由于教育和考试制度的不合理所致。所以他们纷纷要求设立学校、改革科举取士的考试制度。例如郑观应在《盛世危言》中说：

> 不修学校，则人才不出；不废帖括，则学校虽立，亦徒有虚名而无实效。
>
> 学校者，造就人才之地，治天下之大本也。

但在满朝保守，因循守旧，敷衍塞责的情况下，要想从根本上改变教育、考试制度，谈何容易。何况当时一些“洋务派”以为成立像京师同文馆和船政学堂等的学校，已经足以富国强兵了。这些模仿西欧资本主义式的洋学堂，成果如何呢？梁启超在后来谈及学校之事时，曾有所评论说：

> 今之同文馆……之类，其不能得异才，何也？言艺之事多，言政与教之事少。其所谓者，又不过语言文字之浅，兵学之末；不务其大，不揣其本。即尽其道，所成已无几矣。

实际情况就这样，一直到甲午一战，以一堂堂大国而竟败于蕞尔小邦的日本；洋务派数十年的经营，尽毁于一旦。这才使一些人多少有些觉醒，知道只务表面，不从根本上变革，是不足以谋富强的。一时要求变法自强必先从兴学育才始的呼声，充斥朝廷。盛宣怀以一洋务派官僚的身份，就公开提出：

> 伏查自强之道，以作育人才为本；求才之道，尤宜以设立学堂为先。
>
> 况树人如树木，学堂迟设一年，则人才迟起一年。

维新派的梁启超，在其所写《变法通议》中，也明白地指出：

> 吾今为一言以蔽之曰，变法之本在育人才；人才之兴，在开学校，学校之立，在变科举，而一切要其大成。

其在总结过去一些学校，如同文馆等之所以失败后，更说：

> 又其受病之根有三，一曰科举之制不改，二曰师范学堂不立，教习非人也；三曰专门之业不分，致精无自也。

他不但提出废科举、兴学堂；而且更提出要立师范学堂，以训练师资。总之当19世纪末叶，兴学堂的议题成了最时兴的话题。例如李瑞棻就在1896年上疏，要求推广学校，具体地提出：在京师设立京师大学堂，各省、府、州、县，则遍立学堂，分斋学习，以为培养人才之本。他说：

即使在馆学徒，一人有一人之用，尚于治天下之才，万不足一。况于功课不精，成就无几。

兴学堂，虽为一时时兴之要求，但当时保守顽固之徒，在朝廷中还有极大势力，在此情况之下，也有不少具体问题需解决，其中最主要的是经费、师资和制度。

经费方面，他们主张移昔日书院之款以用，其有不足，则更拨公款以补之。这样“因旧增广，则事顺而易行；就近分筹，则需少而易集”，比较易于解决。可是对师资和制度两者，却不像筹措经费那样，有旧途可循。

当时中国的近邻日本，在明治维新之后，不但一举而打败了中国，而且还跃跃欲试，要跻身于列强之林。所以维新派的康有为在其上光绪帝书中，就明白地要求光绪帝：

愿皇上以俄国大彼得之心为心法，以日本明治之政为政法而已……日本为俄美所迫，步武泰西，改弦而雄视东方。此二国者，其始，遭削弱与我同；其后，底盛强与我异。日本地势近我，政俗同我，成效最速，条理尤详，取而用之，尤易措手。

因此他在《请开学校折》中，就提出：

近者，日本胜我，亦非其将相、兵士能胜我也。其国遍设各学，才艺足用，实能胜我也。

今各国之学，莫精于德；国民之义，亦倡于德。日本同文比邻，亦可采择。请远法德国，近采日本，以定学制。

1898年，戊戌政变之前，康有为还曾具体提出向日本派遣游学人员的政策。

向日本派遣游学人员，其目的是从日本引入一套教育制度、方法，更想在日本培养师资，以解决兴建学堂中最难以解决的这两个问题。

想以向日本学习，来解决中国面临的困难，这种想法不仅主张维新变法的康有为、梁启超有；就是一向采取实用主义的洋务派，在甲午战败以后，也有同样的想法。其中可以举为代表的是张之洞，他在1898年发表的《劝学篇》中提出了游学、设学、立学制和变科举等有关教育方面的意见。他是反对变法维新的，所以在《劝学篇》中，反复地强调"中学为内学，西学为外学，中学治身心，西学应世事"的那套洋务派"中学为体，西学为用"的主张。可是他也主张出洋游学、设学堂、立学制和变科举；在《论游学》（外篇）中，他特别主张到日本（东洋）去；他所列举的理由是：

至游学之国，西洋不如东洋：

一、路近省费，可多遣；

二、去华近，易考察；

三、东文近于中文，易通晓；

四、西书甚繁，凡西学不切要者，东人已删节而酌改之。中东情势，风俗相近，易仿行，事半功倍，无过于此。

戊戌政变失败以后，张之洞于1903年和张百熙、荣庆联合奏请递改科举，并还参加了修改张百熙于上年提出的《钦定学堂章程》，制定了《奏定学堂章程》，成为中国第一个由国家颁布而付诸实行的学制。这个章程，直到辛亥革命后民国另行制定学制时，实际上都完全由此章程损益而成。因此这个《奏定学堂章程》，对于中国的新教育所产生的影响是十分深远的。

《奏定学堂章程》和前一年颁发而没有施行的《钦定学堂章程》一样，基本上都是模仿日本的，特别是在学制、宗旨和方法等方面，几乎完全是根据日本在教育方面的章则、法规而来的（下面将分别谈到）。也就是说，中国的新教育，从一开始就是以日本为模仿对象而建立的。因此，以后的求助于日本，是理所当然的。

中国教育近代化的过程

为了更清楚地了解中国在教育方面近代化的过程，下面把中国成立第一个模仿西欧资本主义式学校——京师同文馆以来的大概情况，简单地按发生年代先后，排列在下面：

1862 同治元年

总理各国事务衙门奏准在北京创立京师同文馆，开始只收八旗子弟，以后准汉族子弟入学，但人数以不超过半数为度。这是中国有近代化学校的开始。

1863 同治二年

李鸿章奏在上海设立广方言馆，收汉人子弟，但一切由京师同文馆掌理。课程，除外国语以外，尚需习经、史、小学。

1864 同治三年

在广州设置广东方言馆（1905年改称译学馆），收八旗子弟，亦归京师同文馆掌理。

1866 同治五年

总理各国事务衙门开始派官费生出外游学，但实际上是游历。

1870 同治九年

曾国藩根据容闳的建议，奏请派遣幼童到美国留学。次年，曾又与李鸿章联名奏请批准选派幼童赴美肄业章程。

1872 同治十一年

中国首批赴美留学幼童三十名，在陈兰彬、容闳正副委员（监督）率领下到美国留学。以后每年选派三十名赴美，至1875年（光绪元年）停派为止，共选派四批，计一百二十名。

1877 光绪三年

李鸿章奏请派遣福建船政学堂学生赴欧洲留学。1875年（光绪元年）以后，福建船政学堂曾派出过两批学生到欧洲，但都是由闽浙总督派遣，而不是政府批准的。

1878 光绪四年

在上海设立正蒙书院，开始采用新式教学法。

1881 光绪七年

驻美管理游学事务委员（监督）吴子登奏请停派学生赴美。

1884 光绪十年

日本九州改进党的日下部正一、宗像正、长谷场纯孝、和泉邦彦等在上海，创立东洋学馆。这是日本人在中国设立的第一个学校，但并没有得到日本政府的承认，因此到第二年，即以经营不善而停办。

1887 光绪十三年

总理各国事务衙门奏请批准保送出洋人员章程，选派官吏赴美国、欧洲、日本等地考察。

总理各国事务衙门奏请批准在科举考试科目中，添加算学一科。

1890 光绪十六年

总理各国事务衙门决定各派学生二名，随同驻英、美、德、法、俄各国大臣前往。

1894 光绪二十年

甲午战争，中国大败。次年订立《马关条约》，割地赔款，丧权辱国。使有识之士纷纷主张，必须从教育入手，才能使中国富强。封疆大使如张之洞、刘坤一等也提出日本之胜，源于教育，从而主张要仿效日本改革教育。

1896 光绪二十二年

奏请设立京师大学堂。

开始派遣学生赴日本留学，本年派学生十三名。

京师同文馆添设东文班，教授日语。

1897-1898　光绪二十三、二十四年

各地纷纷设立新式学堂，如盛宣怀奏请在上海设立南洋公学堂，张之洞奏请在武昌设立自强学堂、农务学堂。各旧式书院也陆续改革教学方法，添设格致、算学等学科。

日本驻清公使矢野文雄向总理各国事务衙门提出派遣留学生到日本的事。

戊戌政变失败，各省书院又纷纷恢复旧状，科举仍以八股文为主。

1899　光绪二十五年

各地均选派留学生赴日，亡命在日本的梁启超在东京设立大同学校，招收留学生。

1901　光绪二十七年

各地又纷纷改书院为学堂。省设大学堂，各府及直隶州设中学堂，州县设小学堂，设立蒙养学堂（幼稚园）的也不少。

1902　光绪二十八年

张百熙奏准京师大学堂办法。

派严道震赴日本，招聘农业、林业专门教习各一名，以开设农林学堂。

张百熙奏请批准学堂章程，即以后所称之《钦定学堂章程》。其中在学制及各段学校的名称、配置，完全仿效当时日本。此章程虽未实行，但它是中国近代新教育制度中最初的章则。

上海商务印书馆设置编译所，编纂中小学、师范及女子学校用的教科书；基本上是从日本的教科书翻译而成。

张之洞奏请在南京设立三江师范学堂，专门培养新式学堂用师资。以后，各地纷纷设立师范学堂。

1904 光绪三十年

《钦定学堂章程》经过修改之后，由张之洞、张百熙、荣庆奏请批准公布，这就是《奏定学堂章程》。除宗旨外，基本上和《钦定学堂章程》相似，仍是模仿日本的。

湖北省招聘日本籍女教师三名到武昌筹设幼稚园。

中国各地均向日本招聘教员，担任各级学堂新式教学任务，包括体操、音乐、图画、手工等各课教员。这就是称为“日本教习”的。

1905 光绪三十一年

明令自光绪三十二年起停止举行科举考试，而在各地兴建学堂。

设立学部，统辖全国学堂，以推进新教育。

日本文部省颁布“取缔清韩留学生规则”。

1906 光绪三十二年

大量青年涌向日本留学，学部通令各省加以限制。停止赴日本学习速成科。

学部派遣官员六名到日本视察学务。

1907 光绪三十三年

学部奏请批准女子师范学堂、女子小学及各级师范学堂章程。

各地设立女子师范学堂，奉天省女子师范学堂派遣二十一名学生到日本实践女学校学习师范科。

1908 光绪三十四年

美国以退还中国偿付的庚子赔款，作为中国留美学生的费用。外务部与美使馆商定开始四年间，每年派学生一百名，第五年起每年派五十名。并在北京设立清华学校。

1909 宣统元年

学部通令各地设立简易识字学堂，以普及义务教育。并通令自本年起停办速成师范。

京师大学堂规定设置文、法、经、格致、农、工、商七科，先开设文、经、工、格致四科。

1910 宣统二年

学部通令，全国各地除僻远地区外，所有简易师范应即停办；优级师范选科，至目前的学生完全毕业后，亦应改成本科。

学部奏报第一次教育统计图表（光绪三十三年度），内称各省学校数为三万七千余，学生数达一百万。第二次教育统计图表（光绪三十四年度）学校数增为四万八千左右，学生数约一百三十万。

1911 宣统三年

云南省分全省为五学区，每学区设初级师范学堂及模范中学堂各一所。

学部通令各省扩充初级师范学堂，每府或直隶州至少应设置一校。

学部奏报第三次教育统计图表（宣统元年度）各省学生

数已增至一百六十二万左右。

从上面的中国近代化教育进行的过程看来，可以清楚地知道，在1902年（光绪二十八年）以前，虽然也有设立学堂（如1896年设立的京师大学堂）和派遣留学生出国之举，但都是没有一定制度，甚而可以说是盲目的，为了一时需要而立的。至于像京师同文馆、广方言馆等培养贵胄子弟和各地的武备学堂、船政学堂更属适应洋务派某种需要而设，谈不上是新教育。而从1902年到1911年这十年中，中国新教育（不是近代化教育，而是近代化中的新教育）的发展，几乎完全和日本有牵连，或者说是借助于日本的；有人说，那是日本型的新教育，或者也不过分。

我们试从最主要的学制、宗旨、方法和师范教育、女子教育几个方面来加以观察。

中国的新教育是怎样模仿日本的

在说明这一问题之前，先简单说一下日本在明治维新以后教育的发展情况。

日本在明治维新以后，把发展和普及教育，作为使国家富强的最重要手段之一来推行，因此全国上下一致为树立新教育制度、推行新教育而努力。日本自1872年（明治五年）颁布学制以后，在全国范围内推行和建立从小学到大学的近代化学校制度，使日本的教育完全从明治以前旧式的私塾制度中脱离出来。以后根据此项学制，普及和推行中发现的错误和缺点，做了一次又一次的修改，到1886年（明治十九年）颁发了学校令，确立了日本的近代学校制度，一直施行到这次大战结束为止。可以说，是日本近代教育中最根本的体系。

日本政府对推行、普及和提高人民的教育水平，是不遗余力的。不但注意师资的培养，提高教师的社会地位；而且还确保和不断增加教育经费，改善各级学校的设备等等。而其中最值得注意的是普及教育的工作，当时日本文部省提出“国民皆学”（每个人都要受教育），一开始就规定了所有人民，都有受教育的义务，强制受教育。经过不断的努力，克服了人民对教育的忽视和经费方面的困难等各种问题以后，使日本人民都懂得了受教育的必要。所以在1873年（明治六年）的统计中，男女平均只有28%左右受过义务教育；而到三十年以后的1902年（明治三十五年），受过义务教育的人数，已接近92%。增长的速度，十分惊人。

因为义务教育的普及，就学人数的增多，所以到1907年（明治四十年），日本政府修改了小学校令，把原定为四年的义务教育年限，延长到六年。次年又命令提高小学教员的薪俸50%，使从事教育工作的人，乐于以教育为其终身事业；这对日本教育的发达和提高，是起了很大作用的；因此，日本的近代化教育发展极为迅速。到1911年左右，义务教育的普及率已超过95%，成为世界上有数的教育普及国家之一。

教育的普及和发达，对于日本国家的富强，当然是做出很大贡献的。1894年（甲午，清光绪二十年，日明治二十七年）的打败中国和1904–1905年（明治三十七、三十八年）日本在日俄战争中的胜利，其基础就是日本国民教育的普及。这一点不仅日本人自己认识到，包括中国人在内的全世界人士都认识到了。

进入20世纪以后的中国，不但刚经过甲午的败绩，而且还面临着八国联军的侵入，丧权辱国，不得不改变过去的教育制度，开设学校，建立真正近代化的新教育，而不是同治年间那种作为摆设的“近代化教育”。也想像日本那样，从普及教育着手，以谋国富民强。因此，在建立新教育之初，就是以模仿日本为根本思想的。

怎样模仿?

当时中国要建立新教育，不但没有经验，而且也没有成例可援。所以在1896年以后，不但派遣学生到日本留学，而且还不断地派出官员到日本考察教育，作为模仿的张本。首先表现在学校的制度方面。

上面提过，张百熙在1902年奏准公布《钦定学堂章程》，但由于统治阶层内部新旧思想的不统一，所以此项《钦定学堂章程》颁布之后，就被张之洞、荣庆两人会同修改，并没有实施。光绪三十年（1904年）十二月，由张之洞、张百熙和荣庆三人联名奏准颁布的《奏定学堂章程》，在宗旨上虽有所改动，但在学校的制度上，则仍是根据《钦定学堂章程》的，并未有所改动。而这种学校制度，完全是模仿当时日本通行学制的，无论在学校的编制、在学的期限等等方面，几乎可以说是完全相同；所区别的，只是名词的不同和当时在大学预科一级，因中国具体情况的相异，而把一些过去设立的学校，如方言学堂、实业教员养成所等编入而已。现在把当时两国的学制比较如图一、图二所示。

图一　日本的学制（1900 年）

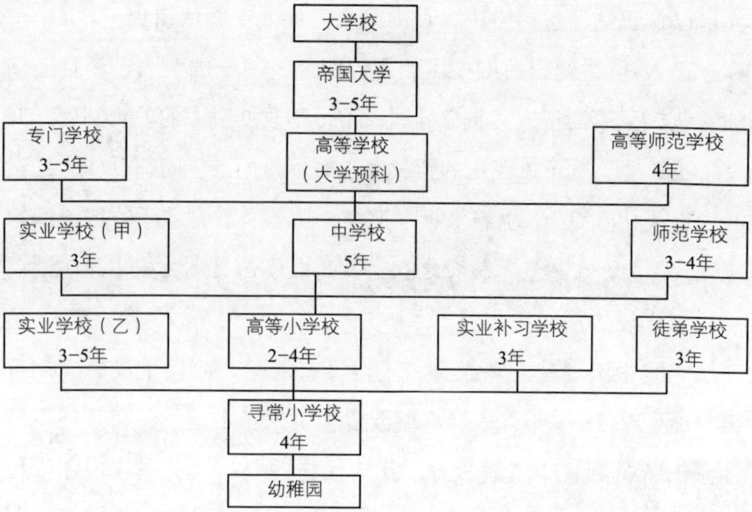

图二　中国的学制（1904 年）

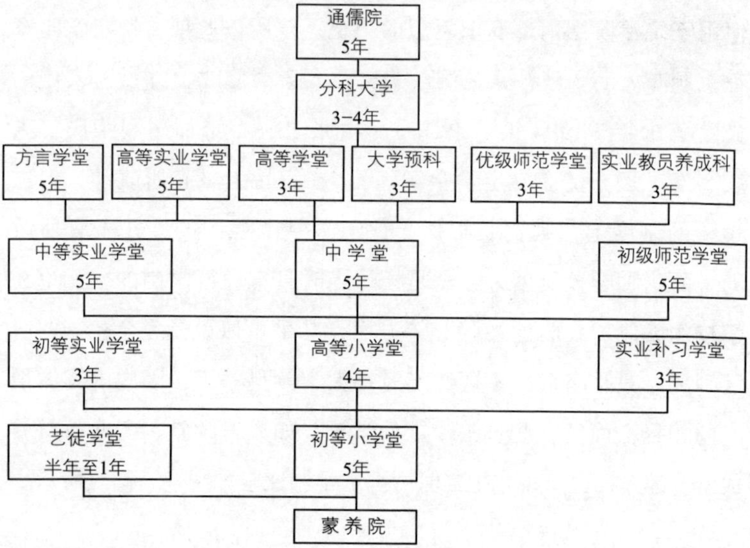

中国的学制，在民国成立以后，中华人民共和国成立以后，虽都曾有所修改，但基本上还是根据这《奏定学堂章程》的。而日本的学制，一直到第二次世界大战结束，可以说并没有什么改动。因此可以说，在很长时期内，两国的学制是相类的，过去中国的中学毕业以后，到日本留学时，能和日本的大学本科相衔接，其原因就在于两国的学制基本上相同。

除了学制以外，在宗旨方面也这样。

《钦定学堂章程》之所以在颁布之后，不能实施，而必须修改。其原因是张百熙的办学思想和当时统治阶层中拥有极大势力的洋务派思想不合。而经张之洞、荣庆修改以后颁布的《奏定学堂章程》，其主旨当然是根据洋务派的“中学为体，西学为用”的思想体系而来的。举一个例，《奏定学堂章程》的学务纲要，也就是全部章程的“序论”中，在谈到立学宗旨时说：

> 至于立学宗旨，无论何等学堂，均以忠孝为本，以中国经史之学为基，俾学生心术壹归于纯正，而后以西学瀹其智识，练其艺能，务期他日成材，各适实用。

完全是根据洋务派的基本思想体系而来的。而和1890年（明治二十三年）日本颁布的《教育敕语》中“克忠克孝，亿兆一心”的思想亦完全一致，都是根据儒家的伦理道德观出发的。不仅这样，《奏定学堂章程》中《初等小学堂章程》里面，在“立学总义”中列举的一些要求，虽说是根据儒家伦理道德观而来的，但有很多地方，包括文字方面都是参考日本《小学校令》来的。例如“立学总义章第一”的第一节中说：

设初等小学堂，令凡国民七岁以上者入焉，以启其人生应有之知识，立其明伦理、爱国家之根基。

这和日本《小学校令》中规定的目的，完全相同。再例如在该章第四节中说：

国民之智愚贤否，关系国家之强弱盛衰。初等小学堂为教育全国人民之所，本应随地广设；使邑无不学之户，家无不学之童，始无负国民教育之实义。

这种普及小学教育的思想，可以说完全是仿效日本而来。日本的近代化教育，其出发点就是“国民皆学主义”的普及教育，所以在1872年颁布学制的布告中，就提出了义务教育的设想，而“邑无不学之户，家无不学之童”这两句话，正是其中所用，而现在为《奏定学堂章程》所袭用。

在学制、教育宗旨上如此，在办学方法上也是以日本为范，多方加以模仿的。

除了下面将要谈到的一些具体实施方法以外，大概地谈一下中国在废科举、兴学堂以后的一般措施，在这些方法中，也到处可以见到模仿日本近代教育的情况。

在兴学堂之初，公布《钦定学堂章程》和《奏定学堂章程》时，就规定了各级学校的设置范围，例如对初等小学堂，其规定是：

> 所有府厅州县之各城镇，应令酌筹官费，速设初等小学，以为模范；其能多设者固佳，至少小县城内，亦必设初等小学两所；大县城内，必设初等小学三所；各县著名大镇，亦必设初等小学一所。

这和当时日本小学令中规定的一样。

其后，虽因具体事态而有所变动，但总的说来，还都是以日本为鉴的，甚至到20世纪20年代的划分学区制，有大学区和中学区等的管辖区域等等，也都是模仿日本的。

在教科书方面，情况尤为显著。中国原有的书院，所用教材只有“四书”、“五经”，以后虽增设一些洋学学科，但所用的教材，也只是19世纪或更早一些西洋传教士所写、所译的一些启蒙书籍；既没有统一的体制，在内容上也十分粗浅，甚至错误，谈不上有教科书。到兴学堂和大批留学日本学习速成的学生回来，作为学堂骨干而开始办理新式教育时，就感到急需教材。可是那时中国不但没有一本能用作教材的教科书，甚至连能编写教科书的人也找不到一个。在这种情况下，又只能向日本学习，模仿日本；因此最初的教科书，几乎都是从日文翻译过来的。现在还能见到，小学教科书中有些是直接翻印日本的小学教科书，而只在日文假名旁边，注上相应的汉字而已。至于中学、大学用的教材，大概除了国文以外，几乎都是翻译日本的；因此不论是用语，还是文章格调方面有不少是日本式的。现在有很多用语，原来不是中国固有，而是从外国传入的。其中最多的就是由日本语中移用的，其传来的时间，多是在20世纪初；而传来的途径，除了留学生和他们在日本所出版的书刊中使用的以外，绝大多数还是因为当时我们学校中的教材是由日本翻译来的。当时担任这种翻译工作的，很多是日本留学生，他们或限于水平，或因时间仓促，无暇推敲，所以往往就将日语中的词汇，原样照搬了过来，慢慢地就成了我们词汇中的一部分了。

现在还能在一些人的回忆录中见到，他们在清末民初，就是20世纪10年代左右受教育的时候，图画课用的范本是从日本来的，体操课用的是日语口令。这并不奇怪，因为新式学堂成立以后，仿照日本，在小学、中学中都设有图画、体操、音乐等课程。这些课程对刚接受新知识的中国人来说，的确是件新鲜事物。担任这些课程的老师，不是刚从日本留学回来的，就是日本教习；教材，中国没有，当然得借助于日本。体操课所用的器材不必说，就是徒手操，甚至整队的口令，在中国也是闻所未闻；19世纪后叶一些武备学堂中所用的口令、操法，都是随所请“洋弁”的国籍而异，陆军和水师不同，北洋和南洋又相异，十分混乱；但这仅限于军队方面，关系还不是很大。现在学堂到处设立，有一学堂就有体操课，所需体操课师资又无法解决，因此只能在省城、大府州县的学校中设体操课，由日本教习或留日学生担任教职，他们不知道中国的口令（过去也没有），因此用日语来发号施令，自属当然。

日本教习的作用

制度、内容和方法都可以模仿日本，甚而照搬日本的那一套。但是有了制度、内容和方法，并不等于中国的新教育就可以建立了。这些制度和内容，需要人来落实；方法也要有人来执行，才能使新教育不停留在文字、纸面上。可是中国的建立新教育制度，完全是没有什么可凭借的，特别是师资方面。过去书院、私塾中的老师，在新兴的学堂中，除能担任国文、修身等科目的课程以外，其余就无法胜任。加上全国各地都兴办学堂，一时上哪里去找这样多的师资。当时作为领导建立新教育制度，执行新教育政策的统治者们，他们想求助于日本，多派留学生上日本学习。为了急用，所以要求他们速成。20世纪初大批中国留学生到日本，其中有四分之三进的是速成科，希望在三个月至半年左右能回国致用，最长也不过一年；尽管那时日本教育界中有识人士指出这种方式对中国、对日本都无益处，这不是造就人才的教育方式。他们指出："速是能速，成则不能成。"要求留日学生能按部就班地上学，但这种要求既没有引起清廷的注意，也没有促使日本方面改变接收留学生的政策，而留学生本人更反对，所以空有议论，而无法见诸事实。这样从日本留学回国的速成生，几个月后能带回的除了一纸速成证书（文凭）以外，什么学识也没有；可就凭这资格，就能在统治阶层中混到一个地位，特别是新办的学堂中，很容易地接受这批速成留学生来担任教职。当然其效果是不会好的，但当时清朝的统治阶层并不注意这些。改革办新教育，本来是时势所迫，用以蒙骗人民的，因此成绩如何，他们并不关心。

但是，革命的思想却随留日学生而传到国内，并且随他们担任教员而再传到国内青年中间，逐渐地扩散这一点却是统治者所害怕的。在日本，鞭长莫及无法控制，和日本政府交涉也并不生效。但统治者还是要千方百计来缩减这种新思潮的渗透，以维护他们统治的。这样他们在限制出国人数的同时，采取了从日本聘请教员到新兴的学堂中来任职的办法。在清朝的统治者看来，此举不仅减少了到日本留学的人数，减省了经费的支出；同时又使新的近代文化的输入、吸收，完全置于他们控制之下。真是一石二鸟的妙策，因此从20世纪开始，一些封疆大吏就提出这种打算，有的并直接向日本雇聘，以从日本请来的教师作为新办学堂中的主要师资，解决在建立新教育中的主要问题。

这种方式，由于在维护统治基础方面，能起到相当大的作用，所以很快从封疆大吏的单独雇聘，变成了清政府的政策；由政府统一雇聘，再分发到地方。在聘用的手续方面，也不再通过私人关系，而变成了政府间的事。吴汝纶访问日本和文部大臣间达成协议之后，日本的半官方组织帝国教育会就具体地负责此项工作，在日本国内遴选和培训。到1905-1906年左右，到中国的日本教习达到最高峰，目前虽没有正确的资料足以说明，但估计总在五六百人之间。现在把能够知道，有正确资料的20世纪最初二十年中，由中国雇聘的日本教习和日本籍顾问、技师的人数统计，列表如下。

20世纪20年代前在华日本教习及顾问人数

年份 区别	1903 光绪二十九年	1904 光绪三十年	1909 宣统元年	1912 民国元年	1913 民国二年	1918 民国七年
日本教习及教育方面顾问	99	163	424	63	84	36
其他方面顾问、技师	49	71	125	96	93	394
共　计	148	234 (2)	549 (17)	159	177 (3)	430

备考：(　)内为兼任人数。

来　源：阿部洋编《日中文化交流及摩擦》所收荫山雅博文。原表注明出处为：明治三十六、三十七年版及四十二年版外务省政务局《清国官厅雇用本邦人一览表》，大正二年、七年版外务省政务局《支那雇聘本邦人名表》。

这里需要说明一下，1918年日本教习的人数下降得很多，可是日本顾问的人数却达到最高峰，超过所有的年份。这是由于当时北洋军阀勾结国外侵略势力，从事内战；日本帝国主义者乘虚而入，供应军火、派遣顾问，尤其是袁世凯妄图称帝的一段时间，日本以“二十一条”强加到中国人民头上的时候，政府的各部门几乎都有日籍顾问，因此顾问人数会有如此之多。到20年代以后，日籍顾问人数仍有增加。这种历史事实，虽一去不复返了，但今天看来仍是触目惊心的。

这样大量的日本教习，到中国来几乎都在各级学校中担任讲习，帮助中国建设新教育，为近代化的学校教育奠定了基础，这种功绩是不能泯没的。他们到中国以后，实际上分布的情况如何（包括他们足迹所到之处、他们担任的学校和教职情况），根据1909年的资料制成分类表（见下表）。

1909年已不是日本教习最盛的时候，但从其发展情况看，还是具有一定代表性的。其最盛时期的1905-1906年，可能在人数方面和地区方面有些出入（例如1909年的统计中没有蒙古喀喇沁旗的一项）。

1909年日本教习分布情况

（1）地方别

省名	人数	省名	人数
直隶	114	山西省	10
湖北省	38	广西省	11
江苏省	50	陕西省	7
盛京省	19	安徽省	7
四川省	40	吉林省	3
广东省	33	江西省	3
湖南省	19	贵州省	3
浙江省	20	云南省	3
福建省	12	河南省	2
山东省	10	新疆省	1
共计			405

（2）学校别

学校别	人数	学校别	人数
幼稚园	7	实业学堂	78
小学	26	武备学堂	58
中学	15	警务学堂	13
高等学堂 专门学堂	47	医学堂	18
		方言学堂	5
大学堂	4	女学堂	5
师范学堂	105	其他	24
共计			405

（3）职务别

担任科目	人数	担任科目	人数
总教习	14	保姆	5
日语	16	历史·地理	5
理科	34	数学	6
实业	39	教育学	5
法政	19	警察	3
军事	10	工艺	2
图画·手工	8	心理·伦理	2
体操·音乐	11	其他	15
医学	8	不详	241
共计			443

来　源：荫山雅博：《清末教育近代化过程与日本教习》（阿部洋编《日中文化交流及摩擦》所收）。

从这三个统计中，可以知道当时日本教习的足迹，几乎踏遍全中国。当然以大城市和沿海省份为多，但一些僻远的省份，连中国人也很难到达的地方，像上面提到，而在统计表中没有列入的蒙古喀喇沁旗等，也都有日本教习，因此说，日本教习的影响是很广泛的。在大城市中，日本教习的人数可能多，但其影响远不如人数少（有时可能只有一人）且处于僻远地区的那样大而深；例如郭沫若的回忆录中，还记有他幼时在小学中受日本教习教育的情况。可是在大城市中受过日本教习教育的回忆，却所见不多。

再从他们执教的学校情况看，其中虽将高等学堂和大学堂分列开，实际上是名称的不同，而不是性质的相异，应该说都是当时的高等教育机关（例如京师大学堂列入大学堂，而京师法政学堂则列入高等学堂，实际上均属大学堂）；而日本教习最多的学校是师范学堂，这是符合当时实际情况的。此外，当时在天津北洋法政学堂担任日本教习的吉野作造，在明治四十二年（1909年）五月出版的《国家学会杂志》第二十三卷第五号上，曾发表过一篇题为《在清国工作的日本教师》，文中根据他所知道的，当时在中国的五百名日本教习所从事的工作，分类为：

从事师范教育的	约 125 名
从事陆军教育的	约 100 名
从事普通教育的	约 95 名
从事实业教育的	约 80 名
从事法政经济教育的	约 45 名
从事警察教育的	约 30 名
从事医学教育的	约 50 名
从事日语教育的	约 10 名

尽管他这分类统计并不正确，例如他把从事日语教育的，只计入了十名（另一统计表中，1909 年填作十六名），事实上绝不止此。仅京师法政学堂在同一时间，担任日语教习的至少有两人。不过就在这分类中，也是从事师范教育的最多，占他统计人数的四分之一；就是说，依他的估计，日本教习中有四分之一在中国从事师范教育，为培养中国的师资而做出贡献。由这两种不同的统计看来，当时日本教习执教最多的学校，是当时中国在兴办新式教育过程中最注意的师范学堂，这完全是符合实际情况的。

至于说日本教习担任的科目，从统计上看来，在 1909 年时是以理科和实业最多。这反映了当中国在近代化建设当时，对所有西欧近代知识的急需情况。所谓理科是指物理、化学、生物等

（因数学已另列），而实业则指农学、纺织、制陶等具体技术科目。从 1904 年和 1907 年三江师范学堂（以后改称两江优级师范学堂）的资料看来，那时其本科第一学年所设的课程如下。

1904 年本科第一学年的课程是：

修身、教育、文学、历史、舆地、数学、物理、化学、矿物、日语、英语、图画、手工、体操、农业学、法制、经济。

1907 年优级本科的课程是：

（公共科）修身、教育、物理、化学、博物、手工、图画、法制、音乐、文学、数学、地理、历史、英文、东文、体操、伦理学、经学。（博物、农学部）除公共必修外，加习动物学、植物学、矿物学、生理卫生学、农学。

据《奏定京师法政学堂章程》所载，该学堂在 1907 年设立以后，分设预科及正科两部分，正科中又分政治、法律两门，其课程是：

（共同必修）人伦道德、皇朝掌故、大清律例、宪法、民法、刑法、商法、行政法、国际公法、国际私法、日语、英语、体操。

（以下政治门必修）理财学、财政学、外交史、政治学、政治史、社会学、统计学。

（以下法律门必修）中国法制史、外国法制史、刑事诉讼法、民事诉讼法、监狱学。

这些课程中，除极少数由中国籍教师担任以外，绝大多数都由日本教习任教。京师法政学堂设立当时，虽因不少在日本大学本科中留学的都已学成回国，分别担任教职；但仍有很大一部分课程是由日本教习担任的。1906 年三江师范学堂改组升级为两江优级师范学堂以后，虽也有部分中国教师担任教职，但其所授科目仍限于修身、文学、历史、舆地等，其他教育、法制、经济、物理、化学、农学及音乐、图画、手工等科目，仍由日本教习担任。

这是一般的学校，其他专业性学校如技术学堂、警察学堂等则更不必说了。由此可以知道，当中国在建立新教育的时候，日本教习所起的作用是多大了。

师范教育建设中日本教习的作用

特别是在师范学校的建设中，日本教习的贡献是不可泯没的。

在中国开设建设新式学校，确立新教育基础的时候，就注意到了师资的培养、训练。几乎所有要求改革的知识分子（包括统治阶层中的），都主张在兴学堂之前，先设立师范学堂。如严复在《论教育书》中，具体地提出：

一、各省如遍设中学堂，则无教习。近有议以速成之法求师范者。此其为术，诚吾之所不知。踏实办法，似宜于各省会先设师范学堂（即为后日高等学堂之所），令学政于每县学中咨高材生（小县二员、大县四员）若干员，皆取年格弱冠者聚而以中学之法教之。如此则五年以往，不患无师资矣（师范生宜有廪膳膏火）。

梁启超也大声疾呼："故欲革旧习，兴智学，必以立师范学堂为第一义。"因此，1902年（清光绪二十七年）张百熙奉命为管理大学堂事务大臣，管理当时最高学府京师大学堂之后，就决定暂不设本科，先设预科和速成科。预科作为日后升入本科的准备，而速成科则应付当时需才孔亟的需要；速成科中分设仕学及师范两馆，仕学馆以训练官吏为目的，而师范馆则以培养各省、地方高等学堂教习为目的。虽然京师大学堂速成科设此两馆（预科当时未招生），但主要力量还置于师范馆方面。其第一批所招学生，仕学馆为五十七名，师范馆为七十九名。再从所聘日本教习的情况来看，也可以清楚地知道，京师大学堂最初的重点，或者说张百熙的教育方针，其重点是在培养师资的师范馆。1902年仕学馆和师范馆所聘请的日本教习是：

仕学馆：岩谷孙藏、杉荣三郎两人。

师范馆：服部宇之吉、太田达人、氏家谦曹、坂本健一、矢部吉祯、西村熊二、铃木信太郎、高桥勇、桑野久任、法贵庆次郎共十人。

在管学大臣张百熙的这种思想支配下，不但京师大学堂以师范馆为主，而且在各省乃至各州府，也都设立师范学堂。

建立新式学堂，没有师资，也没有经验，需要借助于日本教习的力量；办理师范学堂，更是如此。以京师大学堂师范馆而言，光绪二十八年（1902年）四月聘请服部宇之吉（当时是东京帝国大学文科大学副教授）时，原是请他担任伦理学教师的，但到九月，就请他担任师范馆的总教习，并且把师范馆教学方面的事，完全委托给他。

服部宇之吉在日明治三十七年（1904年）八月回国的时候，曾在一次讲演会上述及京师大学堂师范馆的计划。说：

> 其中有三十名将送到日本留学，进第一高等学校，八名将送到欧洲。这些人将来都将担任各分科大学的教授。现在学校中实际在学的有一百二十名左右，经过七八年之后，每个人都将就其所学专科出外留学。现在还准备招生二百名左右，目下正在用和过去相同的方法招募中。

不但作为中央最高师资培训机构的京师大学堂师范馆是委托日本教习经营的，就是其他各省、地方的师范学堂，只要有条件能聘到日本教习，也都是由他们担任总教习，实际上是委托日本教习经营的。例如上述江苏省的三江师范学堂，其总教习是菊池谦次郎；到后来改组成两江优级师范学堂时，总教习改由松本孝次郎担任。该校所聘的日本教习数，在两江优级师范学堂时代，有十五名之多，可以想象学校的经营，实际上是由日本教习负责的。

据当时的《东方杂志》、《南洋官报》和《同文沪报》等的记载，三江师范学堂总教习菊池谦次郎在1903年到达南京以后，就被任命兼任两江学务处参议，协助学务处总办筹划、订立各种教育行政组织事务和规章、制度。后来江苏省各地设立小学堂、速成师范以及招生办法等都是在菊池协助下订立的，甚至连教学仪器和标本等的购置，也都委托他办理。可以说三江师范学堂和两江师范学堂（当是在苏州的，不是后来的两江优级师范学堂）的设立，完全是日本教习们一手促成、经办的。

当时还称为直隶省的河北省，情况也相似。直隶省，因为在京畿附近，所以在那时是近代教育比较发达的先进地区。担任直隶总督的袁世凯不但在保定、天津等地办有武备学堂、将弁学堂、警务学堂、医学堂、艺徒学堂等新式学校；而且还很早就想通过中岛裁之到日本去招聘大批日本教习来充当新学堂中的教员，培养人才。

20世纪初，直隶省设有学务司，专门主管近代教育方面的事务。学务司成立后，就聘请当时担任东京音乐学校校长的东京高等师范学校教授渡边龙圣担任顾问，请他主管教育行政、设立学校及编辑教科书等工作。以后又请他兼任直隶师范学堂的总教习，直隶师范学堂中聘有日本教习十名左右。直隶师范学堂，在渡边龙圣经营下，规定以培训直隶省内一百四十余小学堂所需师资为目的，计划招生六百余人，分成半年、一年、二年、三年四种学习班，并规定有短期生回堂补习之法，使只经半年学习的学生，在任教一年之后，能再回来学习、训练，以提高小学的师资。

其他各省、地方也都设有师范学堂，且聘请日本教习。例如北京有京师第一师范学堂（北村泽吉等二人）、直隶初级师范学堂（小幡勇治等），天津有北洋师范学堂（中岛半次郎等十人），太原有山西优级师范学堂（大森千藏等十人左右），开封有河南优级师范学堂（饭河道雄等），安庆有安徽师范学堂（西山荣久等），杭州有两级师范学堂（中桐确太郎等），上海有龙门师范学堂（田村丰九郎等），南通有南通师范学堂（吉泽嘉寿之丞等），武昌有两湖师范学堂（稻并幸吉等），长沙有湖南优级师范学堂（原田长治等），衡州有南路师范学堂（园田爱之助等），成都有四川优级师范学堂（野崎常藏等）、师范学堂（小西三七等）、女子师范学堂（大野キヨ子等），西安有陕西高等师范学堂（吉川金藏等）、师范学堂（森孙一郎等），福州有全闽师范学堂（上野巽等）、福州女子师范学堂（松里志磨等），广州有两广优级师范学堂（伊藤充美等）、官立女子师范学堂（宇佐美茂野等），贵阳有贵州优级师范学堂（落合兼光），普安厅有普安厅师范学堂（德满早苗），沈阳（奉天）有两级师范学堂（森本清藏等）、女子师范学堂（前田茂子等）、奉天师范学堂（关口弥作等），吉林有吉林两级师范学堂和女子师范学堂（峰簇良充等），济南有山东师范学堂（内堀维文等十一名）。

这样多的日本教习，在中国各地的师范学堂中服务。他们的成绩如何，虽可以想象，但因为没有确切的资料，很难做正确的估计。不过，可以说在中国建设新教育的时候，作为新教育基础的、从事师资培训的师范教育，是在日本教习手中成长起来的。

女学的兴起和日本教习

再提一下女子教育。

中国向来不注意女子教育，认为女子无才便是德；所以在封建社会中，女子被剥夺了受教育的机会。但是到西方的洋枪大炮打开了中国的大门，西方的思想惊醒了中国的知识分子，而且在民族危机日益深重的时候，许多先进的知识分子感觉到，女子也应该和男子一样，受教育，负起振兴民族、国家的责任。所以主张设女学使女子受教育的呼声，就不断可以听到。例如早在 1892 年（清光绪十八年）郑观应在其《盛世危言》的第三卷中，就有专论女子教育的，他说：

> 泰西女学与男丁并重，人生八岁，无分男女，皆须入塾，训以识字、读书、算数等事。……虽平民妇女不必如男子之博雅淹通，亦必能通书文、明道理、守规矩、达事情，参以书数、绘画、纺织、烹调之事，而女工中馈附之，乃能佐夫相夫，为贤内助矣。……苟易裹足之功，改而就学，罄十年之力，率以读书，则天下女子之才力聪明，岂果出男子下哉。

虽然说，其出发点是为了培养贤妻良母，为巩固封建体制而主张设女学，但毕竟是比主张女子无才便是德的人要进了一步。稍后一些，随着时代的前进，中国的知识分子在女子受教育这问题上的认识，也逐渐有所变化。

梁启超在《论女学》一文中，先力辟“教妇人非所急也”论者之非，认为男女一样，不能说此二万万为人才，而彼二万万为非人才。并引美、日之例说："男女平权之论，大倡于美，而渐行于日本。""故女学与男学必相合，今之美国，殆将近之矣。是故女学最盛者，其国最强；不战而屈人之兵，美是也。女学次盛者，其国次强，英、法、德、日本是也。女学衰，母教失；无业众，智民少，国之所存者幸矣，印度、波斯、土耳其是也。"因此，他提出："若是夫中国之宜兴妇学，如此其急也。"他并提出要变缠足恶习，称："是故缠足一日不变，则女学一日不立。"

1898年上海有筹建经正女学堂的活动，当时严复在《国闻报》上发表《论沪上创兴女学堂事》一文，提倡兴办女学。他说：

> 中国四百兆人，妇女居其半。妇女不识字者，又居其十之九。即偶有一二知书者，亦不过以其余力，粗解词章。物以罕而见珍，遂以通人自命。初不知所谓学问者，即人所以异于禽兽之处。名既为人，即当学问，不以男女而异也。区区识数字，何足奇乎？自学问之道不修，男子作八股，工摺卷，于兵、农、礼、乐之事，丝毫不相涉。……男子如此，妇人可知。妇人既无学问，致历来妇人毕生之事，不过敷粉缠足，坐食待毙而已。……国弱民贫，实价于是。即常此千古，亦复不难。
>
> 中国妇人，每不及男子者，非其天不及，人不及也。……故使国中之妇女自强，为国政至深之根本；而妇女之所以能自强者，必宜与以可强之权，与不得不强之势。禁缠足，立学堂固矣；然媒妁之道不变，买妾之例不除，则妇女无自立之日也。

他除提倡兴女学之外，还提出禁缠足，废媒妁之道，除买妾之例，即解除封建制度加于妇女的一切桎梏，以使男女平等。这种想法，是资产阶级改良派的主张。正是在他们的推动下，在中国废科举、兴学堂的时候，把办女子教育也提了出来，列上了日程。

兴女学是一件好事，也确是一件需急办的事；可是怎样办，既没有旧章可循，又没有经验，于是又想到日本：模仿日本，甚而请日本教习来代庖其事。梁启超在其《论女学》文中，就曾详述日本女学的情况，说其分十三科，大致与男学校相同；“其与男学相出入者，不过数事而已。此数事者，大率与兵政相关，亦尚力之世所当有事者也。”很明显，他们所希望在中国兴起的女学堂，也类似日本那样的女学堂。

这种想法，在当时很普遍，统治阶层中也是这样。所以在兴学堂的时候，自然把办女学堂也考虑了进去；在向日本招聘教师的时候，当然也会列入办女学的计划，聘请女教师来落实此事的。

20 世纪初应聘到中国的日本教习中，有多少女教习，因为目下没有足够的资料，所以很难肯定，但至少当在十人以上。

以后到蒙古喀喇沁旗担任日本教习的河原操子，在赴喀喇沁旗就任之前，曾在上海务本女子学堂担任过教习，参加过学校规划的制定等工作。务本女子学堂是 1902 年由吴怀玖等创办的，创办人中间虽有曾留学日本回国的，但对于女子教育，也是初次，所以在筹办当时就聘请日本女教师参加，河原操子就是那时应聘到该校参加筹划的。河原根据日本小学校的模式，规定了务本女子学堂的教学方针、课目乃至教授方法，并且把第一次招到的 45 名新生分成三班，由河原担任日语、算术、唱歌和图画等科目的教师。因为学校办得很出色，所以要求入学的很多，半年以后学生人数已超过一百人。河原操子的名声，也因而远播，不久，蒙古喀喇沁王府，准备在王府内建立一教育王府有关女子的教育机关——毓正学堂时，就邀聘河原前往负责筹办和经营。

1904 年《奏定学堂章程》公布，这章程中间的蒙养院，就相当于日本的幼稚园。在中国虽有过专门收养幼儿的，只是称为育婴堂或类似的收养孤儿、弃儿的机构，是慈善机构而不是教育场所。因此要成立《奏定学堂章程》中的蒙养院，对于当时负责教育的人来说，又是件大事。当时一些号称开明的封疆大吏，对于这些表面上的改革，却十分注意，特别是当时担任湖广总督的张之洞，《奏定学堂章程》就是根据他的意见修订后奏准颁布的。张之洞主张和计划在他管辖范围之内，建立整套《奏定学堂章程》中规定的学堂，包括蒙养院和女子师范学堂。

在张之洞的主张下，聘请日本教习时，特别聘请了当时在东京女子高等师范学校任教的户野ミチエ，和另外两名日本女教师到中国来，专司此项工作。

当年（1904 年）在武昌成立了湖北幼稚园，以后又成立了武昌女子师范学堂。两者的筹划、建立以及日后的经营，主要都是由户野ミチエ和另外两名日本女教习担任的。这点可以从《湖北幼稚园开办章程》中所述的教育宗旨和教学内容中看到。无论是幼稚园的教育宗旨，还是教学内容都和日本在 1899 年（明治三十二年）公布的《幼稚园保育及设备规定》中的完全一样。甚至对幼儿的教学内容中，都有日语一项，其受日本的影响，可想而知。

以后，各地也相继设立幼稚园，都聘用日本女教习来主持。对各幼稚园中担任保育工作的保姆，也有专设培训班负责培训的。

女子学堂和女子师范的情况也相若，虽然不像幼稚园那样主要由日本教习负责，但多数工作的计划、推行也都有日本教习参与其间。这原因很简单，中国和日本，都是受儒教影响很深的国家，在伦理道德观念上十分相近；尽管明治维新之后，日本逐渐因吸收西方文化，在道德观念上有所改变。但对于妇女，仍然是要求她们成为贤妻良母，所以日本女子教育的宗旨，主要是要求妇女们有充分的知识，陶冶品性，锻炼身体以达到贤妻良母的标准。这正是当时清朝统治阶层所要求的，也是当时中国的资产阶级改良派所要求的。因此，日本在女子教育方面的宗旨、教学内容及方法，完全可以适用在中国。照样搬来，比其他各种学堂的更简单，也更适切。举例来说，在河原操子筹办、主持的蒙古喀喇沁旗毓正女学堂的课程中，有编织这样一课，到高年级更有家政的课程。这些都是以后中国女学校中所不设的，但在日本，当时却是女学校中的必修课，是为离开学校之后，能做一个贤妻而设的课程。当时其他女学堂中，是不是也设有这样的课程，不得而知；但从一开始就委托日本教习这点看来，可能都相似，不会没有。就是说，在中国近代化新教育中诞生的女子教育，一开始就是日本化了的。

不管怎样说，也不论有多少困难，中国的女子教育和幼儿教育的创建和发展，是和日本教习的支持、帮助分不开的。一直到20世纪30年代，在中国的女子教育中，还残留有若干开创时日本教习所留下的痕迹；例如有些学校中还保留着剪裁缝制的课程，某些边远地区学校中，也仍有家政这一课程。由此可见其影响之深。

总　结

在中国的新教育建设中，日本教习的活跃、所做的贡献和所起的作用，以及其对以后的影响，不会不引起其他各国的注意。特别是在20世纪10年代之后，欧美各国对中国都虎视眈眈，在不能用武力侵略来破坏列强之间平衡的同时，他们就用经济和文化各方面的渗透、侵略，来达到侵略、控制中国的目的。

教育方面，是他们渗透计划中的重点。

早在19世纪末年，西欧教会系统设立的北京汇文大学（1890年）已经在中国奠定了基础；到20世纪，中国在开始从事新教育建设的时候，西欧系的大学堂、高等学堂也纷纷建立了起来，东吴大学（1901年）、夏葛礼医科大学（1902年）、震旦大学（1903年）、岭南大学（1903年）、通州协和大学（1904年）、圣约翰大学（1905年）、华北女子协和大学（1905年）、协和医学院（1906年）、上海浸礼会大学（1906年）等等。那时候中国自己设立的大学堂不过三所，高等学堂也仅二十四所而已。可以看出欧美方面已经从教育方面开始渗透了。

在西欧势力想渗透到中国新教育阵地的时候，发现一个最大的障碍，不是中国的习惯势力（最初，欧美系学校中入学的学生极少，即使在各种优遇的情况下，也仅有些教徒子弟或与他们有关的入学，这可能是由于习惯势力的阻碍），而是当时帮助中国建设新教育的日本教习。要在中国顺利而有效地完成他们在文化、教育方面的渗透，占领中国在教育方面的阵地，就必须排除日本势力不可。

1907 年美国的《纽约每日论坛报》（*The New York Daily Tribune*）上发表了一篇题为《中国人不需要日本教习》的论文，公开攻击在中国的日本教习说，聘用日本教习的费用，确是便宜些，可是日本教习多数不学无术。中国花这些费用，能学到些什么呢？同年出版的史密斯（Arther H. Smith）著的《今天的中国与美国》（*China and America Today*）中，也说，在八国联军事件以后，中国留日的学生人数激增，达一万五千人左右，成了日本首都东京的一大特色。他们传回了许多不能察觉的恶德，这些中国留学生，多数都是不可靠的。“因此，不仅为了中国，也为了美国和全世界的利益，我们应该全心全意地，努力把这批学生迎到美洲的海岸来。”和日本争夺中国教育、文化方面阵地，已展开了白刃战。

在这种情况下，中国虽还没有改变初衷，继续邀聘日本教习；但由于日本教习本身的原因，以及日本政府对华政策的改变，不再支持日本人应聘到中国来任教。因此，到聘约期满（一般的聘约，都以二年为期，最长的也只在四年左右），中国方面就不再续聘；到 1912 年辛亥革命成功，有些日本教习虽聘约未到期，但也陆续回国。以致盛极一时的日本教习，从这时候起，也成了历史名词。

但是，到民国成立，中国的新教育已从无到有，陆续地发展和完备了；尤其在师资方面，经过十年左右的培训，加上在国外留学的也次第回国，虽还没有达到完全能自行解决的程度，但大体上可以不必仰赖外力，尤其是中、小学方面。到 20 世纪 20 年代，中国国内发生的收回教育权运动，说明中国在教育方面，已达到完全可由自力来完成各种任务的地步了。

中国的新教育建设，可以说是在艰难历程中过来的，在建设过程中曾经得到日本力量的帮助，尤其是数以百计的日本教习，亲身渡洋到中国来参加这草创的局面，慢慢地在他们帮助之下，奠定了稳实的基础。尽管以后由于种种原因，几乎把这段历史埋没了，或者被歪曲了。但是历史是客观的存在，暂时地覆盖，并不能永远地掩饰。在中国新教育的建设过程中，日本教习所起的作用，所做的贡献应该有所认识，也应该有一实事求是的评价，尽管这段历史经历的时间不长，而且还是段失败的历史。

中国的近代化和松本龟次郎

在世界上，中国是一个特殊的存在，土地广大、人口众多，有悠久的文明史和一个世纪以来受帝国主义者侵凌的历史，所以一切都不能以常绳来衡量；对中国的研究和观察，也不能单从一个方面入手，而必须由各个方面分别地加以观察，然后再做综合研究，才能得出一个比较正确的结论。否则，就不免有顾此失彼或厚此薄彼之虞，因而导致错误。举例来说，在研究中国的近代史时，就不能忽略有十万左右留学生的存在。留学生，不但中国有，外国也有；历史上有，现在也有。留学生在外国，一般都只是历史支配下的一个存在；当然也有对历史产生很大影响的，像明治维新时日本的留学生。但像中国留学生那样，时间绵延之久、人数之多、影响之广，恐怕还无先例。

这一段特殊的历史，应该从 19 世纪后半叶，主要是 1840 年鸦片战争以后才开始的。

教育在变革中的地位

19 世纪后半叶的中国，从中国悠久的历史看来，是在数千年来未有的变局之下，进入了一个非变不可的局面的。

鸦片战争轰开了中国的大门，不但在经济等有形的方面，而且在思想、精神等无形的方面也被轰开，有了个大裂口。广大的人民，向来在自给自足的小农经济下，忍受统治阶级的剥削和压迫，苟延残喘。现在在原有的统治者以外，又加上外来的侵略势力，使闭关自守的农村经济完全濒于破产；勤劳耐苦的人民大众，已到了无法忍受双重剥削的地步。为了生存，再不变就无以为生了，所以在19世纪下半段，自发的反抗，包括武装起义在内，在中国大地上比比皆是，此起彼伏，成了这一段时期的特点。当然，统治阶级是不甘失败，也不会自愿让出政权的，对于人民的反抗和起义，必然要以残酷的镇压对待的。在强大、有组织的敌人面前，人民大众的起义、反抗虽一而再地失败，但他们并没有屈服。失败的教训更教育他们逐渐地组织起来，中国的旧民主主义革命的社会基础就在这里。

士大夫，当时对知识分子的称谓，他们之中大部分从属于统治阶级，因此没有人民大众那样进取和无所畏惧的精神，但他们比较正直和敏感，也有远见。因此在当时，士大夫之中，除了部分极端保守顽固和麻木不仁者以外，对于这种国家民族的屈辱和广大人民的苦难，也不能漠不关心，纷纷要求变革，希望从变革中找到一条出路。他们中有些人和广大人民相结合，步上了武装起义的道路；但大多数人却还站在统治阶级的一方，对统治阶级还存有幻想，主张用改良主义的方式来应付变局。尤其是他们中间部分了解了西欧和日本情况的人，要求学西洋、仿日本，从根本上改革，其中根本的一项，就是要启迪民智，由教育上着手。

封建统治阶级，特别是盘踞在最高层的清朝贵族们，一贯以“不变祖宗之成法”为口实，始终执行其闭关自守的保守政策，希冀在与世隔绝的状态下，维持其对广大人民群众的压迫和剥削。但是资本主义侵略者不容其再做美梦，军舰和大炮惊醒了他们；就是在这种情况下，统治阶级中顽固保守的一派，还盲目排外，墨守成规，不肯正视现实，只有在人民反抗的力量日渐增大，直接威胁到其统治时，才开始感到恐慌；加上外国侵略者咄咄逼人，使他们知道再用“祖宗的成法”来骗人，不做一些让步是无法保持其统治的了。至于统治阶级中比较开明的一派，在日益改变的形势下，早就感到不变革是无法保持其统治地位的；他们在第二次鸦片战争之后，就主张引进新的事物，他们所谓的新事物，在当时来说，主要还是指军事方面的武器和军需工业。但慢慢地，他们也注意到了教育，知道教育是最根本的。同时在教育方面的变革，虽然要在一定程度上变更祖宗的成法，可是毕竟不像革命那样，是用暴力来推翻他们的统治，在一定时间和程度上还容许他们继续统治。这种不从政体上改变的做法，正是顽固保守派也能接受的方式；所以在以后的各种新政中，教育方面的变化是最明显和最繁多的。

现在不妨就从所谓“同治中兴”的同治元年（1862年）开始，到20世纪第一个十年为止，观察一下教育方面的变革，或者说是中国的近代化在教育方面的表现吧！

同治元年（1862年） 总理各国事务衙门奏请在京师（北京）设置京师同文馆，培养通晓外国情势和语言的人才。

同治二年（1863年） 李鸿章奏，仿照京师同文馆的方式，在上海设立广方言馆。

同治三年（1864年） 广州设立广东方言馆，以后（光绪三十一年，1905年）改称译学馆，其性质和京师同文馆、上海广方言馆相同。

同治五年（1866年） 总理各国事务衙门奏派官费生赴外国留学，实际上派遣是在五年以后（同治十年，1871年）。恭亲王等奏请在京师同文馆内设置天算馆，开始教授西洋的数学和天文学；设福建船政学堂于福建马尾。

同治六年（1867年） 曾国藩、李鸿章于去年奏准在上海制造局中设立学校，以培养人才。今年设立译学馆。

同治九年（1870年） 曾国藩因容闳的建议，奏准派遣幼童到美国留学。

同治十年（1871年） 奏准选派幼童赴美肄业章程，开始在各地选拔。

同治十一年（1872年） 第一批赴美留学的中国学生三十名，在陈兰彬及容闳正副委员的率领下，到达美国。这批学生，都是十二岁到十六岁的幼童。

同治十二年（1873年） 第二批留学生三十人赴美。

同治十三年（1874年） 第三批留学生三十人赴美。中国在美国哈佛设置留学事务所。

光绪元年（1875年） 第四批留学生三十人赴美，这是最后一批派遣赴美的留学生；闽浙总督由船政学堂中，派遣数名学生赴法习船政。

光绪二年（1876年） 李鸿章奏派卞长胜等七名赴德，学习陆军；并派福建船政学堂学生魏浣等赴法习船政制造，又派萨镇冰等十二名赴英，习驾驶，均以三年为期。

光绪四年（1878年） 在上海设立正蒙书院，分大、中、小三班，开始采用西式教学方法。

光绪七年（1881年） 驻美学务委员吴子登奏请撤回留美学生。

光绪十年（1884年） 日本人日下部正一、宗像正、长谷场纯孝等在上海设立东洋学馆教授中、英文。这是日本人在中国最初设立的学校，次年因经营困难而停办。

光绪十一年（1885年） 李鸿章奏请在天津设立武备学堂；总理各国事务衙门命翰林院等六部，推荐保送出洋考察人员。

光绪十三年（1887年） 保送出洋考察人员章程奏准，派往国家为日本、美国、西欧及非洲；开始派遣出国，这是清朝派遣官吏正式出国考察的开始。

张之洞奏请在广州设立水师及陆师学堂各一校，水师以英语为主，陆师以德语为主。

总理各国事务衙门奏准在科举中加试算学一科。

光绪十五年（1889年） 张之洞奏准在广东水陆师学堂内，添设矿物学、化学、电机学、植物学及公法学五学的学堂，各学堂学生定三十名。

丁汝昌奏请在威海卫设立水师学堂，次年开学，一切章则课程，悉依天津水师学堂。

光绪十六年（1890年） 总理各国事务衙门规定出使英、俄、德、法、美五国大臣，均须带同学生两名。

南洋大臣奏准在南京设立水师学堂。

光绪十九年（1893年） 因张之洞奏请，在湖北省武昌设立自强学堂，内置外国语、算学、格致、商务四斋；格致、商务二斋未开讲。

李鸿章在天津设置天津医学堂。

光绪二十一年（1895年） 中日甲午战争以中国大败告终，中国士大夫中有识者纷纷提出要仿效日本，改革学校教育，以图自强。①

津海关道盛宣怀奏准在天津设立中西学堂。

张之洞奏准在南京设置储才学堂。

康有为等在北京设立强学会。

陕西各地设立格致实学书院，他省亦有仿行的。

张之洞在武昌设立湖北武备学堂，并奏请在南京设立陆军学堂。

上海开设三等学堂，以普及国民教育。

光绪二十二年（1896年） 张之洞在江西省高安县设置蚕桑学堂。

京师大学堂设立、开学，接着全国各地纷纷开设学校、图书馆，并建立报馆、译书局等介绍西欧、日本等国近代化情况。

第一次向日本派遣留学生十三名。

京师同文馆设立东文班（日语班）。

长沙成立时务学堂，由梁启超主持；福州开设苍霞精舍。

① 蔡元培在《晚清三十五年来之中国教育》（1931年版）中说：“但是甲午一役，在我国的新教育史上，却不失为一服极有力的强心剂。”

光绪二十三年（1897年） 中、日两国合资设立商务印书馆于上海。

盛宣怀奏请在上海设立南洋公学堂，内设上、中两院及外院、师范院四部。师范院的设置是中国最早的师范学校。

浙江省在杭州设立求是中西书院；并在杭州金沙巷设立蚕学馆，先以中国人江生金为教习，不久就聘用日本人代之。

光绪二十四年（1898年） 张之洞奏准在武昌设立农务学堂；在洋务局内又设置湖北工艺学堂，聘有日本工学方面教习二人。

通谕各省，各地的大小书院，一律改称高等学堂、中等学堂及小学堂；号召各地缙绅为建设学堂而捐募款项。

通谕各省刻印张之洞所撰的《劝学篇》，该书《外篇》中有游学、设学、学制及变科举等四篇，极力提倡新教育。[①]

梁启超奏请设置编译书局。

戊戌政变失败；康有为、梁启超亡命出国。各省书院停止改名为学堂，科举考试恢复过去以考八股文为主，重新以策问、帖试为主。

湖北设立工艺学堂，杭州设置中学堂，安徽省设立求是学堂，陕西创设中学堂。上海最初的女学校经正女学成立。

光绪二十五年（1899年） 总理各国事务衙门奏准出洋学生肄业实学章程六条。

光绪二十七年（1901年） 因戊戌政变失败而被停止的

① 见国立编译馆编译，丁致聘编《中国近七十年来教育记事》；商务印书馆1935年版，台湾1961年重印。

经济特科，重行恢复。

各省纷纷设置武备学堂，大、中、小学堂。

光绪二十八年（1902年） 奏定学堂章程公布，其内容完全是仿照当时日本的学制，仅将“学校”二字，改为“学堂”而已，其他各阶段的名称、配置完全相同。

张之洞奏设三江师范学堂于南京，直隶省设立农业学堂，山西省设置山西大学，湖北设立高等农学堂，江西也设立江西省大学堂，各省纷纷设立新式学堂，师资严重不足。

光绪二十九年（1903年） 京师大学堂设进士馆，新进士皆就学；该校另设有译学馆。

天津设立北洋大学；长沙创设明德学校；湖北省由日本招聘幼儿师资三名，由她们负责在武昌建立了中国最早的幼儿园。

光绪三十年（1904年） 中国方面因各地纷纷建立学校，缺乏师资而大量延聘日本教员，由这时起到1907年是最盛的时候；从1910年起逐渐下降，1913年降到最低数额。这时期大量到中国来传授文化知识的日本教员，在中国近代史中，一般称为“日本教习”。

各省陆续成立学务处，开办初级师范、速成师范及师范讲习所等速成班，以解决各地最不易解决的师资问题。各省还有派遣学生到日本，进入速成师范班学习的。

光绪三十一年（1905年） 各省大量设置师范学堂，其中有不少是速成班。

学部奏准设立半日学堂。

湖南省有二十名女学生前往日本，学习速成师范。

光绪三十二年（1906年） 学部因各地前往日本留学的人过多，乃通知各地，要限制留日学生的出国人数。

学部还奏请撤除各省学政，新置提学使司，并议订“女学教育章程”。

光绪三十三年（1907年） 各地纷纷设立法政学堂；京师大学堂进士馆，改称为京师法政大学堂，分本科、别科及讲习科三部分。

学部奏请批准优级师范、初级师范及女子小学堂等章程；并改修游学生考试章程十一条；奏准官费留学生回国后，必须担任专门教员五年的规定。

光绪三十四年（1908年） 学部与商部商定，今后派遣出国深造的学生，以学习实学为限。自费留学生凡考入实业学校者，可优先补给官费名额。

外务部宣布利用美国退还的庚子赔款，派遣学生赴美留学，开始四年每年一百名，以后每年五十名。

宣统元年（1909年） 山东、河南等省设置省立图书馆，以普及文化。学部奏请在京师设立京师图书馆。

学部通知各省选拔优秀学生，保送入京师优级师范学堂；并规定各省高等学校毕业生必须到京师覆试，各省中等学校毕业生由相应提学使加以覆试，按成绩决定等级后奏请学部奖励。

各省设置视学官。

以江苏、浙江为中心，有十六个省份发生毁学事件。

宣统二年（1910年） 学部奏报第一次教育统计图表（光绪

三十三年度），各省学校数为三万七千余，学生人数为一百万左右；同年又奏报第二次教育统计图表（光绪三十四年度），各省学校数为四万八千余，学生人数为一百三十万左右。[①]

学部通知各省，所有优级师范选科在校学生毕业后不再设立；简易师范除边远地区之外，一律废止。并决定于三月二十五日对各省高等师范毕业生举行考试。

教育改革和游学政策

从上面所列举的事项来看，可以知道在统治阶级心目中，教育方面的改革，在变革中是占怎样重要的地位。所谓的新政，实际上除了兴办一些军需工业和成立几支用洋枪洋炮的新军以外，主要就是教育方面的改变。

其实，西洋文化的传入中国，远在外国资本主义势力侵入之前；不过那时除了天文、历学、测量和格致等实用科学曾对中国的文化发生过影响以外，其他并无作用可见。即使在洋务派着手改革，就是在进行所谓的“同治中兴”新政时，统治阶级中的开明派，力主变革的洋务派对于西洋文化的认识，也仍局限于一些实用技艺，主要是军事方面。而且当时他们所谓的变革，主要是保持其岌岌可危的统治地位，并没有想从根本上解决，所以在吸收这些先进文明上，也仍依赖于洋人，没有想到自己来解决。例如曾国藩虽早在咸丰十年（1860 年）就提出：“驭夷之道，贵识夷

① 丁致聘编《中国近七十年来教育记事》。

情。”[1]但怎样去“识夷情”，他不知道，也没有人去讲求；一直到十年以后的同治十年（1871年），他才在其幕僚容闳的建议下，奏准派遣幼童出国留学。[2]第一批选派的学生三十人，在同治十一年（1872年）夏天到了美国。但当时这些“开明”的洋务派之所以选送幼童到美国留学，其目的还不是想从根本上解决中国的贫穷，想从教育上建立改革的基础，所以在保守顽固派的“清议”和“公论”的压力下，就表现软弱退缩屈服了。光绪七年（1881年）由于这批学生不肯向委员吴子登（惠善）下跪，因此就在“各生适异忘本，目无师长，果无论其学难期成材，即成材亦不能为国用”的借口下，全部被撤回，不管其所学如何。[3]当时还有些人被派到欧洲去学习，但所学限于军事技术科目，因此关系不大。

当时不仅派遣留学没有一定方针，而且连在挑选“保送出洋”人选方面，也大部分选幼童、艺徒。这些人对中国固有的文化没有什么认识，甚至有的汉文水平不高，理解能力也很差，他们回国后除了照本宣科式地硬搬硬套以外，不知道如何适应自己国家的国情，因之对中国的近代化建设，终不能做出什么贡献。虽然说，在洋务派本身来说，对选派保送留学生出国，不一定完全是应付、虚应故事，但从一切迹象看来，至少可以说是没有重视，没有将其视作变革中主要的一着。一直到甲午之战，经营了二三十年的“新政”，竟不堪一击而惨遭溃败后，才大吃一惊而不能不对怎样变革做重新估价了。

日本在19世纪中叶以前，也完全和中国一样闭关自守，盲

① 曾国藩：《受洋人助剿及采办折》。
② 容闳：《西学东渐记》。
③ 舒新城：《近代中国留学史》，中华书局1928年版。

目排外，以致积弱不振。西欧资本主义侵略势力在侵略东亚的时候，原来是想在侵略中国得逞以后，再伸手把日本也加侵据的。鸦片战争中取胜的英国海军，原来已准备转旆东征，一举而下日本，将三岛攫入囊中的；只是由于中国人民的奋勇抵抗和日本地理位置的关系，才使其幸免。因此在19世纪后半叶，日本也和中国一样，面临着一个非变不可的局面；他们也和中国一样，希望从西欧先进文明中汲取营养，以自强图存。但他们所采取的方法和态度，和中国迥然不同，因此其结果也不一样，甚而可以说有天壤之别。

日本的吸收西洋先进文明，从西洋吸收新知识，最初还是假助于中国的；因此，如果单就两国从西欧输入新知识的时间而论，中国要早于日本。初期日本的吸取西欧文化，是利用翻刻、训点或注释的方式，将中国已译出的文字介绍过去的。这种工作大概是从清咸丰二年（1852年，日嘉永五年）开始的，一直到明治初期还能见到。

有人这样说过："我朝同、光之间，格致书院、武备学堂、水利学堂、同文馆、广方言馆、海军衙门、招商局、船政厂相继兴立。然能制造机器者，有几人乎？能译书者，有几人乎？能海战者，有几人乎？能熟悉商情者，有几人乎？日本以相臣而兴，中国以相臣而败，一盈一绌，一盛一衰，何其殊也！"[①]这并不是虚语，我们只要一比较两国对西洋文化吸收、学习的情况，就不难发现其所以如此的原因。

中国的有汉译西洋文化书刊，确比日本要早，但这些书刊不

① 韩文举：《国朝六大可惜论》，见《皇朝经世文编》第三编第四卷。

过是在中国出版，用汉文表达而已。有些文字的译述工作，也可能出于中国人之手，但也只是笔录，即由外国人口译，中国人笔记撰成汉文，再加以修润而已。因此所译出的书刊，不一定是中国人所需要的。而当时在中国能从事汉译的，绝大多数都是传教士，他们为了适应中国封建统治阶级的需要，有不少人在天文、历算和医学方面，是有所专长的；因此，最初被译成汉文的传播西欧先进文明的书刊，也多数是属于这一类内容，例如《全体新论》、《星轺指南》、《神舆外纪译解》等等。为了适应统治阶级的需要，他们也译出一些足以影响统治者的政治性文字，像《万国公法》、《英吉利纪略》等。上面所举这些书刊对于当时的中国人来说，就都不是急需的；但却是在中国的洋人们所擅长，而且是他们影响中国统治者工作中所急需的。因此，汉译西洋文化书刊在中国的出现，虽然比较早、比较多，而其所产生的影响却不很大。

上面说过，日本的吸收、输入西洋文化是假助于汉译的；可是在他们来说，不过是一种过渡性质的手段，其目的是在“不劳以溥”[①]，想多、快、好、省地吸收西洋文化的精华，输入其能致用的部分。当然一开始时，他们也曾不加选择地翻刻、训点，但很快这种现象就被克服，从无目的而成有目的的选印了。他们自己也曾翻译过一些西洋书刊，主要是从荷兰文译出的；这种翻译就完全是由日本人自力完成，而且是根据他们当时的需要来做的，像著名的《解体新书》就是。从这种比较看来，我们可以得出一

① 土井赘牙在《翻译全体新论序》中说：“余恒言曰，佛法入华，华人以此学而施泽，我受之、读之，得不劳以溥。今喎兰（荷兰）之学，未经汉译，而以吾所学译之；徒以卷帙众多，指受紊乱，往往有隔靴之感。此在专门学者，犹感其人之难，深引为苦，遑论常人。其由何在，无他，盖无汉译以为据也。”

个印象，即日本之吸收西洋文化，在时间上虽晚于中国，但因出于需要，所以一经吸收就加消化，使之成为日本文化的一部分。

作为吸收、输入西欧先进文明的另一手段，派遣留学生出国学习，那么日本不但比中国在时间上要早，而且在方法上也大不相同，日本是有目的的派遣，而中国却是虚应故事式的保送。因为日本是有目的的派遣，所以一旦认为不能达到目的时，就不惜一切，将他们全部召回另派。因此他们所派出的学生，不但在年龄上、学识上有一定要求，就在选习科目上，也都是选适应当时日本近代化变革所急需的学科。这样，回国后能学有所用，发挥其特长。

因为有这些原则上的区别，所以中国和日本虽同时起步向西欧学习、吸收和输入西洋文化，同时进行近代化建设，但日本却在短短的数十年中，由一积弱小国而跻身于列强之林；甲午一战，竟使大清帝国惨败。

甲午惨败的教训，对中国人来说是很沉痛的。统治阶级中的顽固、保守派，只知道墨守成规，不变“祖宗的成法”；但惨败的刺激却使他们看到，再墨守祖宗的成法，已无可能保住、维持他们岌岌可危的统治地位了。向以开明自居的洋务派，在事实面前也认识到，不从根本上加以变革，任何改变也都是不可能的；他们还害怕广大人民的起义和武装变革，又不能不设法应付日益高涨的要求变革的呼声。在这种错综复杂的条件下，把持政权的清朝贵族们，为了继续保全其统治地位，就不能不也讲变革，他们终于选择了不威胁其地位、基础的和缓的变革方式，主要是教育方面的改革，以利用这种和缓性的活动来应付各方面，平息人民的反抗。

在这样的背景下，无论顽固派或洋务派，都把教育方面的改革视作一件重要的事。虽然顽固的保守分子还多方阻拦，科举并没有能立时撤废，但学堂的设立却如雨后春笋般在各地兴起；学堂中所教授的，也不再是旧的一套，而是掺杂有新的西欧先进文明的课程。当时能教授这些新课程的师资，实在是凤毛麟角，就是请外国人也解决不了。但要谈教育改革，要兴办学校，就得解决师资的问题；这样，过去曾为顽固保守派所一再阻止的、洋务派又视为虚应故事的游学政策，又被重新提出，作为解决师资困难的重要途径。随着时势的变化，日本从和中国一样的积弱国家，一变而成能战胜老大帝国的事实，更证明向国外派遣留学生，实行游学政策的必要；[①]不但如此，还认为游学政策是迅速改变中国积弱的唯一方法，所以甲午战争结束以后，在大量设置学堂的同时，也积极派遣和鼓励出洋游学。

留学的主要对象国家，也由西洋转到日本了。

为什么要把派遣留学的对象国从西洋转到日本，理由可能很多。[②]主要的是甲午战败之后，中国人对日本的看法，特别是知识分子（士大夫）阶层的日本观，已有了很大的改变。向来鄙视日本为“蕞尔岛夷”的一小国，居然能战败天朝大国，自不能不令人惊奇；因此就有想学日本之长以制日本，师法日本以改变局势的念头。向日本派遣留学生，就是这种想法的具体表现；当然顽固派和洋务派的动机，不可能相同，但其表现却是一致的。[③]光绪七年（1881年）停止派遣赴美留学生后，虽陆续派出赴西欧各国的留学

① 见张之洞《劝学篇》。

② 参见李鸿章《选华弁出洋习艺，并洋弁给奖》折。

③ 当时提倡留学的，不但有在朝当权的，如李鸿章、张之洞等，在野不同主张人士，如主张维新立宪的康有为、梁启超辈，也都认为“则莫如取鉴于日本之维新”，主张派学生到日本留学。

生，但学习的科目仅限于军事和实科方面，且人数也极有限；可是到光绪二十二年（1896年）却一举而派十三名学生随钦差大臣裕庚到日本留学。[①]两年以后，总理各国事务衙门又在呈覆内阁的奏折中，决定将向日本派遣留学生一事作为政策，同时各地方也纷纷选派和鼓励到日本游学游历。

光绪二十四年（1898年）戊戌政变以后，由于日本曾保护过梁启超等，所以清政府曾在很短时间内停派学生赴日留学，但不久就恢复了。就是在政府停派的一段时间中，民间赴日留学、游历的仍络绎不绝。义和团事件之后，变法成了举国上下一致的要求，顽固派也无法再公开出面阻挠，于是废科举成为事实，兴学堂更是一时风尚，师资的缺乏更见严重，于是把向日本学习当成了第一要事。张之洞在《变法自强疏》中，又重提过去他一再提出过的主张："惟有赴外国游学之一法。"对于游学的国家，他也一再申述："欧美各国，道远费重，不能多往；而日本则断不可不到。"主张一切向日本学习。光绪二十九年（1903年）以后，中国留学生的大批东渡和大量聘请日本教习到中国，就是在这样一种背景下产生的。在当时，朝野各方都把到日本留学视作解决人才，特别是解决师资的唯一捷径；同时在统治阶级看来，这种方式既不会威胁、影响其统治基础，而且还能笼络一些知识分子（士大夫），欺骗人民大众，因而将其视作维持和延长统治的灵丹妙药。

---

① （日本）宏文学院：《普通科、师范科讲义》第一编《杂录》中说："其所谓官派留学生者，实以明治二十九年为嚆矢，当时公使祐庚氏经日本政府，以十三人学生依嘱高等师范学校校长嘉纳氏……"按祐庚误，当作裕庚。明治二十九年，即光绪二十二年（1896年）。

由此开始，到中华人民共和国建立为止的半个多世纪中，到日本留学，始终是被中国人民和政府作为造就高级人才的一种方法对待的。因为这样，这五十多年里面曾经留学过日本的中国人，其总数约在五六万人左右。[①]这个数字，在世界各国派到其他国家留学的人数中，是仅见的。因为这样，对中国的近代化建设来说，留日学生所起的作用和产生的影响，要远比其他各国留学生要大，要多，或者说是远非其他国家留学生所能比拟的。

虽然说，在新中国建立以前，这些留学生们，特别是占其中主要地位的留日学生们，并没有将中国导向一个健全的地位，使中国的政治、社会等各方面在近代化建设中取得成功；但谁也不能否认他们在中国近代史中所起的作用和产生的影响。因此，没有一个研究中国、注视中国变化的人，能忽略中国在近代化建设中，有留学生特别是留日学生这一种特殊存在的。

中国的近代化和留日学生

这五六万人左右的留日学生，在中国的近代化建设中，做出了些什么贡献，起了些什么作用呢？

一直到20世纪的五六十年代，在一般中国人心目中，日本留学生的形象并不是十分良好的，这毋庸有所讳言。但历史的事实，也是客观的存在，谁也无法否认中国近代化建设的启蒙，是

① 这数字是根据实藤惠秀博士的估计，见他所著《中国人留学日本史》、《中国留学生史谈》。

得力于留日学生的。当然，要评述留日学生在中国近代化过程中的贡献和影响，并不是件易事。因为历史并不是由某一单项因素所组成和决定的；组成历史的因素之间，又互相牵连、互相制约，错综复杂，无法就某一因素单独加以评定。不过历史是由人民创造的，也应以人民利益作为评定的重要条件。就是说，凡有利于人民、推动社会前进的，都应该作为贡献来加以肯定。

从这一意义上说，那么从光绪二十四年（1898 年）康、梁推行新政失败以后，一直到新中国成立这一阶段的历史过程中，几乎没有一件事不和留日学生有关，不受到留日学生影响的。

宣统二年（1910 年）的《留美学生年报》中，朱庭祺在著文谈到留学生和其对中国时局的影响时，曾有一段话是这样说的："……当吾华似醒未醒，初醒之际；新欤！旧欤！彷徨莫定之时，有日本留学生之书报，有日本留学生之詈骂，有日本留学生之通电，以致通国之人为之大醒，已明者因而更明。顽固者，因其詈骂而醒悟；前进者，有其驱策而更前；后退者，有其鞭策而前进。故曰：中国之醒悟，受日本留学生之影响巨矣！"这段话不仅在当时，就是到四十年之后，新中国成立为止的一段时间内，都可以说是客观和公允的。

可以举一些比较具体的例子来说明。

大家都知道，作为资产阶级革命的辛亥革命所以能成功，清王朝之被推翻，作为其领导主体的同盟会是有一定贡献，起过不少作用的。这个同盟会，就是在日本组成，有一段时间，还在日本指挥国内各种革命活动的。同盟会的主要干部，大多数是由留日学生担任；多次的武装起义等活动，也都是在日本计议、筹划，并由多数留日学生参加的。例如，著名的黄花岗起义中殉难牺牲的七十二烈士中，至少有七名是日本留学生。[①]辛亥革命武昌举义之后，首先响应参加起义的云南陆军中坚干部四十人中，有三十一人是日本留学生；[②]当时他们所穿戴的红边大檐帽和对襟扣黄色军服，就成了云南陆军将领们的服装。其实，这种服装是日本陆军士官学校的制服，说明参加这次起义的留日士官生，都刚从日本赶回，还没有时间准备新装就参加了举义，从而使人认为这样的服装，就是云南起义陆军的将领服。北一辉在其所著的《支那革命外史》中，曾经对当时的情况，做过这样的描写："由

① 黄花岗起义殉难的七十二烈士中，已判明为留日学生的，至少有七人。他们的姓名、年龄和学校名称是：

喻培伦	26岁	千叶医专
林　文	25岁	日本大学
方声洞	26岁	千叶医专
林觉民	25岁	庆应大学
石德宽	26岁	警监学校
陈与宽	24岁	早稻田大学
陈可钧	24岁	正则学校

② 云南举义的陆军中坚干部40人中，有31人是日本留学生，他们的出身学校和人数是：

日本陆军士官学校	16人
东斌学校	3人
士官预备生	6人
振武学校	1人
明治大学	1人
早稻田大学	1人
成城学校	1人
京都帝国大学	1人
东京帝国大学	1人

我所见，出入往来于秘密机关的，几乎全部都是日本留学生。在袭击（上海）制造局时，临行出发前全体集合时，可以见到他们所穿的服装，又大部分是日本学生所穿的对襟铜扣服……因此，在当时有称这种留学生所穿的日本学生装为革命服的。”这情况，不但在中华民国成立之前如此，就是到民国成立以后，也没有什么改变。袁世凯称帝，云南首先发动倒袁起义，不仅领导发动的蔡锷是留日学生，就是其他各省响应的领导人，也颇多留日学生；甚至当时讨袁军的制服，也是模仿日本的。[①]

这种以留日学生为主的资产阶级革命领导骨干，不仅在革命派方面如此，就是主张立宪的改良派方面也这样，都是以留日学生做其主力、骨干，以日本为其根据地。例如梁启超在戊戌政变失败后，就以日本的横滨为其根据地，从事宣传和组织工作，唐才常等就是留日学生。其他如徐锡麟、秋瑾等参加的光复会也是以日本为其根据地，留日学生为其主要成员的。

因为旧民主主义革命中的主要成员是留日学生，所以中华民国成立后，不但在政治制度、行政机构等方面仿效日本，而且在人事上，最初也是以留日学生占优势。五四运动以后，欧美留学生的势力已有了极大的发展，但留日学生的作用，仍不可小视；从整个情势来观察，留日学生的影响，依然是有足以牵动全局之感的。

共产主义思想的开始传到中国，并非直接来自德国或旧日的苏联，而是从民国七年（1918 年）留日学生李大钊、陈独秀等所组成的马克思主义研究会开始的。《共产党宣言》和许多马克思、

① 参见明石：《中国留日教育问题》，1942年。

恩格斯的经典著作，最初也并不是直接由德文译出，而是从日文转译而来的。

政治方面如此，军事方面亦相类，尤其是在旧民主主义革命时代。试从1912年中华民国成立以后的情况而论，舒新城曾感慨地说："二十年来中国军界人物底姓名，几十之九可以从明治四十年《振武学校一览》之学生名册中查出，其影响于中国军政者，可谓大焉！"[①]长期担任中国留学生教育的松本龟次郎先生，也曾根据其数十年的经验而说："今日中国军人中，位居上、中将者，其三分之二曾受教于我国。"[②]他们所说的军界人物，上、中将等，无疑是指北洋军阀而言。而在北伐完成、国民政府成立之后，情况虽多少有所改变，但留日学生出身的军事方面骨干，其比例仍不小。[③]

在旧中国，还存在过一批和日本反动势力相勾结的政客，即一般称为亲日派的，他们大多数都是留日学生出身。他们因私利而不顾国家的安危，民族的存亡，在日本反动势力的支持下，或称霸一方割据称雄，或利用权势出卖国家权益，祸国殃民，无所不为。

就政治军事方面来看，日本留学生在中国历史过程中的表现，有功也有过，优劣并见。我们既不能抹煞或忽视其优点，也不必掩盖或否认其缺点。无论从哪一方面说，在新中国建立以

① 舒新城：《近代中国留学史》，中华书局1928年版。这里所谓的"二十年"系约指，振武学校是当时设在日本东京，供学习军事用的中国留学生而设的学校。

② 松本龟次郎：《中华留学生教育小史》，1928年。

③ 据实藤惠秀就民国二十一年（1932年）军事委员会十二名委员的学历，加以分析的结果，是国内军事学校出身和留日学生各占一半。但实际上在他的计算中，把陈铭枢计入国内军事学校出身人数中，因此是误计。陈铭枢在清河军校毕业后，又到日本留学，所以应计入留日生中。这样留日生是七人，占优势。

前五十年的历史，和留日学生是有不可分割关系的。特别是在军事方面，中国之有新式军队的建立，不仅在制度上是模仿日本的，连在干部方面，也是由日本为中国留学生而特设的成城学校、振武学校以及日本陆军士官学校等训练出来的；也就是说，新军的基础，完全是建筑在留日学生身上的。以后虽有欧美留学生回国而稍分其权，但由于历史原因，留日学生的人数仍数倍于欧美留学生，因此留日学生在旧中国的军事方面，是占着重要地位的。

就对中国历史的贡献和所起的作用说，留日学生在文化、思想方面，可能比在政治、军事方面更多、更大。所以如此，是有其客观条件的。

清末民初，中国变法改革以后，西洋留学生为数甚微，可是当时中国的形势，对西洋现代文化思想的需求却十分迫切。那时，西欧的现代思想，都已翻译介绍到日本，而留日学生的人数，又远远超过了留学欧美的。因此，从日文转译的西欧现代思想，便陆续介绍到中国，开始了中国近代化的第一步。五四运动中的领导人，虽然不少是欧美留学生，但去日本的留学生在事前的长时期内鼓吹新文化，宣扬新思想，是对五四运动有很大促进作用的。

在文化、思想的建设中，报章、书刊的作用是十分巨大的。据不完全统计，新中国成立以前的五十年中，在日本出版而由留日学生主办的刊物，至少有九十六种之多；至于书籍，则更难以数计。在这些刊物中，有像《清议报》、《民报》那样代表某一政治集团，宣扬政治思想的刊物；也有不少是中国一些学科方面首创性的杂志，像光绪二十六年（1900年）出版的《译书汇编》是翻译方面的第一本刊物；其他若《新小说》（1902年）、《音乐小杂志》（1906年）、《法政杂志》（1906年）、《医药学报》（1907年）、《海军》（1909年）等，都是各学科的首创刊物。至于由留日学生编撰，在日本出版而对广大人民大众发生过很大影响的书籍，也不少。大家熟知的陈天华所著的《猛回头》，邹容的《革命军》等，都是在资产阶级革命中，做出过很大贡献的。

在中国新文化建设过程中，做出过巨大贡献的鲁迅和郭沫若，众所周知是在日本留学的。在中国新文化运动中，有过深远影响的组织创造社，也是由郭沫若、郁达夫、成仿吾等留日学生在日本组织，在日本成长、活动的。由整个新文化发展的历史看，可以这样说，在开始时，因有留日学生的转译、鼓吹和介绍，使其能传入中国，并生根、发芽；以后又在留日学生们的努力下，巩固了基础，并发扬光大。也就是说，新文化的发展、建设过程，始终是和留日学生有紧切关系的。

文化建设的另一重要方面，就是教育问题。上面已经提到过，中国在非变不可的形势下，统治阶级和民间都曾从教育问题着手；而在这方面，主要就决定了游学政策，游学的主要对象国又是日本。五十年来，政策虽有所改变，但对留日的方针，却始终赓续着，这大量的留日学生对于教育方面的贡献和影响是巨大的。可以说，中国的新教育，从一开始到以后之有惊人的发展，直接间接都和留日学生有关。中国之有学校（当时称为学堂）、定学制，虽然在留日教育开始前就已存在，但当时并没有得到发展，原因是没有师资；直到日俄战争结束时，才正式确立其基础。过去的中国教育史学者都认为:“光绪二十八年的《钦定学堂章程》,整个是从日本学制里抄来的。光绪二十九年的《奏定学堂章程》,除了张之洞附加了自己的几分经古教育以外,也完全是照抄的。”并且很直率地说:“本期新教育,完全就是日本式的教育。”[①]“本期所有一切新教育的设施,大部分取法于日本。”[②]这种说法是有根据的,试看当时所用的教材,教学方法乃至学制等各方面,几完全和日本一样,教学用具也是从日本输入的。这种模仿和取法工作,当然出诸留日学生之手。20世纪初,中国刚兴学堂,创设新式学校的时候,教员中大部分是在游学日本政策下,到日本受速成教育回来的,或者是由受聘到中国的日本教习所教导出来的。一直到20世纪30年代,这种情况才发生了变化。[③]这是由于当时中日两国间的政治形势,以及五四运动之后,欧美国家(特别是美国)在中国教育界的活动加剧所致。

文化建设中,留日学生所做出的贡献,在各方面都能见到,用词、用语方面,亦无例外。用词用语的变化,是随着文化的发展而发展的,所以很容易从中见到其所受的影响。过去留日学生在文化建设方面的活动,在用词用语方面所留的痕迹,至今还能见到。例如现在我们常用的一些词汇,如立场、场合、取缔、内幕、手续、鼻息、景气等等,[④]原来都不是中国所固有的,中国人民对之并不熟悉;但在留日学生的介绍和不断应用之下,这些外来语的词汇,逐渐为我们所知道,并且引入我们生活之中,成了

① 陈青之:《中国教育史》,商务印书馆1936年版。

② 陈翊林(陈启天):《最近三十年中国教育史》,上海太平洋书店1932年版。该书以后改名为《近代中国教育史》,台湾1969年重版。

③ 实藤惠秀:《中国人留学日本史稿》,日华学会1939年版。

④ 参阅实藤惠秀《中国人留学日本史》,三联书店1982年版。

我们自己的用语。这种影响，一直到现在，不但不见减低，而且更形增多；现在我们所用词汇中来自日语的，较四十年前要多两倍。虽然说，前后的情况不同，但也不能否认是有留日学生的作用在内。

此外，像话剧的兴起，春柳社和南国社的作用是不可泯没的。春柳社的主要成员是留日学生，最初是在日本组成，以后才回国，在上海介绍和推广话剧（当时叫新剧、文明戏）的。至于南国社，虽其主要成员并不都是留日学生，但其创办人，在中国话剧史上留有不朽事迹的田汉，却是一个曾在日本留过学的。

有声电影，最初也是由日本作为桥梁，通过日本才介绍到中国的，其第一部有声片，也是在日本摄制的。

除了上述一些以外，还必须一提留日学生在社会方面的贡献和作用。

中国近代史中，在社会方面值得一提的大事不少，但其中最重要的可能是：男女平等和人民的觉醒。在这两件大事上，留日学生曾起过很重要的促进作用。

中国妇女的解放，男女平等由口号而变为事实，日本的女留学生应该说是做出很大贡献的，不但宣传号召，而且身体力行。女留学生回国以后所办的刊物，所做的活动直接推动了男女平等的实现；而中国留学生在日本所办有关妇女问题的书刊，大声疾呼的提倡，都使这一运动得以顺利进行。

至于人民的觉醒，可以抗日战争之前，在中国各地普遍发生的抗日、排日运动为例；在这些抗日、排日运动中，留日学生是做出过贡献的，我们不妨谈一下他们在这中间所起的作用。

日本帝国主义者从19世纪末叶开始，就以邻为壑，参加了列强侵略分割中国的队伍；而且由于其和中国邻接，以致其对中国之侵略，比其他帝国主义者更厉害。中国人民虽然长期生活在腐朽的封建统治下，但对帝国主义者的侵略，是坚决地加以反抗的，其方式就是“灭洋”和反英、反美等运动；这些运动，都是基于人民的觉醒而发动的。在中华人民共和国成立为止的一个世纪中，中国人民的抗日、排日活动的时间、范围远比反英、反美活动要长，要广。反英、反美的活动，几乎都是旋生旋灭，而且都局限于一定地区或一定时期；可是抗日、排日的活动，却遍及全中国，由时间上论，在20世纪的近五十年中，几乎从没有中断过。这无疑是人民觉醒的表现，直接反映了中国人民的爱国观念，但也不能否认留日学生在这些活动中，是起过一定作用，产生了一定影响的。

过去的日本人常说，中国留日学生回国以后，往往成为最坚决的抗日、排日分子。这些话，甚至连日本政府的正式文件中，也是这样提的。显然，在他们看来，已成了一个很严重的问题；由此也足以说明，留日学生在这种活动中所起的作用。日本第四十三次国会的记录中，有过这样的记录：“来日留学之中华民国留学生，回国后都成为排日论者。而其同国人之留学美国者，回国以后却多成为亲美论者。”第二次世界大战以前，日本政府机构之一的东亚经济调查局，在其所编的《中国的排斥日货运动》一书中，也曾感慨地谈到这情况。《中国人留学日本史》著者，在中日文化交流史的研究方面做出过特殊贡献的实藤惠秀也说过：“前期（指中华民国十六年以前）仅有部分留学生从事抗日、反日运动，但至本期（指中华民国十六年以后），则多数参加了抗日运动。”[①]这种说法，应该说是合乎事实的。

留日学生，并不对其曾经学习的国家，发生一种亲近的感觉，反而要抗日、排日，并且成为最坚决的排日、反日论者。其最主要的原因，除了日本的不断侵略中国，危及中国的独立生存等外因以外，最直接的是在于他们留学期间，受到了日本的教育，加深了他们的民族意识，国家观念，使他们感到，只有坚决地从自己国土上驱除了日本帝国主义者的侵略势力，才能有独立生存可言；因而回国之后，成了最坚决的抗日、排日论者，领导人民觉醒。

1972年中日两国恢复国交以后，中日两国的关系恢复正常，而且步入一个新阶段，两国人民要求世世代代地友好下去，两国间经济、文化和其他方面的交流，日见频密。在这种过程中，留日学生做出的贡献是不少的。

在中国的近代化建设中，过去的五六万留日学生是做出了贡献，产生过影响的。在今后我们国家的四化建设中，老一代的留日学生还在起作用，新一代的留日学生也正在发挥他们的作用，共同为中日两国世世代代的友好做出贡献。虽然说，中华人民共和国成立以前，五十年间的留日教育，是很难说完全成功的，但毕竟在中国近代史上是留过痕迹、产生过影响的。至少，今天两国要求永远友好下去的基础，是前人所奠定的。

① 同样的话，也见于实藤惠秀的其他著作，如《中国人日本留学史稿》（日华学会1939年版）及《中国留学史谈》（第一书房1983年版）中，可参阅。

松本龟次郎和留日学生

在谈到中国的留日教育和留日学生对中国的近代化建设所起的作用时，就不能不谈到松本龟次郎其人其事。

我们知道，中国学生东渡留日时，一般对于日本语文的了解程度是不深的，大多数人是或多或少可以懂一些，能说一些简单的日常生活用语；有的，甚至根本不通。因此，他们到日本以后必须经过一个预备教育的阶段。在留学日本进入正式学校之前，进入预备学校，接受一个时期的训练，然后再到高等学校或大学，受和日本学生同样的训练、教育；这在新中国成立以前的五十年中，是中国留日学生必经的道路（当然也有例外，但为数不多）。因此，预备教育对于中国留日学生来说，是个极重要的阶段。预备教育不仅授以语言、文字方面的知识，而且也给予初次到异国的中国学生以接触、了解日本国情的教育。过去在国内，可能有对日本、日本人民的看法、见解，而在接受预备教育过程中，就可能由于本身亲自的接触而改变，而加强。这最初的印象，很可能就影响其以后对日本的观感和感情。

日本国内为中国留学生而设立的，实施预备教育的学校，这五十年中先后有宏文学院①、振武学校、成城学校和东亚学校（东亚高等预备学校）等。这些学校中，持续时间最长，影响中国留学生最深远的是东亚学校。粗略地估计，新中国成立以前五十年中，中国留学日本的人数在五六万左右，其中至少有二万人是经过东亚学校（东亚高等预备学校）接受预备教育，然后进

① 宏文学院，原名弘文学院。因“弘”字为清乾隆帝名，为避讳起见，改名为宏文学院。

入上级学校留学的。单从人数上说，这个学校对中国留日学生所起的作用和产生的影响，也不难想象。

东亚学校，其前身是东亚高等预备学校，创办这个学校，而且始终在这学校中亲自为中国留学生担任教诲之责的，就是松本龟次郎先生。松本先生是一个极平凡的日本人，一直到最近，在日本知道的人也仍不多；但对于中国人来说，却是一位不可遗忘的人，尤其是在谈到留日学生在中国近代史中所做出的贡献时，谁也不会遗忘这位纯朴而又循循善诱的异国老教育家。中日两国国交正常化，两国间的文化交流日见频繁以后，在中国首先提到了这位“中国人民的好老师”[①]；不久，日本也想到了这位默默无闻、把一生献给中国留学生的教育、从事两国人民友好事业的老教育家，开始悼念他，研究和学习他。尽管说，这些荣誉来得迟了，但毕竟还是来了。对于一个孜孜不倦、不计较荣辱得失的老教育家来说，只表示了中国和日本的人民并没有忘记他；虽然，在他生前，没有想到有这一天。正如他自己所说：“自问对于华生之教育，视为无上之至乐，终身之天职；功名富贵，淡如浮云。兀兀穷年，以迄今日，而不知老之将至焉。”[②]但，对人民做过好事的人，人民是不会，也不可能忘记他的；今天，松本先生得到的荣誉，是他应该得到的，只是迟了一些。

我们不妨先从具体的事例来观察一下松本先生对中国近代化建设所起的作用、产生的影响。

曾经在东亚学校求过学的中国留学生，绝大部分都亲自接受

① 汪向荣：《中国人民的好老师》，载《人民画报》1980年第五期。
② 汪向荣：《松本龟次郎访问记》，载《日本评论》第二卷第二期。

过他的教育。实际上，松本先生从事中国学生的教育工作，并不是从东亚高等预备学校创立时开始的。他从明治三十六年（1903年，清光绪二十九年）起，就应当时负责中国留学生预备教育工作的东京高等师范学校校长嘉纳治五郎之约，[①]担任专为中国留学生设立的，最初的预备学校弘文学院（宏文学院）的教员；以后又应清政府的邀聘，到北京京师法政学堂任教；民国元年（1912年）因聘约期满和政体变更而回国后，一度离开了对中国学生的教育工作，但很快就又恢复了。就是说，从1903年起，他始终把从事中国留学生的教育，视作其毕生的事业，甚至在东京府立中学任教的一年中也如此；因此，直接受过其教诲的中国留学生人数，要远远超过曾在东亚学校（东亚高等预备学校）就学的人数。还有，松本龟次郎氏所著的专供中国人用的日本语著作曾风行一时，当时大多数学习日本语文的中国人，都以此为据。这样，间接受教于他的，其数更要多数倍。在他直接教诲的中国学生中，有秋瑾，有鲁迅，也有周恩来；不知姓名而在中国近代化建设过程中，出过力，做出过贡献的，特别是在文化教育战线方面的，更不知其数。[②]

因为这样，我们在探讨、论述留日学生在中国近代化建设中的作用时，决不能忽略了松本龟次郎先生的贡献。松本氏在中国留学生一到日本接受预备教育，即开始接触日本这一国家，理解日本的过程中，是有一定影响的；这些影响，对留学生们以后世界观的形

① 增田实：《松本龟次郎》（《教育与人物》，1972年）；平野日出雄：《松本龟次郎传》（静冈教育出版社1982年版）。

② 见松本龟次郎：《中华五十日游记》和《中华教育视察纪要》中所记，他在中国游历旅行时，由南至北均见到他的学生，当时他到中国是考察参观中等教育，他所接触的人士，也都是教育界的。

成上，特别是对日本观的形成上，是能起到相当作用的。并且因为松本氏从1903年以后，长期从事华生教育，受到他影响的，不是一个特定时间内，而是长达三四十年；尤其是这三四十年，在中日关系史中，在中国的近代化建设中正是关键性的时刻，所以他的影响更令人注目。

松本氏是在明治维新前夜，庆应二年（1866年，清同治四年）出生于日本中部静冈县小笠郡的土方村[①]（现静冈县小笠郡大东町）；这是一个濒海的小村，由地理环境而论，是个僻静的农村，经济发展和文化水平，在当时是相当落后的。他的家庭也不宽裕，父亲是以锯木为生的亦工亦农的老百姓，由于他出生以后不久，就发生了明治维新，日本国内都在富国强民的口号下进行了一系列的改革。明治五年（1872年）颁布了新学制，次年各地开始纷纷设立小学校，他家乡的岭向，也在长寿庵中开设小学校。那时松本氏整八岁，原由父母送到宗源庵的寺小屋（私塾），从庵中住持摠口逸苗学习汉学；四月，随着学制改革，土方等村联合设立的小学校在岭向长寿庵成立，旧有的寺小屋一律废止，他也随着到刚开设的小学校中就学。

在学校里，他是相当用功的，由于家境并不十分宽裕的缘故，到十二岁的时候，就担任了授业生。（当时日本刚从旧的寺小屋那样的私塾进入新式学校阶段，师资十分缺乏，除将原在寺小屋中任教的转任为教员以外，还在高年级学生中，选拔一批成绩优秀的担任助教，名为授业生；他们一面继续上课受教，一面担

① 土方村，1955年起，根据当时日本的町村合并法，与佐束村合成城东村，到1973年4月，又与大浜町联合成大东町。

任较低班次的教学工作，以解决师资不足的问题。）他的汉学根底，就是在这时候扎下的。明治十八年（1885年），进入当地的最高学府师范学校，从此他就立志以教员为终身职业。松本氏的学历，不要说在今天，就是在五十年前，即第二次世界大战以前的日本，也是极平凡普通的，或者说是在平均水准以下的，可是在明治中期以前，日本刚从愚昧积弱中过渡到富国强民的时代，义务教育还没有实施，具有师范毕业的学历已不简单。何况一个人的成就，学历只是其条件之一，绝不可能受其限制的。

根据当时日本政府的法令，凡师范毕业生，必须服从政府的分配，在一定期限内担任教职，以尽其义务。松本氏于明治二十一年（1888年）以优异成绩毕业之后，就在静冈县的小学中担任教职，很快因其成绩优异而升任校长。在他担任小学教职的同时，他还自修高一级师范学校的课程，通过文部省的检定试验，取得了中等学校（初中）国语（日语）科教员的合格证书。担任小学教职的义务期限结束后，他又在静冈县师范工作；大约过了十年之后，又应三重县师范学校和佐贺县师范学校之聘而担任高一级的教学工作。他在师范学校，除担任国语科（日语）教员以外，还担任舍监之职。在佐贺县任职期间，还应佐贺县教育会的要求，和另一名作者合作，共同编成了《佐贺县方言辞典》那样的辞书。

明治三十六年（1902年），松本氏继续在公立学校任教，已超过十五年，按例可以领取“恩给”（退职金）。但他却在几年工作中，感到自己的知识不够，赶不上时代的需要，与其领取“恩给”而无所作为，不如利用这些条件为以后的发展打下基础，因此就辞职到东京，希望能进入当时日本培养师资的最高学府东京高等师范继续深造。那时候，正值我国朝野要求改革，清政府采取在教育方面着手，以欺骗、敷衍广大人民的高潮，游学日本是当时最主要的政策之一。从光绪二十二年（1896年，日明治二十九年）第一批留日学生十三人东渡后，就有一批一批的官费或自费的学生涌入日本。当时日本方面虽然已经有接受中国留学生的准备，但估计不足。东京高等师范学校校长嘉纳治五郎受政府的委托，对来日的中国留学生施以预备教育，在东京设立了亦乐书院，由他和东京高师的部分教员担任这项工作。但到日俄战争日本取得胜利之后，数以千计的中国留学生来到日本，原有的预备学校已无法容纳。亦乐书院虽在扩大之后，改名弘文学院（宏文学院），但仍不够容纳，而在东京市内设立了一些分校以供留学生们学习。同时，嘉纳又多方招聘教授日本语文方面的教师。松本龟次郎氏就是这个时候应嘉纳氏之邀聘，到宏文学院担任教授日本语文的。虽然同样是从事教育工作，但从此以后，松本氏就开始了他一生事业的第一步。或者说，他一生的历史，从此做了个大转变；过去他仅仅献身于本国青年的教育，从这时候起，却开始从事于邻邦青年的教育了。

松本氏为什么能在当时，从事于邻邦学生的教育。这在探讨松本氏功绩的时候，是不应忽略的。因为他开始从事中国留日学生教育的时候，正是日本明治维新已得到成功，国内各项变革建设陆续完成，正图扬威海外，扩张侵略以满足其贪欲的时候。而中国，在鸦片战争中遭到失败后，又屡遭列强的侵略，甚至日本，也在甲午一役中击败了中国，加上八国联军的侵犯，使中国的国际地位一落千丈。向来尊中国为上国的日本，在甲午以后也由尊敬而转为侮蔑、轻视，一般日本人民在其政府的教育、宣传下，也用轻侮性的口吻，称中国人为“辫发奴”或“清国奴”，视中国为其殖民地，中国人为下等人民。在这样一种背景下，还有谁肯放弃教育本国学生那样比较体面，并且还可以累计工龄的工作，反而担任一般日本人民所视为下等人民的教育工作呢？可是松本龟次郎先生，却正是在这时候，毅然放弃了公立师范的教职，投身于中国留日学生的教育，实不能不令人为之惊讶。

他之所以这样做，根本的原因，还在于松本氏本身内在的、思想上的原因。对于这一点，我们无法在他的著作中找到，但当我问到这问题时，他曾说：“我在幼时就对中国的书物发生好感，‘四书’、‘五经’之类的汉文，在他人引以为苦的，我却非常爱读；以后，又曾在汉文书籍中得到不少知识，因此对中国，就自然而然地产生了一种爱慕的心理。尽管目前中国国势不振，但相信这个国家、民族是不会永远如此的，总想为我所爱慕的国家做些工作，这样，在嘉纳先生邀约的时候，我欣然应聘了。我相信，今天我所教育的学生，日后必能成中国的栋梁。”[①]这一席话我相信他是出于肺腑的，可是在当时军人主政的日本，公开这些是有所不便的，所以我在1942年所写的文章中，只援引其前半部。就是在前半部，也可以看出其对中国的看法，因为他有对中国爱慕和好感的心理，所以使他能在社会上普遍轻侮中国的时候，挺身而出；以后又不计荣辱，四十年如一日地从事中国留学生的预备教育工作。

---

① 汪向荣：《松本龟次郎访问记》，载《日本评论》第二卷第二期。

东京的宏文学院，在松本先生执教的时候，规模已不小，分成普通和速成两科，速成科是应中国的急需而设立的，一般九个月就能修完，其中又分师范班和警务班等。普通科则不同，其目的是使留学生在这里接受正规的预备教育以后，升入普通学校，和日本学生一样，因此修业期限是三年。那时由于国内各省前往日本留学的人众多，进入宏文学院的也极众，所以普通科中以其派遣省而分班，各班的班名，亦以省为名。（不久，速成科中也因人数过多，而有根据派遣省份分班，并以省名为班名的。）鲁迅和曾任国民政府驻德国大使的陈介，当时就是浙江班的学生，经亨颐则是四川班的。[①]那时到日本留学的，虽老幼均有，但一般均在国内受过相当教育，在文、史方面有一定造诣的了，所以宏文学院中所用的教学方法，也是随各班情况不同而异的。松本氏在以后的回忆中，曾经谈到鲁迅在他讲述助词“に”时提出意见的事，[②]可以想象到当时所用的教学法。

除了在宏文学院外，松本先生还在其他一些专为留学生而设的讲授日本语班中兼课，像张之洞在东京所办的路矿学堂、清国留学生会馆的讲习班等。秋瑾就是当时在留学生会馆讲习班中的学生。

光绪三十四年（1908年，日明治四十一年），在他同僚井上翠先生的介绍斡旋下，松本先生应中国京师（北京）法政学堂之聘，到北京担任该校日本教习，担任的课程，仍是日本语文。当时在中国有数以百计的日本教习，大都是在高等学校中讲授新知

① 松本龟次郎：《中华留学生教育小史》。
② 同上。

识。在京师大学堂和京师法政学堂（都是北京大学的前身）的有服部宇之吉、岩谷孙藏、矢野仁一、杉荣三郎、井上翠等，其中有不少以后在日本学术界也是有名的学者。他在北京的聘约是四年，应聘期间，中国曾计划在北京设立一专供留日学生用的预备学校，邀聘松本氏任教；但不久，辛亥革命推翻了清政权，此项计划也随之流产，松本氏等也在民国元年（1912 年），聘约期满后回国。

辛亥革命期间，在日本的中国留学生处境困难，其中公费的，因政权更迭，官费停止；自费的则由于国内政局动荡，各地情况紊乱，汇兑不通。由于经济来源无着，所以绝大部分留学生都纷纷回国；一时东京以留学生为对象的学校，几全部停闭。历史最久、规模最大的宏文学校也于是时停办闭校。因此松本氏于民国元年（1912 年）三月底回国后，不得不在服部宇之吉博士介绍下，改任东京府立中学的教职。

中国的局势错综复杂，中国的革命也迂回曲折。辛亥革命后的第二年，即民国二年（1913 年，日大正二年）一时纷纷回国的留日学生，又因为国内局势不安定等原因而陆续东渡，致使冷落了一段时间的留日学生界又形热闹。在这种情势下，日本语的教授又成急需。松本先生虽在府立中学任教，但也在宏文学院时代的学生湖南曾横海氏的怂恿下，利用业余时间，在神田区（现在的千代田区）中国留学生集中地区的日本大学，租得几间教室，举办了一个日语讲习班，为四百余湖南留日学生补习日语。这个讲习班，就是以后在中日关系史中留下盛名的东亚学校的前身。

府立中学离神田区很远，虽然交通还方便，但毕竟往复奔波，在时间上、精力上都是负担，所以到七月暑假开始后，松本先生就辞去府立中学的教职，而专门经营以中国留日学生为对象的讲习班。由于松本氏过去在留学生中善于教学的名誉和教授方法的适切、实用，所以来就学的学生激增，原来租用日本大学的教室已无法容纳，尽管一再添增，甚至向三崎町东亚商业学校再借四间教室，也无法全部容纳。

次年（1914年，民国三年）为了满足留日学生的要求，松本先生在杉荣三郎、吉泽嘉寿之丞和他的同乡加藤定吉的支援下，在神保町设立了东亚高等预备学校。被誉为“中国留学生蓄水池”的该校[①]就这样踏出了其第一步。

创办当时筚路蓝缕，一切经费都是由松本先生用自己的积蓄来支付的，教具、仪器是承嘉纳治五郎氏的好意，借用了宏文学院的。经过多年的努力，这个由他们以私人的力量而创办的东亚高等预备学校的基础，日益稳定和巩固。大正八年（1919年）在一些同情松本氏事业的人士支持下建造了校舍，次年又得到文部省的许可，承认其为财团法人。

松本先生的为人，和一般明治时代的公务人员一样，谨言慎行，对于自己职务以外的事，从不置一词。但对于有损于中国留学生利益的事，却往往义不容辞地站出来。例如民国七年（1918年，日大正七年）日本曾要求中国共同出兵西伯利亚，以致外间盛传中日之间有订立军事协定，其中有损于中国权益处。传出后在日本的中国留学生大哗，不但有同盟罢课，且有纷纷归国的。日本政府方面虽多方阻止，也未见效。松本先生分析了情况以

① 实藤惠秀：《中国人日本留学史稿》，日华学会1939年版。

后，认为这是误传，但留日学生因而牺牲学业，殊不值得，而且发展下去还会影响两国的关系；所以他和另一位从事中国留日学生预备教育的寺尾亨博士出面，联合同留学生有关的各校一同向日本政府文部、外务两省提出要求辟谣。在他们努力之下，外务省发表了正式声明，这样才使这轩然大波平息了下来。从大正七年（1918年）到大正十一年（1922年），他又联合另外几位从事中国留日学生预备教育的服部操、越石乙次郎和丸山传太郎等人，不断向日本国会请愿，终于在日本第四十次国会中，通过了他们提出的建议书。这个建议书是直接关系到对中国留日学生提供经济补助的。

大正十二年（1923年，民国十二年）九月一日的关东大地震，东京市区，除宫城以外，几全部付之一炬；东亚高等预备学校正居神田区的中心，新校舍也成一片焦土，荡然无存。这对于松本氏来说，自是一大打击，可是松本氏却迎难而上，并没有因而稍却。松本氏在事后曾经详细地述及东亚高等预备学校在震灾以后，从一片焦土上复兴的情况；其中谈到他和事务员、勤务工三人亲身清理灰烬，在灰烬堆中自力建造木棚，因而在震灾后的第四十天，就重行开课。这一段自述，即使到六十多年后的今天，读到后还不能不为之泪下的。如果没有坚定的信念，绝不会为邻邦青年的教育而废寝忘食，日以继夜地奋斗，以图早日使中国留日学生能受到教育。他这种为中国留日学生教育而努力奋斗的事实，不但替以后留日学生解决了困难，而且也为中日关系史留下了最光荣的一页。

他这种为事业而牺牲、奋斗，使东亚高等预备学校能在极短时间内恢复教读，使中国留学生不致无所适从的事实，也使日本政府当局给予了重视，所以很快就拨支三万元充其复兴基金。大正十三年（1924年）他就以这笔补助，在原址建成一座三层的钢筋水泥大楼，以充校舍。震灾后不久，中国留学生又源源不断地到东京，那时在东京能供中国留学生预备教育用的学校，只有东亚高等预备学校一校，所以要求入校的人特别拥挤，不能不分上、下午两班分别上课，以资容纳。

当时日本从事中日友好事业而具有规模、成绩显著的机构，除东亚高等预备学校外，还有日华学会，日华学会并不从事预备教育，但有宿舍和供留学生用的福利设施。双方都感到如果能合作，将更有利于沟通中日两国关系的事业；日本外务省方面也认为双方都受政府的补助，合并以后必能使基础更稳固，更有利于发展。所以在大地震之前，双方就有所商谈；到地震之后，又因都是在政府补助下复兴的，所以合并的建议又被提出。松本氏经营的东亚高等预备学校虽已成绩斐然，蒸蒸日上，但为了今后的发展，他并没有考虑个人的得失同意了合并的方案，经过外务、文部两省的认可，于大正十四年（1925年）四月二十日正式合并。从此东亚高等预备学校由日华学会继续经营，松本氏则就任该校第一任“教头”（教务主任）。这种为事业而不计个人得失的忘我精神，又一次表现了出来，令人不能不感佩。

从此以后，东亚高等预备学校由一个纯私人办的民间团体，变成半官方的团体。松本氏虽仍在校中为中国留日学生的预备教育而尽瘁努力，但他已不必再为维持和经营学校而奔走，可以腾出更多的时间来从事写作，出版供中国人学习日语用的书籍。

实藤惠秀氏述及松本氏在中国留日教育史中的历史地位和功绩时，曾有过这样的话："松本龟次郎氏创立留学生教育上一大蓄水池的东亚学校，对大正以后的留学生预备教育，功绩极大；但也不能忘记，他的日本语教科书一类的著作，不但起源最早，而且销数最多，普及也最广，对留学生教育上的贡献亦甚大。"[①]这种提法是极剀切的，在谈到松本龟次郎氏的业绩时，决不能忘了他在日本语著作上的贡献。

正如实藤氏所说，松本氏在日本语方面的著作，不但起源早，而且普及广。最早的一本《言文对照汉译日本文典》，是明治三十七年（1904年）初版发行的，到1942年已重版达四十次之多，在同类著作中是罕见的。

据1942年的统计，松本氏在日本语文及有关中国留日学生教育方面出版物的情况如下：

书　名	初版发行年	重版次数
（言文对照）汉译日本文典	1904	40
（改订）日本语教科书	1906	19
（汉译）日本语会话教科书	1914	17
（汉译）日本口语文法教科书	1919	24
（译解）日语肯綮大全	1934	13
（华译）日本语会话教典	1940	2
中华五十日游记·中华教育观察纪要·中华留学生教育小史	1931	2

① 实藤惠秀：《中国人日本留学史稿》，日华学会1939年版；实藤惠秀：《中国人留学日本史》，三联书店1982年版。

其中有关学习日本语的著作六种，综合其历年来发行的册数，当在十万部以上，流传之广，影响之深，可想而知。为什么他的著作能如此风行，而且历久不衰，当然其原因绝不仅在于是其经验所注之精心结晶而已。细读其著作之后，再和同类著作加以比较，就不难发现这些著作为什么长期风行、洛阳纸贵的缘故。

首先，他的著作中贯彻了他在实际教学中的经验，切合实际，但又不是仅为实用的。他的著作都是文法、会话和读文三位一体，这是从他多年教学中体验所得，绝不是纸上谈兵。《日语肯綮大全》在20世纪三四十年代，留日学生几乎人手一册，目为最良好的参考书，就因为这种原因。学会这一本书，不但能读、能说，而且也能写出文法上没有错误的简单文字，这和那些标榜实用的“一月通”、“百日通”是完全不一样的。这样融经验与实际为一,一般人是无法相比的，也是其著作历久不衰的最大原因。

其次，松本氏的著作随时都在增补修改，所以无论时代如何变化，他的著作是永远不会落伍的。同时也因为其不断地增补、修改，所以其价值也不断在增高；而且其所修增的内容，都是当时中国人最需要的，例如《日本语会话教科书》是1914年初版发行的，那时日本语中还不太混用谚语、俚语，但随着时代的变化，到30年代，日本文字中杂用俚谚语的日见增多，中国人学习日语的，对此需要亦随之增加。他在1930年的再版中，就增入了俚谚语的解释。这种不断改进，虚心求学的态度也是促使其著作畅销的一个重要原因。

第三，松本氏的著作中，除了告诉学习日本语文的中国人以学习方法，应注意几点外，还向读者介绍日本历史、地理和中日关系史。使其在不知不觉间增加对日本的认识和理解，并且也对中日几千年来的通交历史，有一系统的了解。应该知道，学习一个国家的语言文字，不仅仅是为了要懂得其语言和文字，还必须了解其情况和相互间的关系。这样的书籍一般都是专门著作，要从学习日本语文著作中找，除了松本氏的著作外，怕没有其他的了。

因为有这样三个特点，所以其著作的风行不衰，绝非偶然。更由于其流传范围之广之长，所以其影响也更深远。也就是说，松本龟次郎先生对中国近代化建设的贡献和影响，除了直接通过他所教育过的学生外，还通过其著作，间接地发挥其作用。松本氏之所以成功，有很大部分原因是和其著作有关的。

热爱和理解中国的日本人

松本先生在东亚学校（东亚高等预备学校）从事中国学生的教育工作，对于中国的情况是了解的；但当时的中国，正处于大变革之中，瞬息万变，而日本的报章杂志又在其政府的错误政策指导下，对中国情况的介绍不尽真实，甚而有歪曲失实的。为了能更好指导留日学生树立正确的日本观，为了更好地沟通中日两国的友好关系，他经常想再到中国一次，用他自己的眼来观察几经变化后的中国实际情况，因为他从1912年回国以后，就忙于学校事务和教职，始终抽不出时间到中国去看看；而中国，却已由大清帝国经北洋军阀控制下的中华民国，而到北伐成功后的中华民国了。

东亚高等预备学校和日华学会合并以后，使他得到了时间，因此昭和五年（1930年，民国十九年）他摆脱了繁重的教务，同东亚学校的另外两位教员到中国，从南到北做了为时一个月的游历旅行，考察中国的中等教育。这一个月的旅行，使他得到了不少新的感触，也使他对中国的感情和理解，更深了一步。回国以后，他写了一本《中华教育视察纪要》的旅行报告，在这中间，随处可以见到他热爱中国的表露。

20世纪的30年代，日本国内的情况是军阀代替政治家掌握了政权，在军阀和垄断资本家控制下的日本国策是对外执行疯狂的侵略政策，进行战争准备；对内加紧镇压人民，用暴力来统治一切。就是说不容许有和日本政府政策不同的意见存在，更不必说反对的意见了。但是松本龟次郎先生却就在昭和六年（1931年），即日本政府已经决定用武力来占领中国东北三省的前夜，向日本全国和中国有关人士寄发了他的旅行报告和意见书。意见书里面怎样说的，因为没有留下任何可据的资料，所以不详，但大体上是和报告内容相似的。这报告的结论，就是他对当时日本政府对华政策的意见是反对的。他很明确地说：

> 关于留学生教育的目的，多数人头脑中都存在着一个念头，即日华亲善。然就今日情况而言，日华亲善固可求乎？由余视之，则日华亲善，决非求所能得，而是不求可致的副产物。言易而行难，现姑就个人之所见，略述一二。
>
> 首先，不能不提到我国政治家的对华方针。向来中国人民之亲日或排日，都是我对华政策之反应。苟我对华政策而

能顺应国际情势，则何有排日之事；当然政治家有政治家的考虑，即门外汉如余，亦知不少有涉及国权之主张，未遑顾及对方之感情者。自教育家之立场言，此等政治家之言行，影响日华亲善者至巨，诚不能不加重视。

……

日本人中，至今尚有挟甲午、日俄两次战争胜利之余威，动辄有轻蔑、侮辱中国人之言行；而任指导之责的报章杂志的报道记事，亦不加检点，不绝发出嘲弄中国之言辞。其对中国人之影响，尤其是对中国留学生感情方面之刺激，实属匪浅。由人民往来立场以言，实不得不提出，以促其注意、谨慎。盖留学生诸君，远离父母之邦，来到此风习不同的异国，度其孤独不熟悉之生活，苟再加以侮蔑刺激，其效果如何，自不卜可知。且今日之留学生，他日归国，类均为其国家栋梁，我国人自应寄以相应之敬意与同情，尤应力戒孩童辈詈骂外人。

松本先生这段话，尽管在当时情势之下，即在军人、特高控制之下，对稍有不满的言论，就能以“违反治安维持法”为名而加逮捕的时代，他也是十分坦率和露骨的。话很婉转、和缓，但一些原则的话他都很清楚地说了出来：“向来中国人民之亲日或排日，都是我对华政策的反应。”“政治家之言行，影响日华亲善者至巨，诚不能不加重视。”他指责报章杂志的不知检点，要求对中国留学生以相当的敬意和同情。这种意见，对当时日本政府和其一鼻孔出气的舆论界，不啻是当头一棒。因为那时日本国内，只听见一种论调，即中国人民抗日、排日，为了保证日本人民的安全和利益，只有“膺惩暴支”一途；现在，松本先生以一个从事中国留学生教育的老教育家身份，揭穿了这欺骗的宣传。他在考察报告中，提到中国各学校中对日本帝国主义者侵略中国的日子，如“五三”、“五七”等均作为国耻纪念日而进行纪念活动时，也说：“排日、抗日运动，都是由于日本政治家或军部的政策行动所引起的。只要把原因消除，这些抗日或排日，自也不再存在。中国人民不问时间、地点和条件，贸然发动排日的事，是一次也没有的。问题在于日本的对华政策。而在华的日本人中，有不少是品质恶劣的无赖，致引起中国人民的反感，这也是由于日本政策的错误。”

他明确地提出了中国人民的抗日和排日，其责任在日本方面。这样的言论在当时确实是大胆的，只是由于松本先生的地位和影响，所以没有受到公开的迫害；但以后，他也为此付出了代价，不能不离开他从事数十年的岗位。

他这份意见和报告，究竟分送了多少，给了些什么人，由于没有资料致无法得知。但从现在还残存着的松本遗物中一些当时人士给他的复信看来，可以知道其分送范围是相当广泛的，几乎所有和中日关系有涉，且和他有过交往的人士都分送到了。现在在他的遗物中，还完整地保存着铃木贯太郎（当时侍从长兼枢密院顾问官、海军大将，战败时的首相）、犬养毅（前首相）、本庄繁（复信后不久任关东军司令官、陆军中将，“九一八”事件的指挥官）、松冈洋右（前外相，签订日德意轴心的反动外交官）、山本条太郎（当时满铁总裁）和学者、教育家如常盘大定、井上翠、与谢野晶子、吉冈弥生等。就是说上到日本天皇侧近、军部、外务省首脑、决策当局，下至民间有影响人士，他都曾把这意见和报告送给他们。

是不是起了些作用呢，从当时日本的情况看来，当然很难有什么效果。因为一则侵略中国是其国策，反动军阀和垄断资本家绝不会轻易改变其既定方针；再则松本氏当时的社会地位，不过是一个高等学校（东亚学校）的“教头”，这样地位的人，在日本有的是，无足轻重。但要说一点不起作用，也不见得。这是由于松本氏本人从1903年起就从事中国留日学生的教育，当时位居中国近代化建设第一线的留日学生中，有不少曾就教于他，这样使日本政府在考虑对华政策时，不能一点也不注意这位“人微言轻”，但又对中国方面有极大影响的老教育家的意见。特别是一向对政府的工作不发片言只语的老教育家，这次竟对政府的对华政策做出这样尖锐的批评，也不能不认真对待。因此说，这份意见和报告，并没有对当时日本的侵略方针起过什么影响；可是在当时日本的上层统治阶级中，也起过一些波浪。

这里可以举铃木贯太郎海军大将和本庄繁陆军中将的两封复信为例，大概地说明一下。这两封信都很完整地保存了下来，现在都陈列在静冈县松本纪念馆中。

铃木贯太郎海军大将，当时是天皇的侍从长，枢密院的顾问官，以亲英、美见称，所以在“二二六事件”时曾受到法西斯军人的袭击，负了重伤。第二次世界大战结束时，他任总理大臣。他对松本氏的复信很简单，但内容却令人注目。他说：“在您来函意见中所述对华事件方面的忧虑，我完全同感。”这里应该说明一下，日本陆、海军在20世纪30年代时，对侵略方式上是有矛盾的：南进还是北进。所以铃木虽以侍从长的身份，对松本反对陆军侵略中国的意见，还表示“完全同感”。

本庄繁陆军中将，是当时日本陆军中有数的“支那通”之一，民国二十年（1931年）九月十八日指挥日本军侵入我东北的关东军司令官就是他。他在这一年的八月三十日，即他指挥发动侵略行动之前二十天左右，亲笔给松本氏写了一封相当长的回信。信中，本庄用他的强盗逻辑来反驳松本氏的意见说：“我在主旨和精神上，完全和您同感，可是就现实问题，全盘观察中国人之后，则尚有商榷的余地。”“日本是一小岛国，无法自给自足，必须在大陆上确立以共存共荣为基础的自由活动。”“我人决无对支那加以一击之意，然又不能将我日本之生存问题置之等闲。”这套理论，正是当时充满在日本朝野的，也正是本庄等军阀日夜用以欺骗日本人民的帝国主义者的口吻。

八月三十日，本庄繁刚接任关东军司令官一职，正忙于侵略战争前的准备工作，可是竟能在这样紧张的时刻，亲笔作复，除了他们之间有在北京时代的友谊联系以外，主要的还是因为他了解松本氏在中日关系中的影响。否则在日本那样极重视尊卑之差的社会中，一位堂堂日本最大野战军司令官是不会亲笔给一位和他地位悬殊的民间老学究写回信的。

就这些复信，可以说明在20世纪30年代，日本发动侵略中国战争的前夕，松本龟次郎先生曾本着他热爱和理解中国的心情，从坚持中日友好的立场出发，曾公开提出过反对的意见。虽然他没有力量来改变日本政府进行的疯狂侵略战争，但在一定程度上还是起了作用的；至少表明了他自己的态度，说明了正直的日本人民的心声。

在日本军国主义分子控制下的政权，为了发动侵略战争，当然不容有人对他们的政策、行为加以反对和非议。在国内正加紧镇压以统一思想的时候，对松本龟次郎氏那样公然的反对，把中日关系恶化的责任归诸日本的主张，当然是不能容忍的。但由于松本先生在中日关系中的影响，对中国负责人士的影响，日本当局不能像对待一般人那样加以逮捕，可是也不会不加迫害的，只是方式不同而已。很快，松本氏就为他的意见，付出了相当巨大的代价。

1931 年 9 月，也就是他分发意见书之后不久，他所任职的学校，就以年迈为理由让他退休，离开他首创的中国留学生集中的东亚学校。虽然说，根据日本的法令，他早过了退休的年龄，但不迟不早，正在他公开反对政府的侵华政策之后，不能不认为是对他的一种迫害。东亚学校，那时已直接受外务省对支文化事业局的管辖，因此使其退休的事，显然是日本政府对他分发意见书的反应，对一位公然反对侵略政策的正直老教育家的惩罚。

事情当然不会就此为止，特别是在他退休之后，仍然坚持他的信念，为中日文化交流而工作着，不但没有中断和中国留学生的往来接触，而且还担任了中国进步留学生所办的刊物《日文研究》的顾问（另一个顾问是郭沫若），所以他也成了日本特高警察的监视对象。1937 年日本发动全面的侵华战争以后，他的处境更见困难。表面上对他还十分尊敬，并不触动他；但实际上却是作为“反军分子”，加强了对他的监视。在他住宅周围，不断有便衣特高刑事逡巡，到他家访问的中国学生，也受到跟踪，次数一多，就会遭到警察的盘问，这样使人不敢接近他。尽管这样，他并没有放弃他热爱中国而反对侵略战争的立场和主张，虽然说，已不再有可能公开地表示其意见，但他仍利用一切可以利用的机会，用十分隐晦的方式、言辞来表达他的信念；和一些汉学家们在一起时，仍毫不掩饰地说明他对战争前途的忧虑。[①] 1939 年出版的《教育》杂志上，发表了他的《中国留学生教育的回顾与前瞻》一文，在这中间，他这样写："有以文治天下者，然无有用武服人心者。""战争，自古以来不能解决问题。"这年代正是日本侵略军在中国战场上节节进展，军人在日本国内不可一世的时候，这样说已是极难能可贵的；当然，在文章中，他也不能不说一些违心的、不正确的言辞。可是对于原则，他没有退让。就在这篇文章中，他表明了自己的立场、态度："时代虽不断变化，然余毕生之信念，决不为之有丝毫之动摇。中日亲善，绝非空言可致；政治家之努力，或可奏效于一时，然百年大计，则仍有待于两国人民以诚相待。"

1944 年，战事更形严酷，日本的败局已定，法西斯军阀对日本国内人民的压制和监视也更见厉害。加上东京不断地受到猛烈的空袭，粮食也发生恐慌，虽然他以一个年迈的老人，无法离开家庭，但也被疏散到他故乡静冈县小笠郡的土方村。即使被疏散到僻地，他仍然以"反军分子"的关系，受到特高刑事的监视；他也知道这情况，所以以吟汉诗、挥毫写字和散步来消磨这苦难

① 汪向荣：《我和松本师》；载平野日出雄：《松本龟次郎传》，日本静冈教育出版社1982年版。

的岁月，不过仍没有忘记把这次侵华战争是错误的、失败也是必然的等等告诉其周围的戚友，让他们做好精神准备，以迎接战败的命运。1945年8月15日，就在他故乡，听到了日本投降、战争结束的消息。这事实说明他意见的正确，这并不是他有什么预见，而是因为他热爱他自己的祖国，也热爱他毕生从事所教育的邻邦学生的国家；他知道正义和真理是不可战胜的，也懂得强权跟武力是不足恃的。可惜由于他年事已高，加上长期的缺乏营养，所以没有等到和平的来临，在这一年的九月，即战争结束后还不到一个月，就以七十九岁的高龄与世长辞，永眠在他出生的家乡。

松本龟次郎先生，在他生前，从没有想到有人会高度评价他的工作，崇仰他伟大的人格，而只是无声无息地工作着。以一个平凡的日本人工作着，即使到死后，也仍像普通人一样，默默无闻地安息在小笠川畔。但，对于至少有两万人左右受过他教育的中国来说，却不会忘记一个对他们的近代化建设做出过贡献的人，他们永远怀念着松本龟次郎先生。尽管他在日本，只是一个普通而平凡的教育工作者。

松本龟次郎先生在中国开始向近代化迈进的时候，为中国教育培养了成千上万名骨干；在中国遭到其母国——日本的侵略时，他又以爱祖国，也爱中国的心情，毅然提出反对政府侵华政策的意见。松本先生以一个终身从事中国留日学生预备教育老教育家的身份，力持正义，做出了一个拥护真理的日本人所应做的工作。尤其是在当时环境下，要付出多大的牺牲，冒多大的风险，没有坚决的信念是不可能如此的。

历史不会忘记

1992年7月，早稻田大学教授武田胜彦用中文写成的《桥——一个日本人的一生》在北京出版。这书的一开始就写着：

中国人民没有忘记

1979年4月17日上午，一辆汽车开进东京麻布区中国大使馆，下来的是一高一稍矮的两位上了年纪的绅士，迎接的大使馆官员只认识那位走在后面、个子较高而显得年轻一些的绅士是中国研究所的理事长斋藤秋男教授，可不认识走在前面的那位年龄稍大、身材不高的绅士。不过他们都知道，他们两位是这次来日本访问的中国全国人民代表大会常务副委员长邓颖超请来的客人；所以，很快就把他们引进了客厅。

邓颖超女士是已故中国总理周恩来的夫人，中国全国人民代表大会的副委员长，一位有声望的老革命家。这次她率领一个代表团，代表中国全国人民代表大会访问日本，是有极重大意义的。除了公务以外，她还利用极有限的时间……代表已故的周恩来总理料理一些私人事务；这两位客人，就是为此而请来的。

通报后，邓女士很快就到客厅会见这两位应邀而来的客人。斋藤教授介绍，那位年龄较大的绅士是神谷孝平，前东亚高等预备学校校长松本龟次郎继承人的父亲。斋藤告诉邓副委员长，松本的继承人松本洋一郎，因为远在科威特，无法应邀前来，所以由父亲神谷孝平代表前来。邓颖超听了以后很客气地向神谷说：周恩来总理生前谈起过，他在日本留学的时候，很受松本先生的照拂，原以为他还能见到松本先生，亲致谢意的；后来听说，先生在战事结束后就逝世了。周总理总想有一天能上日本，向松本先生的遗族道谢的，可是在他生前没有如愿。这次由她代表周总理，向留学日本时，受过教导的恩师家属伸谢。并对松本先生为中日两国友好而做出的努力，表示了很高的评价。

稍谈以后，由于邓女士很快就要回国，一定很忙，所以两人没有多逗留就告辞了。离开以后，在场采访的记者间，有的说，中国人真是大国风度，有恩必报；五六十年前的事还这样郑重其事，在百忙中抽时间伸谢。有的说，松本不就是教过周恩来吗，还值得这样。在场的一位中国记者微笑地告诉这些日本同行："中国人是念旧的，只要对人民做过好事的，时间再长，中国人民也不会忘记的。"

这段记事不长，不过邓颖超副委员长的此举，的的确确表示了中国人的大国风度。也告诉日本人，周恩来不但他本人没有忘记过去在日本所受的师恩，而且也告诉了他的夫人，在他身后，只要有机会，她就会代表他完成生前的心愿。

邓颖超所率领的"中华人民共和国全国人民代表大会代表团"不仅是中日两国恢复邦交以来，中国方面所派出的最大代表团之一，而且其重要性也是过去所没有的。除了团长邓颖超以外，其副团长是罗青长和林丽韫，团员中包括有当时中国佛教协会负责人的赵朴初和中华全国总工会副主席朱学范。担任秘书长的是当时中日友协副会长，以后中日友协会长的孙平化，而担任团长翻译的是以后负责中日友协的王效贤和黄世明，换句话说，当时负责处理日本事务的，几乎都集中在这代表团中。由此可见，这个代表团在当时和以后对日关系中的重要性。因为这代表团具有这样的重要性，所以一到日本，就受到日本方面的重视，尤其是在报道方面，几乎是紧随代表团中每一个团员，特别是团长、副团长的行动都一一加以详细报道，这样，对邓颖超接见神谷孝平的事，自然也不可能逃过他们的视线。但他们不明白，为什么邓颖超要在繁忙的时候接见一个与当时日本政局毫无关系的人，而且通知又是由一个民间团体中国研究所转达，而不是通过官方的外务省或主要的友好机构日中友好协会，因此都只能按那位中国记者所说是怀旧，代表已故周恩来总理来向其老师松本龟次郎的遗族道谢的。但是日本官方似乎觉得，邓颖超这次接见一个日本民间人所传递的信息绝不止于只是代表已故的周总理向其留学时代老师的遗族致谢而已；不过也无法猜测其用意，只能暂时静观，等待着中国方面下一步的动静。不过他们对向来不重视的东亚高等预备学校校长的松本龟次郎开始做重新认识了，在外务省的档案中把有关他的文件分出专列一卷，还对和松本有关的事、地以及当时还存在的人做了调查，其用意很明显，一旦中国方面通过邓颖超这次会见而传达的信息有下一步的举动时，日本方面也可以做相应的动作，不至于无所适从。日本方面的考虑也许是对的，可是他们决想不到，邓副委员长此举，只是中国传统文化的一个表现，只说明中国人民对于曾为他们做过好事的，决不会忘记。无论多少时候，他们都不会忘记，即使本人身故之后，他的家属一有机会也会致意的。邓副委员长利用这次访日的机会，接见松本先生的遗族神谷孝平，也就是这意思。当然，也表示热爱和平的中国人民没有、也绝不会忘记在困难时期支援过中国人民，同样热爱和平的日本友人。

这位中国记者说得很对，只要对中国人民做过好事的，时间再长，中国人民也不会忘记的。但是他所列举的理由，却不全面。他说中国人是念旧的，的确。实际上，日本人也是念旧的。因为无论是中国也好，日本也好，都曾受过儒学的熏陶和影响，差别只是在程度的深浅而已；尽管18世纪后叶以来，日本受西欧文化的影响，在思想意识上和中国有所不同，但毕竟儒教思想对他们的影响或多或少是存在的，所以他们的思想意识中，怀旧的观念还是存在的。不过，实事求是地说，松本龟次郎的的确确只是一个普通的日本人而已，不要说一般的日本人不知道他，不注意他；就是日本警察，也只知道他和一些“支那学生”来往，有“非国民思想”，但其程度还不够逮捕、控诉，而只加以监视罢了。而专门从事“对支文化事业”的外务省，也只用天皇名义奖给他一个木杯，以表扬他“在海外普及日本语”；并不重视他和他的工作。至于中国人，尽管在他“喜寿”时，有当时的领导发祝贺电刊登在中日文报纸上；有他的学生写了专文发表在中文刊物上。但一般来说，对他还是陌生的。除了他的学生和一些曾从他的著作中得益的中国人以外，都不会知道，更谈不上重视了。也就是说，直到邓颖超接见其家属，和在这事件以后80年代初，中国方面公开地表扬和纪念他和他的事业之前，他的故乡虽有人念及他，在一些影响不广的乡土刊物上，写文纪念他外，日本方面是没有提及他的。外交文书馆中的“松本龟次郎专卷”也是 80 年代初才成立的。中国方面的情况比较好，但也只知道他曾教育过大量的中国留日学生，其中有文豪鲁迅和女革命家秋瑾而已。可是在推翻“四人帮”，中国人民重新恢复正常生活之后，第一份出版的大型综合性杂志《社会科学战线》的第二期上，由专门研究中国革命史的学者，中国人民大学教授胡华撰写的周恩来传记《为中华崛起，为共产花开》一文中，却意外地叙述了周恩来年轻时代留学日本时进的学校是东亚高等预备学校，校长是松本龟次郎。这情况据作者透露，是当年胡教授访问周总理时，由周恩来总理亲自告诉他的。

这一发表，引起了中国方面的注意，不但当时在天津成立的“周恩来青年时代事迹纪念馆”中陈列了东亚高等预备学校和松本的图片，以后又在天津历史博物馆展出了当年东亚学生到奈良远足时，松本和周恩来同在奈良公园的油画作品《初春》。到 1980 年的 5 月，在当时作为中国政府对外宣传刊物，大型画报《人民画报》（在日本发行的叫《中国画报》）上也刊出了由当时中国社会科学院教授汪向荣执笔撰写的，题为《中国留学生的好教师》一文。此后《人民日报》等中国官方宣传报道刊物上，又陆续发表曾经在抗日战争时期担任过延安日本俘虏学校副校长的赵安博（按：该校校长为以后日共主席野坂参三），当时担任《北京日报》驻日记者，后来担任中国社会科学院日本研究所所长骆为龙等的纪念文章。邓颖超副委员长在东京接见松本龟次郎的遗族，代表已故周恩来总理表示谢意以及中国方面的一系列行动，除了表示中国人的念旧和对曾经为他们做过好事的人，永远不会忘记的意思以外，也直接告诉了日本人民和日本政治家，中国政府和人民所反对的是抱有侵略野心的帝国主义者，而支持、表扬的则是爱好和平的人，即使他在日本国内不受重视，甚至已被遗忘。这个信息是很明显的，因此很快在日本也做出了反应。

首先是松本龟次郎的故乡，静冈县，在其和中国方面的友好地区浙江省举办的展览上，展出了有关松本龟次郎的图片和上述油画的复制品；并在松本诞生地的大东町，设立了纪念馆，保存了其遗存的文件，还请人撰写了《松本龟次郎传》；1983 年，松本遗族把其故居捐出来之后，又设立了纪念公园，并在园中竖立了松本龟次郎的铜质胸像和纪念碑，由著名文学家井上靖题写“一生尽瘁于中国人留学生教育的人”；还有有关人士，在日本著名综合杂志《中央公论》、《知识》等刊物上，发表纪念文字。

其次，日本政府到这时，也开始觉得过去工作的贻误，对这样一个埋头苦干、孜孜不倦地为两国友好事业做出过贡献而默默无闻的教育家，竟没有予以适当的重视和评价，甚至 70 年代，中日友好的呼声响彻全日本的时候，一直到中国方面再三给予高度评价和崇敬，以及地方上开始动起来以后，才引起了日本中央政府的注意，也开始了行动，以避免地方上和从事中日友好事业者的责备。1982 年起，由文部省拨款在国立教育研究所，设立专题，研究松本龟次郎其人和他的事业——东亚高等预备学校；同时也对战前的中国留学生教育加以研究。次年，该研究所的全会及其所属的刊物上，已发表有鹿儿岛大学教授二见刚史等的论文；到 1984 年，日本比较教育学会在筑波大学举行的全国性大会上，也有以松本龟次郎为题的报告和研究论文发表。换句话说，随着中国方面对松本先生的怀念，日本方面也动了起来。

1985年是松本龟次郎逝世四十周年，松本故里大东町在这一年的3月30日举行其纪念碑的揭幕式，中国驻日本大使馆特派其文化教育参赞陈彬参加致词；中国官方通讯机构——新华通讯社还从东京发了专电，次日刊载在《人民日报》等中国主要报纸上。4月3日，《人民日报》更发表长达半版的署名文章《为中日友好培育人才》以纪念这位为中国人民做过好事的日本教育家。在文前，《人民日报》的编者还特别加了按语介绍。按语说：

> 在中国大地风雨如磐的艰苦岁月，日本著名教育家松本先生孜孜不倦地致力于中国留学生的日本语教学工作，培育了众多英才，像秋瑾烈士、鲁迅先生和周恩来同志，都曾接受过他的教益，正由于松本先生热爱中国文化，坚持日中友好，公开谴责日本军国主义势力的反华政策，因而遭到日本特高警察的长期监视。今年是松本先生逝世四十周年，特发表此文，以表达我们对他的深切怀念和敬意。

其他中国报刊，也陆续发表了一些文章来纪念，同时，中国方面也出版了《松本龟次郎传》专书，介绍和怀念这一位已去世四十年的异国教育家。这在中国来说是很少见的，由此可以证明那一位中国记者所说的话，只要为中国人民做过好事，中国人民是会永远纪念他的。这也就是中国人民所要传递给日本的信息。

没有问题，日本方面懂得这信息，尤其是日本人民，他们也热爱和平，热烈地期望日中间真能世世代代地友好下去，过去他们并没有注意到松本龟次郎这样一个平凡而普通的日本人，但从中国方面来的信息引起他们注意以后，他们也像中国人民一样——因为他们在不久以前，也是受中国儒学思想的教育、熏陶的，不会忘记一个曾为其民族做过好事的人；早稻田大学教授武田胜彦在他用中文著的《桥》中说的一段话，很足以表明日本知识界对松本的看法。他说："谁都知道，每个人的行动，都受其思想支配；这种支配行动的思想，或者称之为信念。在顺利的时候，贯彻信念不是件难事；可遇到困难、坎坷，甚至处于逆境的情况下，要仍能坚持，奉行其夙志，就不是件易事，能坚持奉行其夙志，就不易；何况数十年如一日，就更难能可贵了。更值得佩服的是，龟次郎一开始从事中国留学生预备教育的时候，就已处于逆境，而他却依然知难而进；他对中国，对中国留学生和对当时日本对华政策的看法，也和一般不同。不要说在当时的环境下，令人敬佩；就是到了今天，局势已完全改观的时候，也不能不钦佩其先见之明。不过光有预见，要贯彻实行，终身不变又是一件事。可龟次郎却做到了，他一生就为一个信念而献身奉献，尽管他为之尽瘁的，只是普通平凡的事业，但能这样数十年如一日的精神，已经是别人所不及的。"又说："他的终身为之努力、尽瘁的，也只是平凡的工作而已，不过，他在历史上留下了足迹。"

这说明，日本方面对松本先生，也开始有一个新的认识、评价了。虽然来得比较晚，在他逝世之后四十年才有，但毕竟是有了。

对松本先生的新认识、新评价，如果说，日本和中国一样，一般都只是停留在口头和文字上的评价；那么，松本先生的故里就进了一步，静冈县，特别是他出生地的小笠郡，现在的大东町因为具有独特优越的条件，所以在这方面做得更特出。在中国方面的信息没有发出之前，大东町在合并、改制（1973 年）后不久，就有人撰文发表在流通于静冈县教育界的刊物上纪念他，邓颖超副委员长在东京接见松本先生遗族和中国官方刊物上刊出怀念松本先生文章不久，大东町就设立了松本纪念碑和纪念馆，以使全町人民奉为楷模学习。不久，日本全国规模的重新认识、评价松本龟次郎先生之后，他们又扩大了纪念规模。把松本先生事迹编入乡土教材，由每个中、小学生学习，还把其故居（现松本公园）列为旅游景点，接受外地游人的参观。1995 年，也就是松本先生逝世五十周年之际，就在大东町举办了一次追念松本龟次郎逝世五十周年的纪念会和学术研讨会，历时三天，会上不但展览了一批松本先生的遗物和过去没有公开过的日本上层人士及中国留学生回国以后在各岗位上负责人给他阐述有关中日关系的函件（其中有赞同的，也有不同意、反对的，有的人反对得还很激烈），还有各地，主要是中国方面在他生前和死后所发表的，有关松本先生的访问记和悼念文章。研究会上，有鹿儿岛大学二见刚史教授所做的报告和中国浙江省代表团的精彩演出。而其中最令人瞩目的是大东町中学生们每年到中国“追忆松本龟次郎先生伟业”旅行团在中国活动的照片和回国以后所写的观感。

原来，大东町教育委员会从 90 年代起，就决定每年派出代表团旅行中国去认识一下松本先生事业的究竟，思考一下为什么在几乎举国一致要侵华的时候，而松本先生却单独提出要尊重中国，反对政府的侵华政策。最早还只限于资助一些町议员代表的旅行，但不久就扩大到每年资助 20–25 名中学二、三年级中选出的代表，在老师率领下访问中国，到天津参观周恩来纪念馆，到绍兴参观鲁迅纪念馆，并到北京、上海、西安等地充分认识一下新中国的建设和中国文化。使这批（每年轮流）中学生，也就是以后负责建设地方的中坚干部，能从求学时开始，就不但在理性上，而且也从感性上知道松本龟次郎先生为之坚持、奉献的所以。从这次展览会中和以后每年他们发表的观感文看来，这种“追忆松本先生伟业”修学旅行的收获是不小的，孩子们不但认识了他们的乡土有这样伟大的先贤，而且还懂得了日本和中国，只有和平相处，才能共同繁荣。孩子们从松本龟次郎先生的例子中知道，世世代代友好不是一句空话，不是喊喊的口号，而是实实在在的、极为具体的东西。周恩来和鲁迅以及其他无数曾受过他们乡土先贤——松本龟次郎先生的教育而成长起来，为中华民族的独立和崛起而反对日本侵华；又从北京等地新中国的建设和繁荣中认识到，中日两国只有和平，才能共存的事实。相信在这种具体的事实教育下，松本龟次郎先生出生地的孩子们，绝大多数会继承他遗志的。

除了静冈县大东町之外，日本方面更利用其他渠道来表示他们对松本龟次郎先生的纪念、再认识和再评价，他们利用先进的宣传工具电视来介绍松本先生的业绩和他的影响。日本放送协会（NHK）摄制了不止两三部的电视片在专题节目中播送，它的教育台也另行制作了放播，其他像静冈电视台，甚至远在九州的佐贺电视台也都专门派遣摄制组到中国拍摄有关松本先生的电视片。在日本，一个普通平凡的日本人而受到宣传媒体这样重视的还不多。

日中友好关系人士，当然也不能袖手旁观。1998 年 7 月，在前东亚高等预备学校所在地，原来神田区神保町，现在是千代田区日中友协的发动下，他们在原学校的旧址建立了一块纪念碑，上面标明这里是周恩来曾经学习过的东亚高等预备学校的校址。这碑揭幕的时候，不但东京都有关人士，连在日本的中国大使馆也都有人参加，他们都缅怀这位一生奉献给中国留学生教育的老教育家和曾经在那里受过教育、为反对侵略而一生为建设新中国而奋斗的周恩来总理。以后，相信还有不少人，会见到这碑而做如此联想的；他们必然也会想到，日中友好不是喊喊口号就能得到，而要身体力行，像他们一样才能得到的。

今天的日本人民，绝大多数已是不知道战争是什么的一代，他们不一定会知道他们的祖父一辈，曾经在“到满蒙去，才能生存!”“膺惩暴支”等口号的煽动和蒙蔽下，侵略过中国、朝鲜乃至大部分东亚国家，也不一定能知道，这批帝国主义分子几乎使日本走向毁灭。但是见到了、听到了有关松本龟次郎先生的事迹，他们就会知道，即使在这样狂潮下，还会有清醒的人，还能有主张日中友好的人，尽管当时他是无所作为；尽管他是一个普通而又平凡的日本人。但是，因为他对中国人民做过好事，所以中国人民不会忘记他；也因为他对日本人民也做过好事，即使一度日本人民由于受蒙蔽，而不知道或者忘记了他，但是一旦受中国方面影响而清醒以后，必然也不会忘记他，而给他以新的认识和评价的。

简单地说一句，历史没有忘记他，也不会忘记他的。

中岛裁之和东文学社

在中国的近代化过程中，自强变法的思想是起过很大作用的；可以说所有改革、革新的行动都是受这种思想支配的。在其影响下发生的，虽然其结果并没有达到预期的目的，但其对历史的影响、作用却是不能忽视的。在自强变法的思想支配下，当时的知识阶层，包括统治阶级中比较开明进步的人士和民间的人士曾经做过不少工作，特别在教育方面。

在教育方面，最主要的是废科举、兴学堂。废科举比较晚，正式下令废止是在光绪三十一年（1905年，日明治三十八年）；但在科举废止以前，各地已普遍设立新式学校（所谓的洋学堂），不但这样，连派遣到国外学习的留学生也早就出国。事实上，废科举一事已是水到渠成的行动，而其所以如此迟地颁发命令，也说明了墨守成规、想死保祖宗旧法的保守分子的力量，在当时还是不容忽视的。

兴学堂，需要师资。为了解决各地如春笋般勃兴的学校师资问题，首先采取的是派遣留学生，主要是到日本去用速成的方法来培养；但远涉重洋去学习，在当时的社会条件下，不但由于经济力量限制，无法大量派遣，而且由于封建习俗影响，愿出国的人数，也不如想象那样多。加上留学生传播当时统治阶级目为大忌的自由民主思想，甚而参加同盟会等以推翻清王朝腐朽统治为目的的革命团体等原因，使统治阶级采取了自己办学，从国外招聘师资来培训需要的人才这办法。这样从19世纪末开始，日本教习就陆续应聘到中国各地执教，到20世纪初，达到了最盛的局面，这就是中国教育史中占有一页地位的日本教习。

日本教习，指的是到中国执教的日本籍教育工作者，主要的当然是由日本国内派到中国的，但也包括一部分已经在中国的日本侨民，包括他们在中国所办、以中国人为对象的一些学校中执教的日本籍教师。当时的日本政府，在“保全清国”这一方针指导下，十分注意和重视日本教习的派遣工作，对准备派遣到中国来的人员除由特定的学校或机构中遴选的以外，一般的还要经过“清韩教员养成所”那样的训练机构做短期的训练；而对日侨在中国兴办以中国人为对象的学校，也十分重视，有援助，有指导。当时在中国出现了不少“东文学堂”，都是在日本政府指导下的一些团体经营的；有的，虽然是用私人名义主办的，但实际上也受政府，甚至军方控制。这些日侨在中国办的学校，其所起的作用和产生的影响，绝不亚于从日本国内派来的日本教习，或者说任务较之更巨。因为他们更深入中国社会，更接近中国人民；同时经他们所培养、训练的师资，又很快到基层的学校任教，影响更大。因为有这样的便利，所以日本政府也多方利用这些学校、教师来为他们的利益服务；最明显的例子就是日俄战争初期，被俄军捕获，并于1904年枪杀的日军特别任务班主要人员冲祯介、横川省三以及其他成员，都是北京日本人所办东文学社出身的。

在中国，由日侨所办的东文学堂中，北京东文学社是最值得重视的一个。虽然其成立的时间晚于杭州日文学堂（1898年）、厦门的东亚书院、南京的同文书院（1900年），但因为有吴汝纶、廉泉等出面，得到李鸿章、肃亲王等统治阶级最高层的支持，所以其影响远非其他东文学堂所能比，何况其又设立在当时中国政治文化中心的北京。

北京东文学社是由中岛裁之私人创办、经营的。创办之初，曾得到中国方面在精神和物质上的支援、资助；开办以后，也是在中国方面支持下惨淡经营而维持下来的；到最后，中岛被迫离开时，学校也是让给袁世凯，由直隶省接收经营。从这些迹象上看，似看不出和日本方面有什么很深的关系；实际上，并不如此。中岛裁之在开始时，可能是出于对中国文化的爱好，想用教授中国人近代化知识，以报答长期以来中国文化哺育日本民族文化之恩的；但后来的发展，使他不能不改变初衷，尤其是在经济等问题上，没有日本官方和军方的支持，不要说东文学社，就连他个人和一些教师们的生活，也无法维持。军方（具体是在天津的日本驻清国的军司令部）不但以委托其担任编撰《北京志》的工作为名义，对中岛本人和在东文学社供职的日本教师加以资助；而且在这本由军方编写的、介绍其驻屯地方情况的书籍中，又对之做了详尽的介绍。由此可见两者之间的关系是很深的。这本明治四十一年（1908年，清光绪三十四年）日本博文馆出版，由（日本）清国驻屯军司令部编的《北京志》中，有过这样的记载：

北京东文学社，在顺治门外上斜街，是明治三十四年三月二十日开办的。究其根源，则明治三十年九月中岛裁之氏，入直隶省保定府莲池书院，为山长吴汝纶弟子，并任其子弟家庭教育之职。两氏之间曾有设立东文学社之议。后，中岛氏因事回国，野口多内氏因中岛氏之嘱，赴保定为吴氏子弟，外又集数氏教授日本语。拳乱渐定，中岛氏会吴氏于北京，重提开设此学堂之议，得李鸿章氏之赞成，且受其委托，计议设立一模范师范学堂。当时吴氏侄婿户部郎中廉泉氏亦有创办学堂之意，乃以吴氏之介绍与中岛氏协同办理。又得慈善会总董刘铁云氏之助，捐款千元，乃得促其实行。本学社以吴、廉、中岛三氏为创办人，开始假外城琉璃厂南锡金会馆为址；后因教务扩展，乃移至菜市口北半截胡同，三迁而至目下之顺治门外上斜街现址。创办之际，置总办、监督等，均以支那人任之；逐渐变革，而归中岛氏一人主宰。盖创立者吴汝纶氏已死，廉泉氏亦因故他离。光绪三十二年（即明治三十九年）夏，中岛氏因病回国，此际举本学社以还归袁世凯氏。袁氏将其改为直隶官立中学校，与学部侍郎严修氏谋，以保定师范学堂监督兼北京艺徒学堂教务长张镆绪氏任其管理之职，邦人甲斐某继统教务。昔日之日本教员仍一如其旧，赓续任教。同年末，管理者以经费不足为由，突然停办。至翌年正月，复由邦人之手重复东文学社之名，至于今日。现该学社分专门科及普通科两科，专门科专授日本语、法政大要及体操、音乐；修业期限，专门科二年，普通科三年。目下不设普通科，专门科亦因学生之情况而缩为一年，教员有邦人铃木直人及斋藤傅寿两氏。其附设之体育会，教授体操音乐，以两个月速成教育训练师资，已毕业有十一名。本校经费仅藉学费，故目下陷于苦境中。

创立以来曾执教本校者，不论其时期之短长约达五十名；其受本校教育之学生，约及千六百人之多。

《北京志》介绍北京情况的内容十分广泛。其中所介绍、涉及的学校，不止东文学社一个，但所有的介绍，都没有东文学社那样详尽。把这事实和中岛裁之跟驻屯军司令官仙波太郎、负责《北京志》的桥口勇马少佐的关系，以及日本公使馆从特别费中拨款资助东文学社，东文学社在成立后一直受到日本政府和军方的重视等各种情况来看，写出这样的介绍，就没有什么值得奇怪的了。

北京的东文学社，在整个日本教习的历史过程中是起过很大作用的，从日本教习分布表中可以见到，由东文学社出身担任各地日本教习的人数是相当多的，这还仅仅是日本人，假使连这个学校出身的中国人一并算上，其数就更惊人。

中岛裁之和东文学社设立经过

首先，有必要知道创办和经营东文学社的中岛裁之是怎样的一个人。

中岛裁之，明治二年（1869 年）生于日本九州熊本县的八代郡。据说他的祖先出自织田信长的部将竹中重治一系，江户时代，他家担任村中里正一类工作；同时还从事经商，贩卖干鱼和鱼类，在村中属于小康之家。明治以后，到他父亲猪太郎一代，不再从事水产品的买卖，改营杂货，经济情况仍然不劣。

因为父母都是佛教真宗的信徒，希望儿子长大后能担任真宗的工作，所以在中岛裁之结束当地村塾（寺小屋）的学业之后，就在父母的意见下到京都，进了西本愿寺的大学林普通学校（龙谷大学的前身）。明治二十四年（1891年）他二十三岁时在那里毕业。

19世纪八九十年代正是日本明治维新事业日见巩固之时，各种法律制度逐渐完备，立宪政治开始发轫（1889年颁布大日本帝国宪法，1890年颁布府县郡制，实施第一次众议员选举，召开第一次帝国议会），各种新式企业也陆续创办、开设，政府又鼓励人民向海外发展。在这种背景下，中岛裁之曾计划毕业以后，到美国去完成其淘金梦；以后又听从友人们的怂恿，准备上蒙古去从事畜牧，因为他听说蒙古广袤千里，任凭驰骋，而且畜牧业本轻利重，易于经营。但是，他在家庭中是长男，根据当时日本的法律和社会习惯，长男是承继家业的法定继承人，不得到父母的许可是不能离开的；他的想法能得到他父亲的同意吗？显然是不可能的，因此他采用不告而别、逃跑的方法以避免父亲的干扰。这样，在明治二十四年（1891年）的四月，他偷偷地搭上了神户到上海的船，离开了日本。

到上海之后，他先在语言方面下功夫，准备入蒙。在这种情况下，他结识了早在那里的日本侨民岸田吟香；在岸田的帮助下，作为其经营的药店乐善堂的推销人员，由上海到了天津，准备从天津逐步到蒙古。但在天津，见到屠宰场中的情况后，他又改变了主意，不再想从事畜牧业，只希望借推销药物之便去巡拜中国佛教的圣地。

第二年，他考上了日本外务省的第二期留学生，为了了解中国情况，开始到中国各地做实地考察。据他在日后所记，当时他的足迹遍及中国的十六省，行程越五千里。[1]他和中国的关系，就是从这时候开始的。

清光绪二十年（1894年，日明治二十七年）中日间发生战争（甲午战争），他被令担任第三师团的通译，随军到了中国。

1895年中日战争结束，签订了《马关条约》。

1897年，中岛裁之以个人身份于九月间到中国，赴保定投入吴汝纶主持的莲池书院，从吴学习理学，同时担任教授吴汝纶子弟英语及日语的工作。他和中国官场的交往，就是这时候开始的。

甲午战败以后，统治阶级中的保守派开始认识到，再墨守祖宗的成法，已无法再维持其统治；而比较进步的洋务派也知道，光从表面上学习洋人，引进一些轮船大炮等机器，仍然是无法从根本上改变落后状态，不进行改革和图强是不会有什么结果的。因此在光绪二十二年（1896年，日明治二十九年），第一批留学生十三人被派到日本留学。[2]同时在国内，也积极筹备建立新式学校来代替过去的教育方式。废科举、兴学堂成了当时上下一致的要求，这是当时统治阶级中洋务派恃为最可靠、最有效的一着。

吴汝纶不仅是当时的硕学，主持着直隶省保定府的莲池书

① 中岛裁之：《国际生活四十年》，载《国际文化》昭和十年二月号。

② 宏文学院：《普通科、师范科讲义》第一编“杂录”中说：“其所谓官派留学生者，实以明治二十九年为嚆矢。当时公使祐（裕）庚氏经日本政府，以十三个学生依赖高等师范学校校长嘉纳氏……”

院，而且还是北洋派头子李鸿章的幕宾，深得其信赖，对李的影响也极大。吴汝纶虽然是一个桐城派学者，但在思想上并不保守，属于洋务派中比较开明的；因此尽管莲池书院是一个旧式的教育机构，但他却有设立新式学堂的计划，后来他的赴日本考察教育，招聘日本教习等都是从这种思想而来。中岛裁之入其门下，受其熏陶，并教授其子弟（吴启孙等）外语，很快就得到器重，参与这种兴办新式学堂的计划。但不久，中岛由于家庭的原因而回国，吴汝纶的计划也就没有再继续由中岛来执行。光绪二十五年（1899 年，日明治三十二年），吴汝纶的计划决定付诸实施，在保定设立新式学堂的时候，曾写信给中岛，以年俸五百元聘其担任教职。中岛希望能添一助教，为助教的俸给问题写信给吴，往复商讨拖延了他的赴任；当时的学校无法等待，而由在北京的日侨野口多内代替他，担任教职。[①]

那时中岛裁之正在东京，和柏原文太郎等担任教育张之洞所派遣的湖北留学生的教育工作。这当然不是固定的工作，因此在不能担任保定工作之后，他又通过甲午战争时相识的大迫尚敏中将，由大迫中将介绍给当时担任张之洞顾问的福岛安正少将和即将到四川就任武官的井户川辰三大尉。通过他们的关系，中岛到成都四川东文学堂就职，教授日语日文。不过没有多少时候，义和团事情发生，四川东文学堂停办，他也不能不回国。清光绪二十七年（1901 年，日明治三十四年）二月十六日，他在回国途中路经北京。当时的北京在八国联军强盗式的掠夺下，几乎成了

① 这里所述，系根据佐藤三郎《关于中岛裁之的东文学社》（载《近代中日交涉史之研究》，吉川弘文馆1985年版）一文，和（日本）清国驻屯军司令部所辑的《北京志》（明治四十一年，博文馆）所述有些出入；《北京志》所记不确。

废墟，根本谈不上有什么教育，一切教育机构都陷于停顿状态。

当时他得知吴汝纶在保定因不堪法军的骚扰，而回北京避难，所以次日就去拜访吴汝纶。席间他们谈到学堂、教育和目前北京的惨状；从而提出了将过去在保定的计划，移到北京来实施的想法。第二天，吴汝纶带中岛去拜访了当时在北京与联军办交涉的李鸿章，提出了这种想法，得到了李的赞同，并且表示希望中岛能为这学校的开办而尽力。以后又得到吴汝纶的侄婿户部郎中廉泉的支持，开始筹备设立学堂工作；在廉泉的斡旋、介绍下，又取得了皇族中比较开明的肃亲王和镇国将军毓朗的支持；在经济方面，也得到当时正从事庚子事变后收容难民、埋葬死者的慈善会总董刘铁云（老残）的资助银一千元。这样就于同年（1901 年）三月二日，由吴汝纶出面向李鸿章和庆亲王奕䜣提出了设立学校的申请。分别于三月八日及三月十六日得到许可的批准。

光绪二十七年（1901 年，日明治三十四年）三月二十日（阴历二月初一日），在由廉泉的斡旋借到的北京外城前孙公园的锡金会馆，挂出了“北京东文学社”的校牌，东文学社正式宣告成立。

东文学社的组织和教学

东文学社成立以后，以廉泉为总理，负责除教务以外的一切内外事务；教务则由中岛裁之以总教习的名义负责，此外刘铁云介绍的王仪郅担任监督，处理日常事务。全校就这三个人，教员就中岛一人。校舍虽借用锡金会馆的房子，但教具什么都没有，桌椅之类都是临时借用，教科用书也是中岛从友朋间搜求而来。也就是说，作为一个学校实在是不合格、不成样的。但在当时，一切都被八国联军破坏殆尽的北京来说，能有一个学校可以供人学习、进修已经是十分不易的了，没有人去苛求。

学社分专门科及普通科两部分，专门科主要教授日本语和政治形势，每天上午上课；而普通科则除日本语以外，还兼授史地、理化等一般课程，下午上课。刚开始时，该校的课程分配及上课时间见下表。

东文学社课程表

星期	专门科（上午）			普通科（下午）	
	9-10	10-11	11-12	1-2	2-3
1	读法	亚细亚地理	东亚形势	言语	万国史略
2	读法	万国史	俄清关系	言语	物理阶梯
3	读法	东邦近世史	议事院谈	言语	清史揽要
4	读法	亚细亚地理	东亚形势	言语	百工新书
5	读法	清国近世丛志	俄清关系	言语	物理阶梯
6	读法	政治	支那教学史（日语）	言语	万国史略

所有的功课，当然都是由中岛一人担任。东文学社在因陋就简的情况下筹备就绪后，开始招生。对于学生的定额，开始限定为三十名；其条件只有两条，即：

一、精神健全，能理解文义者。

二、不吸饮鸦片者。

除此以外，既没有年龄、学历的限制，也没有出身、民族和职业等等的规定；更因为不收学费，所以招生的消息一经传出，报名的人数就超乎意料。这当然跟那时北京一切学校都没有恢复，和大动乱后人心思变、急需知识的要求有直接关系；但无疑地和这样一个传授外国语文及新知识，而不收学费的因素，有更大的关联。

东文学社的免收学费，并不是一开始就这样决定的。据中岛裁之在《东文学社纪要》中所记，成立的时候，廉泉认为对入学学生收取学费，是一件当然的事，何况东文学社虽说一切从简、有外界的援助，但日常开支还必须依靠学费的收入，因此主张收取较低的学费，作为学校开支的财源。但中岛裁之认为，学校依靠学费收入来维持是不稳定、不可靠的，因为学生的人数并不稳定，而且当时的学校经常是一开始学生数不少，以后就逐渐递减，所以靠学费收入来维持是不可靠的。他还举他担任过教师的成都东文学堂为例，就是由于学生人数锐减，不得不由缩小规模而到最后的停办。因此主张一面力求节省开支，尽量减少学校的日常维持费用；一面另辟财源而不收学费，不依靠学费收入作为日常维持费用。几经磋商，最后决定在人事俸给方面，除监督王仪郅月支银五十元外，其他各人一律义务，连中岛本人的生活费用也由其自行设法，不在学校内支付。对学生，则不收任何费用，免费入学。

因为有这些原因，所以招生告示贴出后，第一天报名的就超过定额的一倍，到第三天已达到一百二十名之多，并且还陆续有增加之势。锡金会馆的房屋并不大，要容纳五六十人以上是有困难的；而对报名的学生，又不能过分选择拒绝。因此不能不另找地方，否则就无法容纳这样大量的学生。三月二十四日，他们找到了北截儿胡同的江苏会馆，在那里借了几间房屋充作校舍，解决了这问题。

由于对学生没有年龄和学历等限制，所以入学的学生不但在年龄上有老有少，而且在学历上也相距甚多，有翰林，也有进士、举人和秀才，更多的则是白丁和小学生，至于职业和社会地位，更是五花八门，形形色色。东文学社把这些程度参差不齐的学生，分成专门和普通两科授业，困难当然是很大的；好在当时无论是教育行政当局、社会方面，还是学生方面对学校的要求不高，何况东文学社所授的课程，在当时来说，还是新学，而中岛裁之对于教课讲授方面，也是十分认真的，所以也并没有因为人多，程度不齐而发生什么问题。

东文学社创办时的发展很快，没有多少时候，要求入学的更多，增加到二百八十人左右。这样多的人要分成两班，而由中岛裁之一个人负责教授，显然是困难的。但学校也不能不发展，对要求入学而又符合条件的学生，也不能拒绝；因此一个新的问题就摆到负责东文学社的廉泉和中岛裁之面前，要扩展就得增加开支，而增加的开支又从何而来？

中岛主张学校应扩展，教师可以请当时到北京学习中国语言的日本青年来担任，对这些日本青年只要供给他们膳宿，另外每人每个月再给十元左右零花钱就可以，这样增加开支不大，可是所有要求入学的，就都能如愿以偿地进东文学社学习。廉泉虽然同意中岛学校必须扩展，尽量容纳要求入学者希望的想法，但由于东文学社的经济基础还不稳固，对一下子每月要增加五六十元开支的事感到踌躇，因此迟迟不做决定。最后中岛提出，东文学社对这些来授课的日本青年，除提供食宿外，不负担任何费用，他们的零花钱，由中岛另外设法解决，才将这事做出了决定。

东文学社原来所设的课程，大都是些书本上的课，理化方面则因中岛裁之本人水平关系，只讲些初步的知识，并没有深入和分科。但随着入学人数的增加和社会情势的推移，这样一些课程已无法满足需要了。所以在学校扩展，有一批新教师补充的时候，东文学社的课程也有了改变，添加了一些当时学校中流行的课程，分别由新参加的教师担任。例如，体操由曾当过陆军预备曹长（上士）的武岁熊太郎担任，图画由中马弥太郎担任，唱歌由原口新吉担任，还在理化课程中添加了生物学一课，由医师村城秀作担任。除了正规的课程外，还在课余活动中设立了柔道一门，在会馆中专找了一个场所作为练习的柔道场，并由吴汝纶题名为“蹶踿处”，新参加的仓田敬三本是庆应义塾出身的柔道三段，就由他担任指导，作为课余活动。

这些新参加的日本青年教师，他们到北京的目的是学习中国语文和熟悉中国的风俗人情；现在中岛裁之把他们请到东文学社，当然要设法满足他们在这方面的愿望。因此在中岛的斡旋和安排下，由监督王仪郅担任教师，每天对这些日本青年教师教授中国语文。这班持续很久，以后的“清语研究部”就是由这班发展而成的。在班中学习的，除了在东文学社执教的日本青年教师，还有其他在北京的日侨。这样使东文学社的性质，有了一些改变：即对中国人来说，是教授日本语文和近代化知识的学校；而对日本人来说，却是教授中国语文的场所。明治三十五年（1902 年，清光绪二十八年）三月十五日，日本东京的《万朝报》上，就曾刊载过用北京东文学社名义，在日本国内招收学习中国语文学生的广告。虽说，这广告和设置“支那语学部”的计划是冲祯介利用中岛裁之不在的情况下擅自发刊的，但事实上，这个以“清语研究部”为名的学习班是存在的。参加过这学习班的人数，先后达一百一十一人之多（其中包括在东文学社担任教职的五十六人和其他五十五人）。因此，对东文学社来说，这也不能不说是一种业绩，特别是这个学习班出身的人士中，有些在以后日本社会上是产生了影响的，如第一年度前期入社的西山荣久，后来担任了山口高等商业学校教授，在研究中国经济方面做出了卓越的成绩；第二年度前期入社的三岛海云，则是日本有名的饮料加尔披斯（カルピス）的发明人，他还以这种乳酸饮料为基础，设立了至今十分发达的食品工业公司（カルピス食品工业株式会社）。此外，上面提到过的日俄战争中，参加日本军担任炸中东铁路铁桥而被俄军枪杀的特别任务班六个人中，除冲祯介和横川省三是东文学社教师外，其余四人也都在“清语研究部”学习过，他们是第一年度后期入社的松崎保一、第二年度前期入社的田村一三和第二年度后期入社的胁光三、福崎四郎。

东文学社的教学方针，主要是培养和训练能理解日本的中国知识分子。当然，这在中岛裁之本人，可能是无意识的，但其行动的最后，却不能不归结到这一目的。他一开始就着力于培养和训练中国学生对日本语文的理解和翻译的能力；在这一点上，他是做出了成绩的。东文学社成立一二年之后，不但有和亲王等几个清室皇族、贵族的子弟入学，而且也得到了李鸿章的好评；一些地方的新办学校，也纷纷向东文学社聘请学生担任教师，或请东文学社派遣日本教习。这些都说明东文学社是取得了一定成绩的，对此，中岛裁之并不满足，又计划到日本去旅行，以提高学生们对日本的认识。

清光绪二十七年（1901年，日明治三十四年）六月，中岛公布将利用暑假的机会，率领学生去日本参观、旅行。计划公布后，学生们几乎都报了名，因为他们以为一切均由校方负担的，后来知道旅费要自行负担后，大部分均退出了，退出的人数每天都有，到临行时只剩下了十一人。这个旅行队在中岛率领下，于六月三十日由北京出发，七月三日在大沽乘船赴日本；十日抵达神户，上陆后陆续到神户、大阪、京都、奈良、东京各地旅行，参观了从幼儿园到大学的教育机构和其他的社会设施、生产场所以及发电所等能源设施。一行在受到日本各地人民的欢迎中，于八月二十五日回到北京。前后两个月左右的修学旅行，其本身就属一创举；中国学生有组织地赴日本参观访问，恐怕这是最早的一次。

到日本的修学旅行回来以后，原来担任授教的日本老师有的因病、因事离开东文学社，但从西本愿寺等派遣方式来北京的另一批新的日本教师又补充了进来，这样人员更充实了。校舍也由江苏会馆迁到顺治门外上斜街的关中会馆；那里的房租，是由当时担任北京警务学堂总教习的川岛浪速负担的。入学的学生人数，也有了扩展。

到东文学社入学的学生，因为不问年龄、学历和资历，又不收学费，所以人数很多，而且逐年有所增加；但这个现象并不能长期持续和永远保持。学生们对课程感到不满，或者失却了兴趣的时候，或者其他学校对其本身更适合、更有利的时候，就不问学期是否结束，学业是否告一段落，随时退学。因此东文学社的学生是流动的，没有一个固定的数字可循。据中岛裁之在《东文学社纪要》中所留下的具体数字，就可以很清楚地见到其一斑。

《东文学社纪要》中记载着，第一学年前学期入学人数是280名，后学期是321名，第一年度合计是601名；但到第二学年而继续就学的仅152名，即仅上年度的四分之一；继续到第三学年更少，才三十八名，第四学年是八名，第五年度仅一名。第二学年入学的情况也一样，那年入学的人数是331名，到第四学年锐减到107名；第五学年也这样，是17人；第二年每个月中退学的都不少，《东文学社纪要》中记录了明治三十五年（1902年，清光绪二十八年）学生人数逐月的变动情况：

	二月	三月	四月	五月	六月	八月	九月	十月	十一月	十二月
入学	162	2	24	7	40	0	33	0	30	33
退学	76	0	12	31	41	2	7	0	5	50

由于学生人数的不稳定，所以在学校行政上是有很多困难的，例如班级的编成，教学进度和教学方法以及毕业期限、考试等等都不能和现在的学校相提并论。或者说，东文学社，与其说是一个正常的学校（以现在的标准来衡量），还不如说是一个补习班式的业余学校。在当时来说，可以认为是一个以教授日本语文为主，

辅以其他文科知识（也有极少量的理科知识）的速成班。这种做法，可能是受中岛裁之的思想支配所致。《东文学社纪要》中记载有东文学社移交之际，代表直隶省来接收的张镆绪和中岛裁之的对话，张镆绪问：

三四年级人员过少，撤废其班级，而仅保留人员较多之新入学生班级。这样能减少班次，尊意如何？

中岛的回答是：

以班次过多而撤废旧学生之班级，决非余对教育之主张。盖规定之学课，需规定之日期以完成；今杜绝学生所学学问前途之偏倚教授方法，必将使学生不知今后何者应学，遂失就学之志，有影响其自然好学之志之虞。致使学社变成仅容新入学者之所，如斯则学校必有无存在之忧。

也就是说，中岛裁之在创立东文学社之始，就没有打算把东文学社办成一个在当时来说也是正规的学校。在这种指导思想下，教学内容除日本语文以外，其他都不过是陪衬；教学方法也重于速成，而不能按部就班。或者说，中岛裁之的创立这东文学社，是为了达到某一目的而从事的；这个目的，在他个人说是报答中国哺育日本文化的恩情，和所谓的“开发中国的风纪”，即促使中国的文明进步。

中岛裁之在东文学社基础较稳之后，还曾计划开设女子学校、组织行商和举办函授事业等，这些都是和其创办东文学社的目的是一致的。

最后，谈一谈东文学社的经济情况。

谁都知道，经济基础是任何一件事业兴衰的重要原因之一，办教育也没有例外。东文学社的创办和经营，虽出于吴汝纶、廉泉等的事业心和中岛裁之的献身精神，但没有资金，仍然是无法使其发展，甚至无法维持的。东文学社最后移交给直隶省，虽然还有别的原因，但经济方面确为最重要原因之一。

上面提到过，该校成立之初，为了减少行政方面的支出，廉泉和中岛裁之是不支薪的，人事费用只负担监督王仪郅的每月银五十元。廉泉是户部郎中，有俸禄可得；中岛裁之却是一个外侨，每天两班的课程又完全由他一人担任，十分辛苦，如果再因学社方面无力负担，而让他再出去兼职来维持生活，于情、于理都是说不过的，因此廉泉提出每月致送车马费用银一百元，但这提议也为中岛所拒绝了。

中岛在其国内，并非富有，那么他为什么一再拒绝他人的好意，含辛茹苦地维持这学社呢？信念，当然是一个理由，但重要的恐怕是在中国，他有解决生活、维持生活的门路、方法。因此他可以坚持他的意见，促进实现他的主张。有关东文学社的经济情况，中岛裁之在《东文学社纪要》中，有很详尽的记载。

中岛裁之在创办之初，向廉泉表示，他的生活费，由他自己设法解决。这句话，绝不是空谈，他没有向在中国的日本人伸手，到处求帮助；甚至在后来敦聘日本青年教师任教时，东文学社的经济情况十分恶劣之际，中岛裁之也没有向居留中国的日侨募捐维持。相信，中岛本人对事业的前途和困难，是了如指掌的，因此他声称，他的生活费自行解决；以后六位日本青年教师参加教职，而廉泉因学社经济力薄弱，无力支付而表示犹豫时，中岛又提出只要校方提供膳食，零用钱可由中岛解决等等，都是一脉相承的。中岛的生活费和以后六位日本青年教师的零用款是怎样解决，由何方资助捐献的呢？据中岛自己的记载，当时日本清国驻屯军（在天津）正计划编撰一本介绍北京情况的《北京志》，由桥口勇马少佐负责。桥口对中岛的志趣、行动都很赞成，因此知道中岛义务办学的事后，就用请中岛协助搜集资料的名义，每月致送银一百元左右的报酬，做其生活所需；后来支付六位日本青年教师的零花钱，也是由桥口在编撰《北京志》的名义下资助的。这就是中岛裁之最初的经济来源。

东文学社的创办，是由刘铁云捐赠的银一千元开始的。在创办时，中岛裁之就曾通过吴汝纶向李鸿章提出补助的要求，但当时李未置可否，到以后李鸿章才命令天津盐运使杨宗濂，每月补助银一百元；这笔款一直到李鸿章故世，袁世凯继任直隶总督时还继续支付，而且还从光绪二十八年（1902 年，日明治三十五年）十月份起，每月补助额由一百元增加为二百元。不过在同年十一月，杨宗濂改任机器纺织局总办后，就一再传出要停止补助的消息；直到次年中岛回国时候，天津的日本报纸《天津日日新闻》突然刊出了“北京东文学社停办”的报道，所以新任盐运使就在这时候，正式通知不再拨付补助费。以后几经中岛的奔走交涉，才又恢复。

除了中国方面的支援、资助外，中岛裁之也曾在日本方面多方设法，要求在经济上得到支援，但成绩很不理想。例如清光绪二十五年（1899年，日明治三十二年），吴汝纶邀中岛到保定，担任所设学堂教职时，中岛就曾在东京专诚拜访过东亚同文会的干事长根津一，诉述自己的计划，希望在东亚同文会的支持下实现。当时根津曾表示：当年因预算关系，立即资助是有困难的，但下一会计年度，即次年四月份起是可以有所援助的。但以后由于东亚同文会决定将同文书院从南京迁到上海，并全力加以经营，为避免分散人力、财力，以致无法支援。此外，中岛还找过福岛安正少将、西本愿寺以及大隈重信等，也都没有结果。

中岛裁之曾记录他在明治三十四年（1901年，清光绪二十七年）回国之际，曾在东京去拜访一位"当时处于得意境遇中的旧交某氏"，陈述了创办东文学社的缘起和现状，要求他能按月补助二百元。十月十六日，这位旧交到了北京，在"遇有必要时，有可能中止"的条件下，每月对东文学社资助二百元。这位旧交是谁，这笔资助资金，又是由哪里支付的呢？据《三岛海云》一书中说，这钱是出于日本驻清国公使馆的机密费。[①]这推测是正确的，虽然中岛裁之始终没有说明这位旧交是谁，但从他自己所记的前后文看来，此人显然是和外务省有关的；而那一年九月二十七日任命为驻清公使，十一月十日到任的内田康哉，正巧是中岛的同乡；内田在任中，中岛和他的关系又极密切。因此所谓"旧交"无疑是日本驻清公使内田康哉，这二百元的补助金，也肯定是从公使馆或是外务省机密费中支拨的。[②]也就是说，日本官

① 日本金刚钻社编：《三岛海云》（《创造历史的人们》9）。
② 佐藤三郎：《关于中岛裁之的北京东文学社》，载《近代中日交涉史之研究》，吉川弘文馆1985年版。

方是通过这样一个渠道对东文学社做出了补助。

除了上述一些经常性的补助外，还有不少临时性或一次性的捐助，像川岛浪速就曾负担过上斜街关中会馆的租金。

此外，中岛裁之也曾企图把要求补助的事，在议会中提出，希望通过议会正式列入预算中，作为日本政府的补助。清光绪二十八年（1902 年，日明治三十五年）他曾为此到东京活动，但并没有成功。此后中岛对之仍抱有希望，所以在清光绪二十九年六月和光绪三十一年十月两次回国活动，也是没有成功。

对于东文学社的经费，除了中岛裁之和廉泉等负责人多方设法筹募外，一些曾经在东文学社任教过的，或与其有关的日本人，也曾提出过一些方案。例如通过东文学社的推荐，而在直隶省丰润县丰台日新文社担任教习的吉田角亮就曾提出过一个建议，在他于明治三十五年（1902 年）十月给中岛的信中说：

> 凡曾担任过学社教习、由学社的斡旋而目下在地方学校中工作，或不问情况，所有有薪俸收入的人，每月至少应从月收入中提出千分之十以上的金额，以充东文学社的维持费用。

学社曾根据这建议，做出“在学社经济情况好转后，金额无利归还”的提案征求有关人员的意见，虽然得到松崎保一（定州定武中学堂）、三岛海云（赵州中学堂）等的赞助支持，但也有像剑持百喜（保定东文学堂）那样反对的，因此最后以意见不一致而作罢。

除了直接筹募以外，中岛裁之还曾准备用其他方式来博取利润，用这些利润来维持东文学社。例如曾计划从事商贩活动，开办函授学校，出售讲义等等。行商收到了部分效果，但于东文学社并无裨益；开办函授，出售讲义的计划虽大体成熟，但后来也未见实行。

总之，从经济方面看，除了中岛裁之，廉泉以及其他和东文学社有关的人士，也都曾出过不少力，但始终没有确立起一个稳固的基础，只靠少数不稳定的补助来维持，因此东文学社的命运一直处于风雨飘摇之中，最后不能不以移交给中国的方式宣告结束。

这种情况，不独东文学社如此，当时其他日侨办的东文学堂，也都相似。例如由东亚同文会资助而开办的福州东文学堂，以后因东亚同文会集中财力办南京（上海）同文书院而停发对它的补助后，该校日本教习桑田丰藏说："没有煤的机车是无法运转的。"[①]日本驻清临时代理公使日置益，在转送中岛裁之要求外务省补助东文学社，以维持学校业务的请愿书时，曾附加了他的意见：

> （该学社）将来之浮沉，虽未能确知，但其命运则决于经济条件之如何。[②]

日本官方之所以如此，并不是没有认识到在文化教育方面插手的重要性，而是由于对执行方法上有不同的意见，同时对在中国创办东文学堂的一些日侨的能力，有所怀疑。待到后来，则是因为整个对华政策有所改变，以致无论对到日本的中国留学生也好，

① 东亚同文会编：《对支回顾录》。

② 日本外务省旧记录：《学术教育关系杂件》中《北京东文学社要求补助件》（明治三十四年十月）。

在中国的日本教习也好，都采取了任其自生自灭的态度：在这方针下，东文学堂的命运，当然也无例外。

失败的事业

东文学社虽然在廉泉、中岛裁之等的苦心经营下，维持了五年半左右，但其结果，无疑是失败的。和差不多同时的日本教习，留学日本一样，都是失败的事业。

从东文学社历年入学的人数来看，就可以很清楚地知道，这个学校开始举办后不久，就步上了失败的历程。刚开始的第一二年度，由于当时北京的情势，除了一两个学校以外，没有其他学校，所以入学的人数较多；但从第三年度起，北京的情势已趋安定，学校也陆续恢复，所以东文学社的入学人数就有了大幅度的下降；以后各年度，始终也没有超过二百人。东文学社是一个不收取学费，而且又是专门教授外语和新知识的学校；当时社会的风尚，也正是渴望吸收新知识，习尚洋务的时候，而其入学人数始终没有超过二百名，实在不能说是合乎理想的。当然，也绝不是廉泉、中岛裁之等最初所预期的。

中岛裁之在《东文学社纪要》中，曾记录有从光绪二十七年（1901年）到光绪三十二年（1906年）前半年度该校在学的人数是：

光绪二十七年	光绪二十八年	光绪二十九年
801名	331名	141名

光绪三十年	光绪三十一年	光绪三十二年前半
189名	137名	168名

东文学社为什么会失败，原因很多，但首要的应该说是其办学的目的不明确，因为目的不明确，所以随之而来的是具体工作无法顺利展开，从而影响教学质量，最后不能不以失败而告终。可以说，这个学校从一开办，就注定了其失败命运的。

东文学社的办学目的是什么？

中岛裁之在《创立东文学社章程》中，曾揭示其宗旨，也就是办学的目的是：

> 欲求振刷中国，非整顿学校不可。今与同志之士议定，创设东文学社……以定维新之基。

就是说，他们创立东文学社的宗旨、目的是在想整顿学校（指私塾、为科举而立的一些书院之类），以振兴中国；也即想通过创立学校以定维新之基。这里所说的同志之士，当然是指吴汝纶、廉泉等人。也可能包括有捐款资助的刘铁云和担任监督的王仪郑在内的。

中岛裁之在这里所说的“整顿学校”，并不是一句空话，而是有具体内容的。他在《将来的希望》中，有这样几句话：

> 养成具有学识、资格之人材，以当十八省各府州县等复兴之任之教师。

养成能为各省开设师范学校所期之教师人物。

明白一些说，东文学社的办学目的，至少在中岛裁之心目中，就只是培养一批能担任当时中国兴办学堂所需的人才、教师。这要求并不高，目的也很实际，而且是和当时日本政府的对华政策相一致的。

上面提到过，20世纪初，中国面临着被瓜分的危险。当时的日本，虽在甲午战争中击败了老朽的大清帝国，野心勃勃，但毕竟是一个后起的国家；当其需要向外扩展，建立一个强大帝国时，首先就以和其毗邻的中国和朝鲜，作为侵略的对象。当时的中国不但陷入各老殖民帝国直接控制之下，而且还有被瓜分的危险。日本要求攫取殖民地，可是在已被老殖民帝国分割殆尽，能容其插手的地方不多。因此和美国的提出“门户开放，利益均沾”的情况相似，日本提出了“保全清国”的方针。这里所谓的“保全”，实际是用来束缚其他帝国主义者手脚的一种手段、方法，以使日本这一个后起的殖民国家，能在积聚力量之后，跟其他殖民国家较量，而不是真正想要保全大清帝国。当时日本有力的政论杂志《太阳》第四卷第十号（1898年5月5日出版）中，曾刊有大石正已的《东洋现势及将来》一文，其中对“保全清国”政策的目的，说得很清楚。他说：

我帝国所能执之方针，为保护我既得权利。

欲贯彻此方针，应先防止瓦分清国之危机，确保其和平，促其进步，谋其资产实力之发达。我帝国即与列国对立，亦不可不维持东洋之均势。

实际上，这早就是日本对华政策的目的，伊藤博文于明治三十二年（1899年）二月十四日对海外教育会协议会的讲演中也说得很清楚。他说：

……因此，无论由道义上说，还是从利害上论，只要我国能力所及，就不能不给予彼等以十分之助力。我相信，此举不仅为保全我国利益之所以，而且由远东大势来说，尤属必要。[①]

这样，20世纪初，“保全清国”是日本对华政策的指导方针。其具体措施是“厥在促其变法自强”[②]，重点则在教育方面，伊藤博文在上述讲演中，曾经这样提到：

海外教育，不惟对韩人有必要，同时对支那人亦属必要。盖由我国输入文明的学问，对彼等而言，不仅简便，而且其成功亦速。由我言之，则以东洋先进之我国对此土地广博、人口众多之所而导入文明的学问，自能得助势之利。此等事情，自属增进双方幸福之所在，亦属我国在道义上之义务。

在伊藤内阁中担任过文部大臣的外山正一，则更直截了当地

① 伊藤博文：《在海外教育会协议会》，载《伊藤侯演说集》，日报社文库版。
② 内藤湖南：《助成支那改革的一手段》，载《东亚时论》第五号，1899年2月。

提出:“普及教育，学艺发达，使清国经一大革命，始能依然以一东洋独立帝国之姿态出现。”他并呼吁:“日本国民，应有支那之存在，直接与自家之安危有切身利害关系之观念。”①戊戌政变失败后，日本政府的这种方针不但没有改变，而且还有所加强。例如明治三十四年（1901年）十二月五日出版的《教育时论》第599号中，十分露骨地主张：

> 苟我国教育者能容喙于支那教育问题，使我国能始终为其教育上之主动者、母国，则不能不掌握其实权。苟无此决心，则不如一开始即不加过问。

在这一政策指导下，日本接受了大批中国留学生，派遣了数以百计的日本教习到中国。中岛裁之的这种办学宗旨，目的就是根据这种政策而来的。当时，有不少冒险家，抱有侵略中国野心的支那浪人都在这种政策的鼓励下，用各式各样的名义来到中国，办教育也是他们常用手法之一。当然我们并不怀疑中岛裁之他自己说的，他之所以要创办东文学社是感恩图报；但也不能不想到，以后东文学社曾经被利用来作为训练支那浪人和支那浪人活动的据点。

因此说，东文学社从创立的那天起，由于其宗旨，即办学目的不明确，因此就埋下了日后失败的因素。作为主要人物的中岛裁之，除了感恩图报外，只是追随其政府的对华政策，利用中国兴办

① 外山正一：《支那帝国之命运与日本国民的任务》，载《太阳》第四卷第八号，1898年4月。

新式学校的机会，想插手其间（也的确为其达到部分目的了），既没有思想的基础，也没有物质的基础。至于吴汝纶和廉泉，不过是将其作为一项“新政”来看待而已，更谈不上有什么明确的办学目的。

因为没有明确的办学目的，所以在许多具体措施方面，也就不能不和其所昭示的宗旨，即办学目的相左。例如在招收学生方面，根据中岛裁之的希望，东文学社的学生，是准备出去当各地方兴办的学校教师的，那么至少要具备有为人师的条件。在当时的情况下，家庭的出身，虽不是主要的，但仍是相当重要的，至少要求是中等家庭出身的子弟，否则是很难胜任的。东文学社的学生情况如何，虽然没有可靠的资料来说明，但从稻叶岩吉对天津东文学堂学生的描述，大概也可以想象到一斑。因为天津东文学堂和东文学社相似，都是属于私人经营，不收学费而专授日本语文的学校。稻叶岩吉的话虽不一定完全正确，但也说明一问题：

> 由日本人所创设学堂招收之学生以视，则百分之九十为乞丐之子弟。
>
> 教中等以下贫民以日本语，实将成普及日本语之一大障害。
>
> 纠集支那中等以上家庭之子弟，而加以教授，乃今日第一之急务。[1]

东文学社的学生情况，可能要好一些。但从其曾在该校就学的一千七百多名学生看，比较优秀，离校后工作而能举出的，

①《天津日本人设立的学堂》，载《日本及日本人》第一三三号，1901年2月。

在中岛裁之笔下也不过三五个人的情况而已，所以也不会好到哪里。因为入学是免费的，入学的学生大多数当属上不起学的中等以下贫民，而且他们入学的目的也多种多样，真想当教师的怕不多，甚至连能赓续学习，完成规定学业的也极少，据中岛裁之的记载，只有李晖一人。他说："即二千余名学生中，只此一人修习四年间规定之学课，可为他生模范者也。"一千七百余名在东文学社就学过的学生，而只有一个人修毕全部规定课程，由此可以想象学生的情况。因为学生的素质不高，所以一些在过去私塾、书院等旧学堂中见不到的现象，如教室内窃窃私语以及喧哗、抽烟等等，都一再发现，而且屡教不改，甚至要中岛带了鞭子上课。

学生的素质如此，教师的素质也是不高的。

《东文学社纪要》中记述了不少日本教习的事，包括教习个人的品德和教习间纠纷在内。

东文学社开始时，完全由中岛裁之一人担任教学任务。中岛的为人，虽然有人在袁世凯面前，诽谤他说：

> 中岛在日本是个无法找到工作的无赖、流浪汉，任该学社教员者，亦皆其类，无一能称得上善良教师之人。

但从他跟随吴汝纶，和其他日本人对他的评价来观察，这种诽谤并不实在。至于其他的教员，则就不能和中岛本人相比了。

东文学社由于经费的关系，在学生人数众多、中岛一个人无法全部担任的情况下，曾经请过一批到北京来研习中国语文的日本青年担任教师。对这些日本青年，东文学社只负责供应膳宿，而由中岛另行设法每月供给他们零花钱银十元至十五元左右。这个标准，就是在当时来说，也是不高的，所以其能应约来就教的，就不免有鱼龙混杂的情况。在学校当局，在中岛本人，因为经费的限制，没有选择的可能，也只能容忍这种情况。至于教学质量，乃至教师本人的品德、影响，就很难顾及了。

当时到中国来学习中国语文的日本青年，是些什么人呢？虽然不能一概而论，但从当时日本国内正掀起一般清韩热，鼓励人民向中国、朝鲜移民的情况下，一些“国粹”团体也积极向中国、朝鲜发展，一批批所谓的支那浪人从日本到中国，从事侵略中国的活动等事实来看，这些青年绝大多数是抱了到中国来冒险，作为侵略中国的先遣队而来的。这批人，在日本国内，或者正如诽谤中岛裁之所说的那样，是在日本无法找到工作的无赖、流浪汉。他们在国内所受的教育也不多，品质上也不能为人师的，因此就不免为同在北京的其本国人所不齿。当然他们之间，也并不是没有学识、道德较优的，但一般来说是不理想的。对于这一点，中岛是很清楚的，也知道这些担任教职的日本青年的实际情况，所以他在动员他们来东文学社任教，供应他们膳宿的同时，也和他们做了如次的约定，希望借这些约定来约束他们。

中岛向这些日本青年教师提出的守则，完全是为了维持日本人的尊严，不使中国学生轻视而做出的，所以十分简单。即：不准在学校内饮酒，不许出入花街嫖妓，不许穿着和服。这三点并不是什么达不到的要求，但从以后的事实看来，这些在东文学社执教的日本青年并没有做到；不但中国学生为之皱眉，连在北京的日侨们也都感到有失体统。那时候在北京的日侨间，有一句话

"东文学社流"，就是指一些行动失格的人；由此可知，那些日本青年教师的行为如何了。实际的情况，远远不止此。

教生物学的老师村城秀作，是个医师，过去在朝鲜担任过教师。由于他习惯于对他看不惯或是不听从他话的人用拳头去打击其头部，所以中岛一再告诫他注意。但他出于"民族优越感"，没有改正这种缺点，因在上课时一再殴击学生的头部，以致学生大哗。被殴的学生是某御史的子弟，该御史为此向朝廷弹劾了作为东文学社总理的廉泉。同时学生们还向学校方面表示，他们不再受这样野蛮的教育，除非当亡国奴，决不再上这种课，不再学日本语。

这种用暴力对人的行动，不仅仅是对中国学生而已，在他们自己之间也层出不穷；有时就在学生面前，他们也没有什么避忌而公然斗殴。

日俄战争初期，被俄军捕获，在哈尔滨枪杀的日本特别任务班班员的冲祯介是常常用暴力来解决问题的一个，他甚至拿了日本刀去威胁中岛裁之。据《东文学社纪要》中所记，冲祯介除了和东文学社的同事用铁棒斗殴外，还曾乘醉殴打过驻屯军的铃木参谋、顺天时报社社主中岛真雄等，使中岛裁之为之狼狈不堪。中岛曾向冲的舅父山崎信次郎谈及，并劝冲转任到山崎有关的天津日出学馆工作，冲没有理睬；中岛又动员其到地方学校去工作，但冲仍不同意，不肯离开。对于冲祯介和其他日本教师的斗殴，用日本刀来威胁中岛裁之等的事，都是在有中国学生见到的情形下发生的，其影响的恶劣可想而知。

中岛之所以规定，在校内不能着用和服的原因，是考虑到中国人民还不习惯于日本那样穿着浴衣、木屐到处乱窜，甚至就穿一条短裤，或围一根带子就外出的情况。这些日本青年教师对这一规定，置若罔闻。有一度，在学校中竟以着用和服成风，随意着用和服在校内踯躅。中岛虽一再劝说他们，大多数人都听从其意见，不再穿着和服；但也有根本不予理睬，继续着用的。如西山荣久，即使在中岛一再劝说之下，仍然不更换，始终穿着和服。

至于饮酒和出入花街嫖妓，更难禁止，条例徒成具文。这情况不仅在东文学社的日本教师中如是，其他各地的日本教习中，也普遍有这样的事。因为酗酒和争风而引起纠纷的事，也屡有所见，以致引起中国学生或教职员的蔑视，也理所当然。东文学社的日本青年教师们，在这一方面究竟达到了什么程度，可以从下面中岛裁之的记载中见到一斑。

明治三十四年（1901年，清光绪二十七年）十二月二十三日，日本教师们在学社内举行忘年会辞岁的时候，西山荣久因看不起这些教师，没有参加；忘年会中由于中岛裁之不在，所以大家都破禁饮了酒，酒喝多了些以后，对西山的单独行动表示不满。古庄友祐等就乘醉闯入西山宿舍，将其痛殴了一顿。横川省三进去干涉制止时，古庄又将矛头指向横川，变成和横川的冲突，西山到另外一室去避难，等中岛回来后，西山又挥拳威胁中岛，几乎又酿成事故，幸赖剑持百喜从中劝架，才告无事。第二天，西山和冲祯介二人提出辞职，一时东文学社内形势十分紧张；剑持又居间调解，并说："和西山等要和解，事情是由酒而起的，还需用酒来解决。"向中岛借钱办酒宴，中岛没有答应，可是到二十六日，教师们还是举行了宴会，中岛没有出席，很晚才回来，那时冲祯介酒气逼人地向他责问，并且挥动长日本刀来胁迫。在这以前，宴会结束前，剑持提出上花街去，有两三个人随他一起去了。所以中岛回来后，桥本金治又以剑持等人违反学社规定，迫中岛辞退他们。事情在以后，虽因中岛处理得当而告平息，但从这几天发生的事来看，可以很清楚地知道中岛为日本青年教师们规定的禁例，并没有很好地得以执行。他们这种行为，在当时日侨中间也影响极坏，例如当时驻清日本公使馆的书记官中岛雄，曾对中岛裁之说过这样的话："对东文学社的教员们，有必要让他们的收入富裕到每个月可以去嫖三次那样程度吗？"

这样的人，当然是不能为人师的，因此中国学生们的抗议，是理所当然的。作为总理的廉泉对于这样的事实，既无力干预，也无法过问，弄得焦头烂额。因此他对东文学社的态度，日益冷淡，最后无可奈何地说出："东文学社应停办，也可停办。"

这批日本青年教师，除了在学识、品德方面很难为人师表外，他们之间还由于学历、资历乃至籍贯等原因，互相勾结成帮，制造纠纷，斗殴；最后甚至发展到集团退职，要变卖校有资财等事。这些纷争，虽不是导致东文学社失败的主要原因，但也有极大的关系。

上面谈到过西山荣久和其他教师间的纠纷，不过是一例而已。冲祯介和中岛裁之间的矛盾、对立较之更严重，最后形成了东文学社的分裂，这件事对东文学社来说是很重要的。

明治三十五年（1902年，清光绪二十八年）十一月，中岛裁之因要求日本政府补助经费的事，回国到国会中去活动，将校务委托给当时负责教务的冲祯介和负责财务的高濑敏德。冲利用中岛不在的机会，从学校经费中支出115元，以北京东文学社设立“支那语学部”的名义，在日本《万朝报》上刊登广告，从日本国内招生。中岛回校后得悉此事，就责备冲祯介并且不承认所招的学生，再加上天津方面的补助将告中止的消息，冲祯介及其同伙向袁世凯及新任汪盐运使寄发了中岛滥用补助金，要求停止拨付的信，企图破坏中岛的信誉，陷东文学社于绝境。这样促成了中岛和冲一伙的公开分裂。明治三十六年（1903年，清光绪二十九年）五月十八日晚餐时，中岛指明了这件事之后，冲及另一教师船津输助就愤而离去；到二十一日，又有白井喜一郎、佐野祯一、福崎四郎、田村一三、胁光三、三岛真吾、上野政则、金田甚六等九人离校，到东单另设了一个“文明学校”。他们离校后，还向中岛索要回国旅费，并向总理廉泉要挟，如不支付旅费将变卖校内的机械，以充旅资，被廉拒绝后，福崎四郎挥舞日本刀要杀中岛、烧学校，结果在日本公使馆的干预下，才算了事。冲祯介所办的文明学校（日文学堂）因没有什么学生，到处募捐又没有结果，所以没有维持多久。到日俄战争爆发，冲祯介和一些教师就参加了特别任务班。

这次的分裂，虽然有人说是“东文学社内感情的冲突，完全是由于中岛校长的学生们不平等的行为所引起，教员十人拂袖而去之事，亦全因中岛之狂妄所致，故学生们对教员均寄予同情之意。我等行动光明正大，绝无乱暴之事……此事在报上有所记载，在北京日本人间亦成一大事”[1]。实际上，还是那批年轻的日本教师放浪不羁，不守纪律，才造成分裂的。

① 船津输助：《燕京佳信》（1978年，非卖品）。

这一系列的因素，都促使东文学社不能不失败，但直接促使其失败的更重要原因，则是日本政府的政策。20世纪初，日本政府对中国的政策，主要是想用“保全清国”的名义，蓄积实力，以和其他老殖民帝国相抗衡，在重新分配势力范围的时候，取得更大的发言权，以达到其完全控制中国的目的。到日俄战争前，日本国内的情势已有很大变化，实力也在甲午战后中国的赔款喂养下，积聚到一定程度，无须再用缓慢的迂回战略，完全可以直接用武力来取得。在对俄、对朝鲜的态度上如此，对中国的态度也无例外；换言之，已用不到再用“保全清国”这样冠冕堂皇的辞令来掩饰。文化教育方面的工作，本来是“保全清国”这一对华政策的中心，现在政策改变，其中心工作当然也随而变动，中国留日学生人数的减退，到中国来执教的日本教习也由盛而衰，都是其具体表现。

像东文学社那样的教授日本语文的学校，原来是作为“日本对清朝中国教育工作强化政策”的，因此“必须由国库予以相当补助”。[①]虽然说，当时日本政府对这些由私人经营的学校补助不多，但毕竟还是有所补助的。可是到政策改变以后，就是这些极少的补助也不一定再继续了。明治三十六年东文学社分裂事件发生后，高濑敏德去找内田公使，要求增加补助，结果内田没有见面，代见的馆员做了连原有的二百元也不能肯定继续的答复。这时候正是日俄战争的前夕，也就是其对华政策已做了转变之后。

① 《教育时论》第609号。

* * *

因为东文学社有这样多的失败因素存在，所以不可避免地在历史上昙花一现似的消失了。当然不能说其没有起过任何作用、产生过影响，但并不很大，尤其因为其所视为教育对象的学生，没有多大选择，加上流动过甚，很难发现有多少人是东文学社出身的；当然在担任新兴洋学堂的教习（多数也是图画、手工、体操教员）中，有部分人是曾在东文学社受过速成教育的；同时，当时各地方所招聘的日本教习中，也有一些人是由东文学社或中岛裁之个人推荐的。

无论怎样说，中岛裁之和东文学社，在中国的近代化过程中，中日文化交流历史中是留下了痕迹的。

（本文所据资料，除中岛裁之所撰《东文学社纪要》外，均一一注明，以供查考。）

《笔谈遗稿》

1977年我恢复名誉后，曾在《人民日报》上发表了一篇介绍黄遵宪《日本杂事诗》最初稿冢的短文。想不到在这短文刊出以后不久，就收到了很多多年不知音息的师友们的来信，其中，包括实藤惠秀先生。

实藤惠秀先生（当时我还不知道他已经获得文学博士的称号，以后才从他人处知道，所以这里仍沿用向来的称谓）是我40年代初，在日本留学时代相识，以后长期共同从事中日文化交流史研究的友人（也可以说是师长），虽然我们之间，在年龄上相差不少，但因为研究的课题相同，脾气也相投，所以彼此间来往很密。我每次到东京，总去找他一同上旧书店去翻故纸堆，那时他在早稻田高校任职，收入很充裕，因此几乎去一次神保町或本乡（旧书店集中的地方），就请我上小酒店去，他喝酒，我不太会喝，就吃烧鸟（实际是烤肉）；谈论的中心，无非是19世纪、20世纪初中日两国间的交往，特别是文化交流的事。我们曾在旧书店的故纸堆中发现过不少有用的史料、书籍，像汉译西洋文化的刻本、中国人的东游日记和一些当时反映华侨在日本情况的书、画等等，这些书，现在大概都收藏在东京都立图书馆的“实藤文库”中。我记得，我们曾在东京到处搜寻王韬的《普法战记》（明治二十年出版的日本翻刻本），因为那是日本翻刻中国人著译介绍西洋事物的最后一本，可在东京找了有半个月左右没有达到目的；后来，我无意中在京都的一个小摊上，以极便宜的价格（我记得是相当于一顿饭——当然是稍好的，不是定食的价格）买到了手，寄了给他。他高兴极了，花了比我买书多五倍的价格，把书的内、外封照了照片，寄了一份给我。至于我们间的通讯往来，由于常要讨论一些问题，交换彼此的看法，所以一直没有中断；有时，一天会发两封信。这些信，去年我上东京时，整理他遗物的小川博氏告诉我，绝大部分还保存着，而且还拿出几封我四十年前给他的信给我看。通信的事，战争结束后还继续着，一直到 1957 年我被错划为右派后，不得已中断了一段时间，到 1962 年才又恢复；到“文化大革命”开始，当然不可能再有鱼雁往来了，几乎十年多，彼此都不知道音息。这次他在来信中说，见到我的文章，知道我还健在，而且还在谈黄遵宪，还把四十多年前他送我的照片作为说明刊出了（这张照片以后送给梅县黄遵宪纪念馆；原是实藤照的，用来和稿冢碑做比较的孩子，是实藤的三公子）。他想到我还在搞老一套，很高兴。信上问到我这些年的情况，同时以更多的文字，叙述他近二十年来的生活、工作和研究情形，不少处提到他在研究中的想法和成绩，最后要我对他的三本书（指《中国人留学日本史》、《黄遵宪与日本友人笔谈遗稿》和《日中非友好史》）提出具体的意见。他的著作，从 40 年代以来，向来是出版一本送我一本，让我谈具体看法的，所以他这样说，并不奇怪。可是，这三本书我却根本没有收到，也不可能收到。因此我在回信中，就说明了在那年代中，我根本不可能收到的情况，要求他再寄一次。同时在信中，还问他黄遵宪和日本友人笔谈的遗稿，是不是就是我们在 1943 年见到的那些后来他称为《大河内文书》的。很快收到了他的回信，并且告诉我，除了《笔谈遗稿》因手头没有存书，要稍等以外，其余两本都又寄出了。对我提的问题，他回答说："《遗稿》就是你见到过的，不过你只见到一部分，这次收的比你见的要多多了。"最后，他在信中说："你是第一个见到笔谈原稿，也可能是唯一见到过这批原稿最初形态的中国人，无论如何希望你谈一下对这本书（指《笔谈遗稿》）的意见，因此请稍等，一定会设法找一本寄去的。"隔了一些日子，他寄的《日中非友好史》收到了；可是不知道为什么，同时寄出的《中国人留学日本史》却仍然没有收到。

在我来说，对《中国人留学日本史》的关注，远较其余两书为甚。因此过了三四个月以后，眼见没有可能再收到时，又给他去了信，希望再寄一本《中国人留学日本史》来；当然也提到了《笔谈遗稿》，请他尽快设法找一本给我，我想和《大河内文书》（他所著，50年代由平凡社出版的）比较一下。

1978年，正当我受命恢复研究工作的前夕，收到了他已寄过三次的《中国人留学日本史》和第二次寄出的《黄遵宪与日本友人笔谈遗稿》（以下简称《遗稿》）。

我很认真地阅读了这两本书，实在找不到为什么接连两次收不到《中国人留学日本史》的原因；这次收到，途中也"旅行"了半年以上。读完以后，像过去一样提出了我的看法，记得这些意见都很尖锐，对于《遗稿》，我大概是这样说的：黄遵宪在中国近代史上是个以革新著称的人，是少数要从国外找到拯救国家危局思想的士大夫中的一个。他的革新思想，主要是在日本的几年中形成和发展的，这在他所著的《日本杂事诗》中，已有所流露。我想在《遗稿》中，一定更多，而且更坦率；因为当时笔谈，都是私人间的交谈，没有准备以后公之于世的。可是，很失望，《遗稿》中所收录的，除了一些风花雪月的闲谈以外，就没有什么可观的了。当然，革新思想不是没有，但实在太少了。所以，我最后说:“发表这样的笔谈稿，怕不是黄的本意吧!”在我的意思中，是指责他们在选编时，把有关革新思想的部分笔谈删除了。

实藤在接到我的信后，很快寄来复信，说笔谈原来就如此，总不能伪造；而且或多或少，还是可以从字里行间见到其思想转变脉络的。还说，《遗稿》的整理校订工作，主要是由新加坡大学的郑子瑜先生担任的；开始时，郑先生也有过这样的想法提出过，可是原文如此，实在无能为力。最后，在信中又一次提到：“你作为第一个和唯一见到过笔谈原稿的中国人（郑先生所见到的，可能是复制件，以后郑先生告诉我是缩微片），希望能将其介绍到中国大陆上，为我们数十年来共同从事的中日文化交流研究工作，出一些力。”的确，不用他说，我也觉得我有责任，也有必要把这一批在晚清中日两国关系史上、文化交流史上有极重要地位的笔谈稿介绍过来，让中国人民知道一个世纪以前，即使在战争以后，两国人民间的感情是怎样的。虽然，我曾为此做出过努力，但遗憾得很，一直到他谢世，我没有能完成他的愿望，这批《笔谈遗稿》始终没有介绍过来。现在每一想起，就不免内疚。同时，一见到《遗稿》这书，就不能不回忆起四十多年前的往事。尽管当事人之一的实藤先生已成故人，我也已由红颜青年变为皓首老人，但往事还像电影那样，一一映在我脑海中。

1943 年 11 月底，我已决定回国，由于在东京还有些未了的事需料理，所以在准备12月离开前，先上了一次东京。到东京，照例要和实藤先生见面。就在那一次，到中野鹭宫他家中见到他时，他从书桌上取出几本比16开本小一些，略呈长方形的线装本给我看；郑重其事地告诉我，这就是从野火止平林寺中借来的源桂阁和清国钦差使署（公使馆）中人员笔谈的原稿。我翻了两个小时左右，发现这些笔谈稿十分有意思，这位主人源桂阁（以后知道他的姓名是大河内辉声）真是一位有心人，从一开始就准备把这些笔谈原稿长期保存的，所以不但用纸的规格、大小一律，而且书写的四限范围，也大体相同，以便日后装订成册，十年如一日，实在佩服。不仅仅在用纸规格，书写的上下左右四限如此，而且每次笔谈之后，他都亲自整理，还用朱笔对笔谈人的姓名，有时连动作或有某人进入笔谈场所，都一一加以注明，使后人（他大概只准备给他子孙看的，绝不会想到像现在这样公开的）一看到，就可以想象到当时的情况，一目了然。在用纸和装订方面，也相当讲究，不愧是一个有暇的贵公子；对于保存，也用心周到，例如这些笔谈原稿，每一本首尾两页的夹层中，都夹有整张的烟叶，以防蠹虫的蛀蚀。从这些处置看来，可以清楚地知道，他是想长期保存的。这是我第一次接触笔谈原稿的情况。那天我只翻阅了五本，因为时间已很晚，不便多谈，只记得实藤说，你以后不一定再来日本，即使能来也不一定能见到这批资料，所以要好好看看。第二天他上旅馆找我，又谈了很久，谈论的中心当然是这批笔谈稿，他对装订、保存以及用纸等方面都觉得，这位笔谈稿的主人可能将其视作自己的事业，所以对之极为珍贵；可是为什么在夹层中放置烟叶防蛀，感到有些不解。我认为防蛀是毫无疑问的，可能他的藏书都这样，不一定有传诸后人的企图。无论怎样说，这位源侯确是位有心人，否则也不会保存和细心整理这些零星的原稿了。

当时战事已日趋激烈，物资的供应日趋紧张，城市的人民要花一定时间上农村找寻副食品。实藤先生爱酒，可那时东京等大城市配给有限，只够他一顿，所以他也常上东京附近去找酒。野火止离东京不远，他又和平林寺的和尚搞得很熟，因此通过他们也弄到一些黑市酒，同时也不断从寺的仓库中借到这批笔谈的原稿。在我临走前两天，他特意从东京来到神户，提了个包袱说是来送行，我以为包袱中又是什么土产礼品，可打开一看是五本笔谈稿，他说是刚借到的，乘你还在日本，再多看一些。他告诉我，每次从寺中借五本回来，大概五天到一星期再去交换。还告诉我佐藤三郎氏对之也极感兴趣，他们两人想把这批笔谈稿抄下来，不过册数太多，怕要花很多时间。当时还没有复印的方法，要复制，除了照相以外，唯一的办法就是手抄。记得那一天，他还送了我两张笔谈稿与笔谈主人的照片，就是现在复制在本书中的两幅图片。当时他对源侯的身世，这批笔谈稿产生的背景和参加笔谈的中日双方人士，虽已有所了解，但没有以后那样全面。那一次因为我较忙，没有准备他来，所以谈话时间不长，主要是研究他所描下的某些过于潦草、难以辨认的字迹。我们都认为这批笔谈稿是近百年来中日文化交流中极珍贵的资料，应该好好利用。我又提到上次的建议，请他一面看一面译出的事。他苦笑了一下说："连酒都喝不上，译出也没有地方可出版，再说也没有纸来印这些，以后再说吧！"那天，记得还从源桂阁谈到江户到明治初年，日本知识分子中对中国的向往、崇拜；他讲了些笑话，如一位有名的汉学家从东京到横滨，说“又接近中国一步了”，有的人还特意到了长崎。当时我们都感慨地说，这种心情同今天拿枪到中国相比，不知相差几万里！这样的话，在当时是犯忌的。我怕他再说多了惹麻烦，所以劝他别再喝，匆匆地离开了酒馆。那时日本知识分子内心的苦闷，只有在和极熟的友人饮酒时，才用牢骚的话头发泄出来。

回国以后，收到他不少来信都是涉及笔谈稿的。从来信中知道笔谈稿原来大概是一百册左右（据龟谷省轩语；但依实藤计算，应是九十四册），以后不知是迁移呢，还是别的原因失散了一些，当时（1943年）在平林寺中，只剩下七十一册；这七十一册包括七年中的笔谈和另外两册专门性的或和朝鲜人的笔谈。当时他的统计是：

罗源帖	1–18（明治八、九年）
丁丑笔话	1–7（明治十年）
戊寅笔话	1–26（明治十一年）
己卯笔话	1–16（明治十二年）
庚辰笔话	1–10（明治十三年）
枣园笔话	1–17（明治十三、十四年）
韩人笔话	1
书画笔话	1

这数字应是八十六册，但中间缺了一些。这大批笔谈稿中，除罗源帖中笔谈对象不明、韩人笔话和书画笔话的笔谈对象同当时大

清国使署人员没有直接关系以外，其余都是以当时中国驻日公使馆人员为对象的，笔谈地点也有一半以上是在使署中。参加笔谈的使馆人员，上自钦差大臣（公使）何如璋、副使张斯桂，下至家属、翻译，据不完全统计有：

> 公使何如璋　副使张斯桂　参赞黄遵宪　随员沈文荧、廖锡恩（后长崎理事）、刘寿铿（后神户理事）　翻译潘任邦、魏梨门　家属何定求（何如璋弟）、何其毅（何如璋子）、张子敬（张斯桂孙）等。

此外还有几个和使署有关的华侨，日本人也有一些，大都是汉学家，如森春涛、石川鸿斋、青山延寿等。他的统计恐怕还不是全部的，因原稿有残缺，所以想象中参加笔谈的人还要多。

笔谈的正文，都是用流利的汉文写出，和明治后期以后日本人写的汉文不一样，表明当时日本知识分子的汉文水平都不低。说明和注解（就是用朱笔写的部分），则是用日文写的。

第二年10月，我又来到东京。由于事前托人和实藤先生取得了联系，所以当天傍晚五时左右，他就到旅馆看我。这次给我的印象很深，倒不是因为这是我回国前的最后一次见面，而是由于他来时，不但穿了当时一般人穿着的战斗服，而且还打了绑腿，一副战时气氛。手里提着一小包，见面就打开这小包，里面包的是饭盒、水瓶和五册用另一层包袱包好的笔谈原稿。一面打包，一面向我说，因为是直接从工厂来的，来不及换衣服，请我原谅。又告诉我，现在他一星期要带学生上工厂“勤劳奉仕”四天，工厂在蒲田，离他家很远，因此每次都是早晨出来，到晚上才回家；好在家里的人都疏散到他家乡广岛了，只留一个孩子。因为不放心，所以笔谈原稿总是和饭盒、水瓶一同随身带着的。那天他似乎很疲劳，因此没有多谈，只在旅馆中共进晚餐后就回去了。旅馆中的晚餐还算丰富，也有酒，不过已有定量，我把我的一份给了他，他没有多说，只说已经一个多月滴酒不沾了，话不多可尽在不言中。分别时告诉我明天他正好休息，所以约好明晨我去找他。

第二天一早，我怕碰上警报，很早就到他家。他正在院中摆弄什么，见到我很高兴，就领到书房中。书房中杂乱得很，显然是很久没有整理了，家中就他一人，大概孩子出去了。书桌上堆满了书稿和抄录的笔谈稿，昨天看我时带着的小包也放在那里。他说，现在有时间就把笔谈稿抄录下来，书桌上一大沓原稿纸，就是抄录笔谈稿的成绩。我劝他一面抄，一面译，他没置可否，只说先抄下再说。还说现在还定期上平林寺去交换原稿，每次五册，因为要上工厂，所以看得很慢，总得一个月左右才去交换一次。又说这些是国宝，所以他到哪里都带着这小包，上学校、工厂不必说，上防空壕也得带上这一小包。那天一直谈到中午，本想留我在他家附近吃饭，可这里没有什么可吃的，还是回到我旅馆吃的午饭，可中午不供应酒，其实即使有少量的酒也不能满足他。不过，这是我们最后一次的见面，以后他邀约我几次，都因阻于种种意外的原因而不果。

回国后书信往来，虽因战事日益紧张、交通逐渐困难而减少，但还不断有。所谈的，最先还集中在笔谈原稿和他写的留学生史话上，慢慢地却不太谈笔谈稿了。我想可能笔谈稿太多，而他的时间太有限，不再搞了吧。这样，一直到1963年左右，他在来信中忽然提到要把笔谈稿摘要日译后出版，还说要在里面提到我。他有一个习惯，凡对他研究或写作过程中，做出过帮助的，在他著作出版时，一定要提到，以示感谢。这本来是人情之常，不算什么；可那时我的处境还很不妙，他要一提，肯定会引起麻烦的。为了避免麻烦，我两次去信要求他不要提及；当然我不好说具体情况，但隐约地告诉了他。因此，一直到1978年为止，他在出版的著作中，都没有提到我，和过去及以后的情况完全不一样。

源侯在明治初年和中国人的笔谈原稿里面谈到的，真是五花八门，上自天文地理，下至贩夫走卒用语等几无所不包；而且谈话时，除开始几次外，都极随便，见不到有什么客套和外交辞令；像源桂阁在笔谈中，曾称张斯桂（副使）为爹，这种情谊，在甲午战前也是罕见的。因此说，这批笔谈原稿实在是近代中日关系史，特别是文化交流史中极宝贵的第一手资料。我有幸见到这批实物的部分，或许正如实藤先生不止一次提及的，我是第一个，也是唯一见过这批原稿的中国人。这是事实，可是我所见到的也不过是十四本，当时存留的五分之一而已，比起后人来（即使见到的是复制件）要少得多。不过，我对这批原稿还是有感情的，因此后来听到只剩下六十六本时，还惆怅了很久。“文化大革命”刚开始时，在民族饭店见到藤堂明保先生，还托他向实藤先生转言，能不能通过新闻媒介找一下，我不信找不到。

不过，我对笔谈稿中的一些内容，并不感到有什么可期望的；或者说，是失望的，就像我在40年代和实藤说的那样。在笔谈稿中，黄遵宪和源桂阁的笔谈比较多；而黄遵宪是戊戌政变的参加者，其思想上的变化，是在他出使期间形成、定型的；就是说，在担任日本使署参赞的那一段时间，对他思想的改变过程来说，是极重要的。我想，应该在笔谈稿中见到一些端倪的。因为我曾在档案中见到过首任神户理事刘寿铿和当时兵库县知事周布公平的笔谈，以及后来担任神户理事的马相伯、郑孝胥和日本人的笔谈，都有要求变革和讨论日本维新做法的内容。可在笔谈原稿中却很少见到谈到黄遵宪。我所见到的十四册笔谈原稿中，几乎没有发现有什么直接关联的，感到很失望，实藤先生也感到奇怪。当时，我们见到的笔谈原稿还少，所以把希望放在后面一些原稿中；可是，实藤在翻阅了全部原稿以后，也没有发现，勉强地说，只有在搜集《日本国志》资料时谈到了一些。因此，以后在他所写的《大河内文书》和合编的《笔谈遗稿》中，仍然只是一些风花雪月的身畔琐事。为此，我曾一再地在和实藤的往复函件中提到这事，认为不可能没有，因为他知道，而且也见到过神户理事府旧档中，所保存的不少理事和日本人的笔谈稿中，并不完全是风花雪月的琐事，更没有涉及男女之私的内容，虽然这些笔谈稿的纸张大小不一，字迹也横直不齐和潦草。可为什么源桂阁的大量笔谈原稿中，竟绝大部分是生活琐事呢？

再深入地一想以后，觉得这种情况的出现，应该说是正常的。何如璋、黄遵宪在当时，都是代表国家的外交官，私人间的往来笔谈，自不可能涉及公事，当然也不会表现出他们在思想上的变化。源桂阁虽是华族，但在当时的明治政府中并无一官半职，纯粹是以私人身份和清国公使馆人员交往的。因此，他们间笔谈的内容，绝不会涉及国事，也不会有关时事看法等表现其思想的；偶尔有一些，也是出于无意，源桂阁似乎也很注意这点的。当然不能认为何如璋、张斯桂、黄遵宪他们，在日本的几年中没有和日本人谈到过涉及国事、时事的事；也就是说另一性质、内容的笔谈，肯定是有的，不过没有保存在私人文牍中而已。很可能像神户理事府档案中保存有一些理事和日本人的笔谈稿那样，保存在东京中国使署的旧档中，甚至日本外务省的文书中。

身边琐事，特别是涉及男女之私的，向来为中国封建士大夫所讳言。日本受中国儒教文化的渗透很深，在这一点上也和中国完全一样。其实，食色性也，人之大欲，青年男女谁不经过这阶段，只是囿于旧礼教的束缚，力求克制而已。当时在东京的大清国钦差公署中，除张斯桂年龄较长外，何如璋不过四十左右，黄遵宪他们都是三十左右的壮年，远离家人，长期在外，自不能没有这种想法，和熟人间谈到这些事，纯属情理之常，没有什么可奇怪的。掩饰，并不能说明出自他们的本性，也不能说明他们没有这些想法。源桂阁保存这些原稿，正说明当时他们思想上的情况。

《遗稿》是明治初年的产物，那时，日本正处于一个大变革的时代。明治维新还没有完成，日本的对外政策，特别是和中国间的关系，虽已在发生变化，但基本上还维持着旧状；人们的思想，主要是对中国文化的态度，也和过去一样，并没有什么显著的变化。这些在源侯和中国人间的笔谈中，随时有所反映。因此，《遗稿》不但是研究中日近代关系史，而且也是研究明治维新史中最宝贵、最真实的资料。

日本知识分子对中国态度的变化，正是从明治初年，大概是明治十年左右开始的。江户时代，日本受儒家思想的影响极深，大义名分论仍是当时尊皇攘夷派的理论根据。他们对于中国和汉文化，除了崇尚就是爱慕，因此有着到横滨、到长崎，就认为是接近中国一步的事，这不是笑话，而表示了日本知识分子的心情。明治维新之后，西欧文化进入日本，新派人物开始厌恶、鄙弃中国文化；可是旧的知识分子，特别是一批汉学者们，爱慕、崇尚中国的风气并没有什么变化。《遗稿》留下了许多当时日本知识分子，其中绝大部分都是有影响、有名望的汉学者，他们和中国人间的笔谈，从《遗稿》保留的笔谈原稿中，可以清楚地见到他们对中国人，时时处处流露着尊敬和谦恭的心情。源桂阁对何如璋、张斯桂过分亲昵的称谓，虽然不过是开玩笑而已，但他们之间的亲密关系，却也可见一斑。此外，《遗稿》中也可以见到一些当时日本人骂中国人的话，如“豚尾奴”等不太客气的言辞，对方并不介意。这些都足以说明甲午以前，中日两国人民之间的友谊。

《遗稿》的主角，也就是笔谈的主人是旧藩侯的源桂阁（大河内辉声），他在维新以后，虽还保持着一定的财产和地位，但已经不能保持原有的尊荣，而他又不甘心于没落，也没有改造自己的决心。尽管他在口头上表示淡泊，可内心对旧的留恋，对新的反感却总要表现、流露出来的。《遗稿》中就能见到其在言辞间，对新政府的不满和讥刺。例如当他得知大久保利通被刺消息后，和何如璋、黄遵宪在笔谈时，回答何如璋所说的“大抵顽固之俗未化，十年来贵邦文明无进步也”时，源桂阁用“口噶进步，心为退却”来回答。而对当时出现的维新后一系列的改革时，源桂阁说“不如钳口”、“邦无道则退之义也”。说明他对明治维新的态度，不是拥护、支持新政的。另一位也常到公使馆，和使馆人员笔谈的汉学者石川鸿斋则更甚，说得更清楚。石川说：“欲观佳丽，莫如西京；欲观丑夫，莫如东京。欲观英雄、豪杰，莫如古；欲观懒惰、愚昧之人，莫如今。”愤慨之情，溢于言表，虽百年之后的今天，读到这里，似乎仍可见其神态。当然，历史的车轮，总是不断向前推进的，时代的更新，并不是谁能阻挡的；螳臂是无法阻挡历史前进的，更不必说想使其后退了。今天研究明治维新史的，对于当时这批顽固保守的汉学者，是怎样阻挡历史前进，至多知道一个大概，不会知道具体事实的。可《遗稿》在无意中保存了这样一些有价值的史料，一读之下就能对当时情况有所了解。其次，他们在笔谈时，谈到一些当时的风俗，如买妾、赁妻和某些士族在维新以后，因生计来源断绝，不能不鬻女以活等等，也是相当重要的。尽管在他们笔下，完全是无意中提到，根本没有什么意图可言。

明治维新以后，日本部分政治家以邻为壑，在对中国的关系中，曾经发生过一系列事件，引起外交上折冲。何如璋、黄遵宪都是当事人，尽管他们和源桂阁间的交往是私谊，笔谈也只限于私事，可或多或少还是能看出些的。例如琉球改县的事，琉球旧贵族的活动等等，在《遗稿》的字里行间，还是能见到一些信息情况的。

参加笔谈的一些中国外交官，如何如璋、张斯桂、黄遵宪，他们都有在出使期间写下的或形成的诗稿、著作，以显示他们对日本印象、看法的。尤其是黄遵宪，他的著作《日本杂事诗》和《日本国志》，不唯在当时，即令到今天还不失其价值，是足以代表19世纪末叶中国人日本观的两部著作。这些影响后人的著作，不论其是在使日期间完成的，还是开始准备、搜集资料的，都有必要知道他们当时情况，否则是无从了解他们这些思想来龙去脉的。《遗稿》里面，在这方面虽也不多，但还是有某些线索可见的。例如黄遵宪为《日本国志》的准备，曾委托日友代译某些资料，如对《大日本史》和赖山阳的看法，都是十分有意思，而且极为重要的，特别是像《日本国志》那样长时期内影响中国人日本观形成的著作。当然，《遗稿》保存下来的谈话，涉及这方面的不多。

感谢近半个世纪以来，科学的发达，使这批笔谈原稿能以原形态保存下来，而不必像四十多年前实藤先生一笔一笔地抄录（以后佐藤三郎先生也参加了抄录工作），而可以用复印的方法，为研究者提供方便了。目前这批笔谈稿还没有为多数中国人，包括中日关系史研究者所知道、了解，但相信以后会利用这批资料的，会充分利用《遗稿》的。

神户理事府

中国和日本两国之间，在历史上很早就有通交关系。两国之间有使节来往，也可以远溯到公元前后；《后汉书》曾记有日本列岛上国家向中国通使奉献，汉光武帝并赐以金印的事，中国也曾两次派遣使者前往。这样的往来，史不绝书；到隋唐时代更见频密，两国史籍中都留有记录。但是这种通交，即使双方使节互有来往，也不能认为是中日两国之间已存在着对等的国交；而只是片面的，由日本到中国的使节是奉献、朝贡，而从中国到日本的，则不是宣谕，就是答慰，不是去办理外交事务的。因此，我们由近代国际对等国家的关系来说，这样的往来，却无一谈必要。

在中国的对外关系中，和日本间的来往、通交，是比英、美等国要早，要密切。可是两国之间之有近代的、对等的国交关系，却要迟于中国和英、美等西欧国家，甚至比沙俄也要晚。

1842年（清道光二十二年）《南京条约》订立之后，中国就被迫开国，陆续和西欧各国成立了所谓对等的国交关系；到1860年（清咸丰十年）更设立总理各国事务衙门，来办理外交事务。可是和近邻的日本，却以大信不约为借口，并没有建立对等的近代国交关系。直到1873年（清同治十年，日明治六年）才由李鸿章和伊达宗城在天津缔结了十八款的《中日修好条规》。在这条约中，其第四款规定：

两国均可派遣秉权大臣，并携带眷属随员，驻扎京都。或长行居住，或随时往来，经过内地各处；所有费用，均系自备。其赁租地基房屋，作为大臣等公馆，并行李往来及专送公文等事，均须妥为照料。

根据这一条款的规定，中日两国之间才有近代的、对等的国际关系成立，中日两国间的通交关系，才从片面的而变为对等的。当然，这是从法律的观点而论，并不是从事实出发的；不过，正式的国交关系还必须由这时算起。

这条规缔立以后不久，日本方面即根据上述第四款的规定，派遣柳原前光为首任驻扎清国全权公使，前来北京常驻；正式在行动上和中国建立对等的国交关系，和中国交换使节。

中国方面，本应很快地和日本采取同样的行动；但由于种种关系（主要的，还是因为人选的难以决定），一直到 1876 年（清光绪二年）才决定派遣对外使臣，常驻对方国家。这年的八月，总理各国事务衙门任命直隶后补道许钤身出使日本；因未到任，所以又任命翰林院侍讲许景澄、记名道李兴锐分别代之，但都因故没有到任。傅云龙在《游历日本图经》中，曾谈到这事说：

自光绪二年，使英美诸国始，日本出使之命继之。而许大臣钤身，许大臣景澄，李大臣兴锐皆未至。(《中国使臣表》)

这一年十二月，才又任命原副使何如璋为正使，出使日本。《清史稿》记其事说：

光绪二年，许钤身八月辛丑，自驻英副使改派为出使日本大臣；十二月戊子罢。何如璋八月辛丑，自翰林院编修以侍讲升用为副使，十二月戊子改为正使；知府张斯桂为副使。(《交聘年表》)

何如璋受命之后，到第二年春就准备整装赴任，但因日本方面发生鹿儿岛私学校之变，以后又发展到西南之役，所以就在上海稍待，以待萨摩兵乱的平定。一直到光绪三年（1877年）十月，才在上海搭乘军舰海安号作为专舰出发，十一月十四日经长崎、神户而入横滨港。大清国第一任出使日本国钦差大臣何如璋正式履任，稍事休息之后，到十一月二十六日正式向日本明治天皇呈递国书。近代史上中国和日本，两个相邻的国家才正式建交，有了正式代表国家的使节驻在和来往。由历史上说，互换使臣的事，也是第一次。

钦差大臣何如璋到了日本以后，本应驻节到日本政府所在地首都东京的。但由于一时在东京找不到适当的房屋，能充作使署之用，所以只能一面令参赞黄遵宪（公度）赴东京找房，以便供作使署馆舍之用；另一面就暂假横滨日本外务省办事处，充作临时办公处之用。后来在东京芝区的月界院，设立了使署。

何如璋作为钦差大臣到达日本之后，受到长期以来居住在日本、而没有受到国家眷顾的华侨的欢迎。华侨在日本，因为即使在日本德川幕府锁国时，也没有禁止和中国通商，所以留居在日本的侨民数目相当多。使署一成立，当然就应注意和考虑到对侨民的管理和保护。何如璋在下车伊始，即暂假横滨外务省办事处办公时，就开始和日本方面交涉，要求按照对等待遇，在日本的通商口岸，我侨民集中的地方，设立理事府（领事馆），以便专理侨务。何氏在其《使东述略》一书中，曾有文述及此事。他说：

> 十二月壬辰，照会外务省，派理事分驻横滨。日本通商入口，我民流寓者，横滨最多，长崎次之，神户、大阪又次之，箱馆、筑地只数十人，新潟、夷港以险僻，未有至者。理事一官为创设，章程、税则、条规第举其纲，其他节目，无章可循。一时各口并设，转虑纷歧；又方言殊异，文义支离。中人早通日文者，即语言亦非甚习，故罗致翻译通事，颇难其人；后别口而先横滨，亦事势不得不然者乎。……癸巳，外务省大书记官宫本小一来，论设理事及停换籍牌，往复数百言；因谕其将命修好，唯谨遵条规，他非使臣所敢知也，宫本唯唯而去。

这里所谓的停换籍牌，是指在中国未设使署之前，散居在日本各地的中国侨民，由日本地方官署管理，每年换发一次籍牌。籍牌分上、中、下三等，按侨民身份、财产而分，分等收费。这里的停换是说日本的地方官署停办此事。至于往复数百言这话，现在也很难理解，可是在当时却的确如此；因为中日两国都用汉字，在明治初期，汉文在日本统治者中，几无人不通的，所以他们和中国人的交谈，不用口谈，因口谈需翻译，而用笔谈。当时使署和日本人交涉，包括外务省在内，都用笔谈。笔谈数百言表示谈论之多。从这段记载看来，可以知道何如璋着任之后，就从事于侨务工作，以在日本各通商口岸，即我侨民居留集中地区，开设理事府以保护、管理为其首要急务；所以一到任，就和日本外务省当局交涉办理此事。这在当时以敷衍为能事、推混的清代官僚中，是比较难能可贵的。温廷敬在以后所作的《清詹事府少詹事何公传》中，有谈到此事的。说：

公虽笃邦交，而尤重国权；始至，即议设领事，自听商民诉讼。日人靳不肯与，公据约与争，卒设三口领事馆，与泰西各国及日人在我国者均权。

这是光绪三年（1887年）年底的事，距他递国书不过一个月。所谓的三口，指横滨、神户（包括大阪）和长崎，以后在这三地都设有理事府。

当时日本各通商口岸中，和我国距离最近、关系最密的是长崎；在那里居留的中国侨民，为数也最多，但因为长崎的中国侨民中，有不少入了日本籍，而且担任像唐通事那样和中国有关的涉外工作的，真正从事贸易的侨民，就不如横滨、神户。而横滨，在当时是日本与各国通商中转口所在，是对外贸易中最大的港口，与首都东京的距离也最近，中国侨民所经营的较大企业，都集中在这里。神户，当时虽已开埠，但因时间未久，所以除沿海的海岸通一带外，其余离海稍远处，仍一片荒芜，有待开发。神户、大阪两地，虽都设有居留地，但这和横滨之专为中国人而设者不同，此两处之居留地是供西洋人用的，和中国侨民无关；而当时在神户的中国人，主要集中在海岸通六丁目和三宫一带，即以后称为南京町附近。

光绪二年四月二十日，由上海乘轮到美国旧金山参加万国博览会的江宁李圭，在其所著的《环游地球新录》中，曾记述其过日本时的事，说那时居留在神户、大阪两地的华侨，其总数不过七八百名。这数字是近乎事实的[1]；因此，何如璋在着任之初，人力未备的情况下，分别缓急，先在地位重要，侨民人数较多的横滨设置理事府，而神户、长崎则暂缓的做法是对的。

何如璋这一场交涉，收到了圆满的结果，次年正月，横滨理事府就在横滨山下町居留地的中华会馆内宣告成立，正式接管华侨事务。隔了五个月，神户理事府也宣告成立，设在神户海岸通六丁目。有关在日本设立理事府的事，何如璋在其上奏的奏折，呈报在日本各通商口岸，分设理事官的专折中，曾很详细地说：

> 窃臣于去年十一月间，到东以来，各口华商纷纷禀求设官保护。查得日本通商口岸，共有八处，除新潟、夷港，尚乏商人，无庸设理事官外。横滨、筑地两口，拟设正理事官一员，业于今正月间，将随带正理事官、候选同知范锡朋接充；神户、大阪两口，拟设正理事一员，业于今五月间，将随带正理事官、候选同知刘寿铿接充；长崎一口，拟设正理事官一员，亦于五月间，将随带副理事官、内阁中书余瑪派充。至箱馆一口，华商只二三十人，未便遽设理事官；又距别太远，势难兼顾，经与诸外务省商办有案，暂由该口地方

① 据当时英国领事馆的商务报告（Commercial Report）中，光绪二年（1876年）日本神户、大阪两地的华侨数为：神户296人，大阪41人。

官代理，随时移知横滨理事官查照；或遣员前往审办，或即移解横滨。其交涉词讼，一面由臣等再与诸外务省安筹善法。

所有三处分设理事官，各宜分派西学翻译官一员，随员一员；臣等均于随带人员中拣派前往，随同各诸理事官办事；并饬就地举董，藉资钤束联络。惟前随带西学翻译，自美国人麦嘉缔外，只有沈鼎钟、张宗良二员，经三处分派，翻译即不敷用。是以臣调得候选州同梁殿勋，于五月间来东充当翻译官；遂又函请总理事务衙门，派同文馆翻译学生前来。嗣准总理衙门咨附片奏，派户部学习主事杨枢于本年九月十四日奉旨允准在案。至东学翻译，最难其选。因日本文字颠倒，即求精熟其语言者，亦自无多。臣署只得暂觅通事二名，该三处理事官亦各饬令就地觅一通事，以供传宣奔走之用……[①]

何如璋交涉筹办日本三个理事府的情况，在这奏折中说得很清楚，而其最大困难的人才难觅一事，在其中也说得很透彻。这三地的理事官（领事）人选，都是他早就准备好了，从国内带来的。担任神户理事府正理事的是刘寿铿。刘字小彭，在使署是候选同知衔的随员，和钦差大臣何如璋是同船到日本的。神户理事府设立后，他即由随员调充，担任第一任理事官（领事）。神户理事府的成立，据上述奏折上说是在光绪四年五月；但刘寿铿到任，正式办公的日期，不是五月，而是七月初一日。

大清帝国在神户、大阪两港设立理事府一事，不但是为当时

①《约章成案汇览》乙篇卷三下。

居留在那里的华侨们所关切、注意的事；而且也是两地地方官厅所关心、注意的事，因为向来由他们代管的中国居留民的户籍等工作，均将移交给理事府。在神户理事府的档案中，可以见到大清国驻扎神户理事府成立以后，所收到对手方的第一件公文是日本大阪府知事渡边昇的照会，通知准备移交华侨的牌籍等事务。神户，虽然是理事府所在地，那里的华侨人数也比大阪多。可是移交牌籍的事务，却晚于大阪，到1879年（光绪五年，日明治十二年）才由兵库县知事森冈昌纯向理事廖锡恩办理了牌籍移交的事务。光绪三十年（1904年）以前，日本官方给中国使署、理（领）事府的正式文件，都是用日、汉两国文写的。现在把这第一件日本官方所致神户理事府的汉文照会，照录留念：

> 大日本大坂府知事渡边昇
>
> 为照会事照得据我外务省知照今业为
>
> 贵下神坂两港领事官于
>
> 贵朝派出到该两港专理羁留
>
> 贵国人所关事务即归向办籍牌等件须烦
>
> 贵官收管等因下来为知豫致照会者
>
> 特呈
>
> 大清国领事官
>
> 刘寿鉴（铿）贵下　　即赐回信是荷
>
> 明治十一年七月初四日

第一任中国驻神户的代表，理事刘寿铿并没有能久任，次年正月三十日，即因事回国而离任。遗缺又由东京使署在使署随员中，选派正八品即选教谕廖锡恩（字枢仙）来接充。

从刘寿铿到神户开设理事府，担任第一任中国在神户、大阪两地的领事官起，一直到中华民国成立为止的三十三年间，大清国在神户的领事馆，可以分成两个阶段，即理事府阶段与正领事府时期。这三十三年中担任过大清国驻扎神户理事府理事和正领事的，共二十一人，内代理职务者二人，署理的一人；此外在甲午战争期间，由美国驻神户副领事代行。为说明上便利起见，把其接卸任交代时期，列表如下。所列时间，都是实际上交接日期，不是以任命日期计算的，并且都是阴历。

一、神户理事府时期

理　事　刘寿铿　光绪四年（1878 年）六月初一日至
光绪五年正月三十日

理　事　廖锡恩　光绪五年二月初一日至
光绪八年三月十六日

理　事　马建常　光绪八年三月十七日至
光绪八年八月三十日

理　事　黎汝谦　光绪八年九月初一日至
光绪十年十二月十四日

理　事　徐承礼　光绪十年十二月十五日至
光绪十三年十一月初七日

理　事　蹇念咸　光绪十三年十一月初八日至
光绪十七年三月初一日

理　事　洪遐昌　光绪十七年三月初二日至
光绪十九年二月二十日

理　事　郑孝胥　光绪十九年二月二十一日至
光绪二十年六月二十八日

代行职务　哈恩特　光绪二十年七月至
光绪二十二年九月

副理事代理　世　祯　光绪二十二年十月二十五日至
光绪二十二年十二月二十四日

二、神户正领事时期

正领事　谭祖纶　光绪二十二年十二月二十五日至
光绪二十三年二月初三日

正领事　邹振清　光绪二十三年二月初四日至
光绪二十五年四月十六日

署领事　欧阳述　光绪二十五年五月初九日至
光绪二十六年四月十九日

正领事　蔡　薰　光绪二十六年四月二十日至
光绪二十七年九月三十日

正领事　黄以霖　光绪二十七年十月初一日至
光绪二十九年二月初一日

正领事　蔡　薰　光绪二十九年二月初二日至
光绪二十九年九月初五日

正领事　吴仲贤　光绪二十九年九月初六日至
光绪三十年九月二十七日

正领事　长　福　光绪三十年九月二十八日至

光绪三十四年三月初一日

随员代　王万年　光绪三十四年三月初二日至

光绪三十四年七月初六日

正领事　张　鸿　光绪三十四年七月初七日至

宣统二年（1910年）七月十七日

正领事　黄遵楷　宣统二年七月十八日至

宣统二年十二月十二日

正领事　王守善　宣统二年十二月十三日至

宣统三年十二月三十日

（**注：**最后一任正领事王守善入民国后连任。）

这二十一任大清帝国驻神户理事、领事的经历，大半已不可考。但其中有几位是为一般所知道，值得一提的。

第三任驻神户理事的马建常，当时的职衔是内阁中书。此马中书不是别人，就是以后以相伯老人闻名于世的马良马相伯。他是江苏丹徒人，当时是由朝鲜总督府的袁世凯麾下调到日本来任此职的，在神户半年左右之后，又调回总理衙门。

甲午战争前的理事郑孝胥，字苏湛，以后以海藏老人的名见闻。日本军阀侵入东北之后，他投敌担任首任伪满洲国的总理大臣。

吴仲贤，在未到神户担任正领事之前，是东京使署参赞衔的西文翻译，以分省补用知府的资格存记。光绪三十年九月，由神户正领事调升为横滨总领事，于九月二十七日离任。入民国之后，他仍未离外交界，一度出任中华民国驻墨西哥代办。

长福，当时是由外务部主事调来担任领事的。民国以后，仍在外交部供职，以后被派担任驻横滨总领事。1923 年日本关东大地震时，横滨中国总领事馆房屋被震坍，他因不及走避，而以身殉。这是中国外交官死于日本的第一人。

黄遵楷，就是随何如璋一同到日本，担任驻扎日本大清钦差使署参赞黄遵宪的幼弟，字幼达，广东嘉应人。本来在福建大洮县任知事，光绪三十三年转到东京使署任商务委员。到张鸿调离神户领事而回国后，即由东京调来，出任神户正领事一职。不过他在神户也没有多久，又回东京使署担任原职，一直到民国以后，他仍在东京使署工作。

大清帝国最后一任的神户正领事王守善，江苏嘉定人，早期的留日学生，与五四运动时被学生打倒的亲日派曹汝霖是同学、姻亲（妹丈），当时是以举人资格来任此职的。民国成立以后，他仍蝉联此职，成为中华民国第一任驻神户领事，到民国二年（1913 年）九月十四日始以调任横滨总领事一职而离任。但经二十三年以后，民国二十五年（1936 年）九月二十六日，他又继江华本之后，重来旧地担任神户总领事一职；抗日战争开始，在日本使领馆奉命撤离时，他才于民国二十七年（1938 年）一月下旗回国。总计他与神户领馆关系前后凡七八年之久，其间因政治局势的变迁而升旗、下旗亦达数次之多。

光绪二十年（1894 年，日明治二十七年）六月下旬，中日两国因朝鲜事件而交兵，这就是历史上的甲午战争，近一个世纪以来，也是日本明治维新以后两国间第一次大规模的用兵。宣战之后，大清帝国驻日本的使领馆均下旗闭馆，外交官、领事官也均奉命撤回；所有事务由美国在日的使领馆受托代行。神户的大清理事府自无例外，当时担任理事的是以后投靠日本军阀，担任伪满洲帝国国务总理的郑孝胥；郑孝胥撤离前，即将馆务委托当时驻神户的美国驻神户副领事哈恩特（Hunter Sharp，Vice-Consul of U. S. A. in Huogo）代行。一直到光绪二十二年九月，由东京使署命令驻大阪副理事官世祯代理神户正理事官一职以后，才于十月二十五日解除委托。这两年中间，所有在神户、大阪的华侨事务，都由这位美国副领事代管代行。因此在今天还能见到当时有关文件上，有哈恩特的签署，并在下面加签代理中国事务（In charge of Chinese affairs）一行，这可以说是一种历史的文件了，在中日关系史中是值得珍视的。

领事的任务是保护所在地的本国侨民，兼理所在地和本国间的贸易商务。大清帝国在日本神户、大阪开设了理事府，理事和领事做些什么呢？

在开设之初，钦差出使大臣何如璋的奏折中，就说："各口华商，纷纷禀求设官保护。"神户理事府设立以后，当地地方官的大阪府知事渡边昇，在其照会中也称："专理羁留（两港）贵国人所关事务。"并列举具体的"牌籍等项"。从这些文件上看，神户理事府的工作，也不外管理和保护本国侨民，推进本国和驻在地之间的贸易商务往来。实际上，因为中国和日本之间交往历史很久，中国人的侨居在日本各地的时间也很长，所以涉及的事务也不止这些。为叙说上便利起见，先简单地谈一下在设馆以前，神户大阪两地华侨的情况。

中国人的往来于日本从事贸易，由来已久，其间就有不少移居永留在日本的，不过这种永居的情况，以长崎为多。神户和大阪，虽也是早就有华侨居住，但比长崎要少。据1868年（同治七年，明治元年）的统计，大阪的华侨仅二十一人，在神户有外侨四百七十名，其中华人为二百四十名；但这数字到五年以后，就大见增加。大阪方面，单就华侨开设的店铺，到明治五年（1872年）已有十八家，其他还没有计入。这些在日本居留、经商的华侨，并没有受到本国政府的任何保护和管理，一切都和日本人民一样，受日本地方官厅的管辖；遇有诉讼等，也由日本官厅办理。华侨等为了自己保护自己，所以慢慢地就成立了以乡里为单位的同乡团体，一切调解纠纷、与日本官厅之交涉等就由这些同乡团体办理。所以各地的同乡团体也陆续成立，如神户的福建公所是同治九年（1870年，日明治三年）成立的，大阪的三江公所（指江苏、浙江、安徽一带）是光绪八年（1882年，日明治十五年）成立的。同乡团体成立之后，日本地方官厅也把登记户籍，排解纠纷和仲裁等民事工作委托他们办理。理事府成立之后，日本地方官厅根据其外务省的指示，依据中日两国间所订条约，把这项原委托华侨同乡团体办的事务，移交给理事府，这就是大阪府知事渡边昇照会中所说“专理羁留贵国人所关事务”。

这些事务中最多，也是最重要的就是户口的清理和登记，亦即渡边昇照会中所说的籍牌。因为中国人来到日本的时间很早，而且中日两国距离不远，来往很方便，所以不仅人数多，而且流动性也大，历年以来就没有一个精确的户口，也没有彻底地做过户口登记和清理工作。理事府成立之前，日本地方官厅直接与问过，也委托华侨同乡团体办理过，但仍没有一个精确的统计。（当时日本的警察署成立不久，还顾不上户籍方面。）因此理事府一成立，日本地方官厅根据条约将此项工作移交后，理事府的首要工作，就是清理和登记所在地的华侨户口，并规定章程。

户籍的管理，本来是件重要的工作，但因为当时日本新政府成立不久，要处理的事务繁多，还无暇顾及；所以对华侨，虽有办理籍牌的规定，但从其发给籍牌记录来看，并不理想，当时前往登记办理的人数不多，还不到总人数的十分之一，以后委托华侨团体代办时也如此。这件工作，因为积累日久，过去日本地方官厅和华侨同乡团体办理时，又无一定的规章，不是简单可行的；而且理事在任时间不定；建馆之初，千头万绪，因此一直到第三任理事马建常时代，才着手整理。整理的方法，仍不能不依赖华侨同乡团体，先集合各帮董事，按各帮所提供名册，逐一议定各人应列的等级；并规定籍牌章程，筹划收取籍牌费。（此项籍牌费，过去由同乡团体收取，充作办公费用。）可是，马建常在任不久就奉调回国，不能不交给后任黎汝谦接办。

黎汝谦到任后，对清理户籍之事十分积极认真，命令所有在神户大阪的中国侨民，一律按章登记，分等入籍，并实行在马建常时期已经拟订而没有来得及付诸实施的联保制度。在理事府中，也添雇巡丁（原来只有巡丁两名，专司守卫、传讯之责，现在添雇至四名），其职责也由守卫、传讯而变成拘捕罪犯，维持华侨居住地区的治安等责。这些巡丁的开支，就由籍牌费中支付；因此对籍牌费的收取，也更急迫。关于这件事，当时在日本的三个理事府都是这样做的，但神户理事府更为积极。光绪八年（1882 年，日明治十五年）钦差出使日本国大臣黎庶昌，就以批复形式同意神户理事府添雇巡丁，收取门牌费用补助公费。其原批说：

钦差出使日本国大臣黎　　　　　　　　　　批

据奉已悉，抽收门牌经费，雇募巡丁，即商民之赀以护卫商民。事属正办，无不可行。惟所拟上、中、下三等名目是否尽协（洽）人情，门牌纸张是否在此抽费之内，所与参酌之商董，是否与江、广、闽合商，而无偏听一帮之弊，仰该理事平心细核。若均属至公，即可照办。闻前马理事所定章程，系十家联保。此虽古法，然行之不善，转多窒碍，不如去之为便也。此徼。

九月二十六日

在侨民之间推行联保制度，雇募巡丁拘捕罪犯，巡查维持侨民居留地区的治安等工作，在今天看来是侵犯所在国主权的事，只有在不平等条约的领事裁判权中，有此规定。当时日本也和中国一样，受西欧列强不平等条约所制，把此项侵犯主权的事视若当然。中国在日本虽无领事裁判权，但根据一体同沾的惯例，当时中国领事在那里，亦拥有此权力。所以连钦差大臣的批复中，对雇募巡丁、推行联保亦不目为非法，而加批准。这也是中日关系史中一件值得重视的事。

户籍的分上、中、下三等，在当时日本华侨中，都是这样的。所谓等级，一方面是收取门牌费用的标准，另一方面也是区分华侨身家的等级。在理事府成立前，日本的地方官厅对所有的华侨，只分为上、下两等。上等指华侨中的店主及士大夫阶层（所谓的师爷），下等则泛指店铺中的从业人员（伙计、手工劳动者）及其他劳动者。理事府成立，这办法还照样沿用了一段时间。到黎汝谦接任，才又分成上、中、下三等。把大店主，在国内或当地有相当地位和资产者列为上等；经营规模不大的中、小店主或略有资产者及一般士大夫阶层的属于中等；其他劳动者，店铺中的伙计、手工业者等则属下等。门牌费用，原来是上等一两、中等五钱、下等二钱；甲午战争以后，依日本通货标准改成上等二元、中等一元、下等五十钱。每年收取一次，由各同乡团体（各帮公所）代收，汇集后抽取百分之二十充作手续费后交理事府。

依照规定，凡中国侨民到达或移居理事府管辖区域内以后，就应通过各同乡团体到理事府登记入籍，领取门牌；以后每年在门印后一个月之内，到各同乡团体换牌缴费。牌费，除部分经各同乡团体扣除后，所余的就充作公费之用。但到后来，侨民们对登记，换领籍牌一事视若具文，并不踊跃；各帮公所也不积极协助，以致到时不换，收入无多，无济于事。因此到光绪二十八年（1902 年，日明治三十五年）十二月十五日，由当时钦差出使日本大臣蔡钧下令，自次年正月起，各领事馆不再收取此项费用，而由同乡团体的各帮公所或会馆收取，供慈善之用。而由使署每月贴补各领馆公费四十两。从此以后，门籍这件事就成了历史上的名词，不再见于文件了。事实上，日本在明治维新之后，警察制度逐渐完备，对于外侨的管理，虽因领事裁判权并未完全撤裁，所以还容许外国领事馆自行管理；但对于大清帝国，自甲午战争以后，就不让中国领馆管理华侨工作，登记侨籍只能供领馆统计之用，而华侨们也多不复换牌籍。此项费用之停收，不过是追认事实而已；以后华侨同乡团体虽继续征收，但不是按口收取，而是按单位征收，对个人并不强制，其名目也由籍牌费改成会费。

理事府成立后，在日本官厅与侨民之间，有了一层中间机构。在甲午战争之前，日本地方官厅原不过问中国侨民的事务，而华侨也不去找日本地方官厅解决一切问题。据目下见到的文件，可以知道当时理事府的任务，不但保护侨民的生命、财产及商务，而且还负责约束侨民。例如光绪十九年（1893年）三月，郑孝胥理事就曾出布告，严禁侨民赌博，这完全出乎现在领事任务之外。甚至在甲午以后，光绪三十一年（1905年）正月，神户正领事长福也曾出示，严禁各帮纠集聚斗，这完全应该是当地公安部门的事。

除此之外，当时中国侨民的一切诉讼事件也归理事府办理，不仅侨民间的互讼，即使华侨和日本人民之间的诉讼，也由理事府审理。上面说过，日本在《兵库条约》开国之后，也和中国一样，受西欧资本主义国家的压迫，凡通商口岸，都设有和中国的租界那样的居留地；各国的领事，也都享有领事裁判权，审理自国侨民和当地居民间的诉讼、纠纷。中国虽然不是条约国，但在一体均沾原则下，在日本的理事府也享有这种权力，兼管司法，一直到甲午战败才取消。其他各国在日本的领事裁判权，则到明治三十二年（1899年）才正式撤废。因此神户理事府时期，是理所当然地兼理司法。这种情况，不仅为当时的中国人目为当然，即日本的地方官厅也认为是正常情况。因此黎庶昌的批复把添雇巡丁，建立联保制度视为理事府的正事；就是当时日本的地方官，也把和华侨有关的诉讼归诸理事府。在残存的文献中，还能见到这样的照会，如明治十四年（1881 年）三月初二日，兵库县知事森冈就照会神户理事廖锡恩，把有田勘次郎和源昌号陈候润间为土地纠纷的全案移送，希望“贵署正理事查照公平判断”。档案中还可以见到光绪十五年（1889 年，明治二十二年）蹇念咸理事向兵库县知事内海忠胜的抗议照会。抗议日本警察在没有通知理事府，并取得其同意的情况下，以吸食鸦片的名义，擅入华侨住宅，并加搜查，有违规定的事，由此可知甲午战争以前管理在日华侨是理事府的事，与日本地方官厅无关。此外，徐承礼理事时代拘捕罪犯用的差票，各理事任内用的诉状格式，郑孝胥理事告示晓谕侨民控诉规则等，均还在档案中能见到。各任理事移交清册中，还都记有手铐几副，刑具一套的字样；一直到领事府时期，神户领事馆的建筑中，还有监房几间的记录。无怪在当时中国侨民之间称理事府为“理事衙门”，从这种称呼和一些文献上残留下来的痕迹看，当日理事府的威风，可想而知。这种不正常的关系，对于两国人民和掌权的统治者，都是应该警惕和深思的，应该引以为训的。

调查驻在地区的商务、贸易情况和对本国商务、进出口的关系，以便使本国政府能根据这些报告而改善、促进对其驻在地区的贸易、商务，本来是领事馆的主要任务之一。大清帝国在日本各通商口岸设置理事府的目的，当然也包括这项任务在内的。神户理事府设立以后，和横滨、长崎两地的理事府相同，曾根据钦差出使日本国大臣的指示，从事调查，逐月呈报，到年度更有总结报告。但此项月报、年报经使署转到国内以后，并未受到重视，所以后来就停止了。光绪八年十月，驻神户理事黎汝谦曾上禀拟恢复调查工作，仍逐月报告，虽然曾奉当时出使大臣黎庶昌的批复同意；但在批复中，有这样的话："各口设官之初，亦曾举办，后以为繁而无益，遂废之，殊失通商本意矣。"由此可知，当时清政府的统治者昏聩到什么程度，对发展本国工商业有重要价值的调查报告，竟认为是繁而无益；其不注意国外的商情动态，也溢于言表。

黎汝谦任内恢复的商务调查，虽一直继续了下去，但仍被国内视若具文，不加重视；一直到光绪末年，中国的市场几全被各国商品所占，农村经济日见凋敝，再不注意商情贸易，将使我国的商务完全俯仰由人了，因此光绪三十一年（1905 年），商部三令五申地咨请在外各领事馆详报驻在地区商情，调查贸易情况并劝告侨商回国投资、振兴实业。神户因为是中日贸易和转口的重要商埠，因此商部对之期望特殷，要求也特别深切；这时候，才对神户领事府的商务报告加以注意、重视。同年九月、十二月曾两次要求神户领事长福调查牛皮、羊毛的制造方法，并着其随地劝告侨商回国投资开发东三省，请其"迅予考查明确，详细申复，以备采择可也"。拿这样的咨、令和黎汝谦理事时所奉到的批复，一相比较，就可以知道在这短短二十年中，老大的中国遭受了怎样残酷的盘剥，使广大人民面临难以为生的局面，到了历史上不能不变的未曾有的情势了。

最后，简单地谈一下当时理事府、领事府的官署概况和其内部组织。20 世纪 40 年代以前，一般人在谈及神户总领事馆时，都认为是在神户市葺合区下山手通，而且都认为在那里历史已很久了，甚至一成立就在那里。其实不然，从光绪四年设立神户理事府署起，到光绪八年马建常理事时期，理事府署是设在当时华侨们聚居中心的神户市海岸通六丁目，但那里的确切地址，已不可考。到马建常担任理事时，因事务发展，原址不敷应用，兼以原有馆舍有碍观瞻，曾筹划在别处租地自建衙署；因为他在任不久，所以也和清理籍账一样，把这事移交给后任。黎汝谦接任后，就与真岛榴斋商定，租借其自有地下山手通七丁目七十七番地一方，收买了建立在那里的房屋；又通过真岛租到相邻的七十八番地两方，连前租之七十七番地共面积一〇二七坪，年租一百三十八元；租到地基后，又将原有房屋稍加改建，这就是下山手七丁目的神户理事衙门。当时署内建筑物的分配是：

主楼洋式三层，一层为办公室及审事堂；二层为正理事官舍，三层为随员宿舍。

平房三所，八坪者一所为门房收发；十四坪者二，一为东翻译宿舍及贮藏室；另一和主楼有走廊相连的长方形房，为巡捕宿舍及监狱。其后面另有一独立的砖室，供储藏文件用。

到蔡薰领事任内，即光绪二十八年七月，因地主更易，另立新约并退去转借的七十八番地的空地，地租亦增至每月五十三元。到光绪三十三年（1907年）三月初六日，因租约期满，兼以原有房屋不敷应用而解约，在下山手通二丁目生田神社旁另租地基，自建二层洋式楼房，比较宽敞，这馆舍一直使用到20世纪

40 年代，以后在美军轰炸神户时才被毁。

建筑新馆舍所用建筑费共一万两，由江海关从关余中拨汇四千两，东京使署拨款四千两，另外两千两是向当地华侨借的无息贷款，以后分期拨还。当时领事府所给华侨的“借据”，为顾及体面称入股，而不用借贷字样。

理事府内部的组织编制，傅云龙在其所著《游历日本图经》中，曾载有神户理事府的人员编制情况，说理事府内除理事一人外，并有随员一至三人，西翻译、东翻译（东通事）各一人。他并列举设署后至蹇任各员的姓名：

理　事　刘寿铿（未满差）　廖锡恩（接任）　马建常（未满差）　黎汝谦（接任）　徐承礼　蹇念咸

随　员　吴广霈（刘任）　黄超曾（廖任）　于德楙　陈嵩泉　刘汉英　黎汝恒　张培钧

西翻译　张宗良　蔡国昭　徐广坤

东翻译　杨锦庭

职务的分别，一如其职名。就是随员比较含糊，其实随员就是当时官场中的幕僚——师爷，办理文案。东翻译虽也在编制之中，但不是国内或东京使署所派，而是在当地聘用的华侨，这情况以后仍都沿用。

关于神户理事府人员的品级，依外务部在光绪三十三年制订的章程是：神户领事府只能有五品领事一员，五品二等通译官一员，六品二等书记官一员，其余人员都不在编制之中。至于俸给待遇，在理事府时代，理事的官俸最多的是郑孝胥，每月六十两；最少的是廖锡恩、马建常，每月四十两。随员无记录，约在二三十两左右，翻译通事也在二三十两左右，当地所聘的东通事则是每月二十两。

黎汝谦曾为其随员于德楙之俸给，具禀东京使署，钦差出使日本国大臣黎庶昌于光绪九年三月二十九日批复说："奉悉，于委员二十金之薪水，可谓至薄，本大臣夫岂不知，前以该员尚未奉留，故拟从缓。现在批折已回，该理事又为之陈情，应准从四月份起每月加银十两，以示体恤。"

光绪三十三年，外务部颁布新俸给章则，其中规定神户领事府各官员的俸给数字是：

领事年俸三百二十两；

通译官年俸三百两；

书记官年俸一百九十二两。

这些数字都是有编制的，其在当地聘用的俸给更少，一般在此数的一半上下。一般说来，外务官员的官俸要比其他京官高，而出洋使领馆的外务官员又比在部的要高，尽管这俸给数字在以后看来是少得惊人，但在当时已相当优裕了。

清代，中国在日本设有三个领事府署——横滨总理（领）事署，神户、长崎理（领）事署。这三馆之间的等级是横滨最高，长崎最低，神户居中；当时的人事变动，就是依此等级而更易的。当然，明文规定是没有的，但这种不成文的规定说明了三个领馆地位上的差别。当时往往是长崎理（领）事任满后，就升任神户理（领）事；神户理（领）事任满，再上升就是横滨理事或总领事。在上面各任中，可以知道：蔡薰、张鸿都是由长崎任满而调来的，而吴仲贤、王守善任满之后，又多升至横滨。这大概是由于三馆在地理位置上的关系。这种关系到20世纪20年代就有所改变了，神户在日本各港口中的地位已不次于横滨；在逐渐重要之后，神户也由领事馆升格为总领事馆；人事调动上，也由横滨总领事升任神户总领事了。当然这是后话，至少在大清帝国时期还不这样。

理事的任期，按规定是三年，但很少按规定执行；虽然有超过三年一任的，但更多的却是未满差就调任了。

最后，谈一下当时神户理（领）事府中的中国官员和日本人士间的交往情况。

日本人，尤其是自幼学习汉文书籍的知识分子，对于中国是有感情的，所以当他们得知大清钦差大臣何如璋到达神户的时候，就有特意由远道赶来一看的。在他们心目中的“汉官威仪”还是有一定地位的，所以东京使署在芝月界院成立以后，日本的文人墨客就纷纷前往，和使署成员往来密切，感情亦极为融洽。一直到现在还能见到他们之间笔谈的记录，或唱和酬应的诗集。而在当时身临其境的使署人员所写的有关文集、诗集中，也有不少提到这种情况的，黄遵宪的《人境庐诗草》中提到的极多；其他如《扶桑游记》、《嘤鸣馆百叠》中也有不少；而像《芝山一笑》、《己丑谯集续编》、《庚寅谯集》等里面，更全是两国文人唱和之作。

东京使署如此，神户理事署方面也这样。可能由于神户理事府中人数不多，文人墨客也较寡，所以留下的文献资料不如东京多，但就从仅存的一些，也可见到大概。现在我们还能在黄超曾的《东瀛游草》中，见到有《神户前集》、《神户后集》两部分，这就是黄超曾在神户供职期间和日本人士来往交际所留下的。黄超曾字吟梅，在廖锡恩当理事时，担任随员一职，在神户二年。从这两部《神户集》中看来，和神户理事府来往最多，关系密切的日本地方官吏有：神户判官水越成章（耕南）、马渡汉阳；神户裁判所裁判长松本正忠、神田松云；此外还有民间人士如加藤云外、加岛信成等数人。他们彼此之间，经常聚会唱和，感情融洽。现在从《东瀛游草》的《神户前集》中，选录几首，以见一斑。

水越成章号耕南，好吟诗。为神户判官，投诗见访，次原韵奉酬。

鸡声怕听祖鞭先，转被名缰利锁牵；蓬岛寻真完旧约，苔岑结契有前缘。

诗囊空荷才输贺，经史全荒腹负边；一事书生狂故在，黄梅花下学逃禅。

次水越耕南韵，再赠松本司法兼送廖枢仙行

芝兰入室气弥亲，欢洽几忘主若宾；酒美十千逢地主，特广三百合风人。

浮楂奉使何辞远，倾盖论交不碍新；最是客中逢送客，这教花下余残春。

加藤云外招饮衙斋，即席赋赠

衙官清似水，胜友聚如云；共快冠裳会，何论彝处分。

新词徵太白，蛮语杂参军，试看群仙舞，风翻蛱蝶裙。

见诸文集的，可能还有，只是尚未见到。还有不少双方笔谈的记录，留在档案中。此外，唯一可考的，就是私人函牍。不过私人文牍一般很难见到，只偶尔从某些文件中见到些函牍的底稿或零星材料。就从这些极少的资料中，也能看到当时在神户两国人士间的友好关系，例如：

光绪十七年（1891 年，日明治二十四年）当时担任兵库县知事的林董（以后曾任驻清公使，外务大臣），曾用私人名义函托理事洪遐昌，请其询问某些华商的商务情况。这种完全属于公务性质的事，本可以用公文相询，可却用私人间的函牍往来加以商讨，从中可以看出两人间的融洽感情，否则是不可能这样做的。

郑孝胥理事时代的档案中，留有他和当时兵库县知事周布公平间来往函牍的底稿。郑孝胥在任时间不到一年半，可是留下与周布通讯的底稿有五份之多，其中还包括吊唁周布公平母丧的慰问函。理事和地方官之交谊，本只限于国事，而今竟及于私谊，也足以说明双方的友好关系。

关于神户理事府的叙述，只能止于此。这些由今天来说，都已是历史的陈迹。但历史还是有其规律的，中日两国间的友好历史，也不是偶然发生，更不会消失于瞬间的。重温这一段设馆、下旗、再设馆的历史，可能不是没有意义的。

一九四三，三，二十五

附录一　新见日本教习

——对汪向荣先生所列《日本教习分布表》名单的补充

武安隆

日本教习是甲午战争之后，中国人日益迫切地向日本寻求近代化经验思潮中出现的历史现象，也是对明治维新后日本人为学习西方而聘任西方国家教师经验的直接借鉴。尽管在当时日本政府甚或某些教习个人的指导思想上不无问题，但总的说来，日本教习在中国教育的近代化过程中起过积极作用，在近代中日文化交流史上占有一定的地位，具有相当的研究价值。中日两国的学者，如实藤惠秀、汪向荣、阿部洋[①]等先生都对此做过深入的研究，并有不少论著问世，尤其汪向荣先生于1988年出版了专著《日本教习》[②]，引起了学术界的注目。书中所载《日本教习分布表》，系汪先生在中岛半次郎、实藤惠秀研究的

① 阿部洋先生近著《中国的近代教育和明治日本》，对日本教习有相当翔实而有趣的研究和描述。

②《日本教习》日译本书名《清国お雇い日本人》，由竹内实先生监译。

基础上，根据其他资料增补而成。汪先生反复指出，该表所列教习不可能没有漏误，并希望能不断加以补充和修正。笔者在读书过程中，偶有所获，共得新见教习88人，现加以整理，列成下表，作为对汪先生所列《日本教习分布表》名单的补充。当然，此表也不免漏误，敬希补充修正。

地区	校名	教习姓名	记要	资料来源	备注
北京	京师同文馆	杉几太郎	教日语，1898年到馆	《同文馆题名录》	
	京师第一蒙养院	木村	教舞蹈	《严修日记》	
	北京八旗高等学堂	佐伯新太郎		《严修日记》、《东方杂志》1905年第12期	
	豫教女子学堂	佐伯园子		《东方杂志》1905年第12期	疑为八旗高等学堂教习佐伯新太郎之妻
		加美田操子		同上	
直隶 保定	直隶农务学堂	木原金一	教农学，1904年到校	苏润之《我国最早的农科大学——直隶农务学堂》	
		山崎隆一	同上	同上	
		檀上谦尔	1912年改为公立农业专门学校后到校	同上	
	陆军速成学堂	多贺长雄	步科总教习，中国名贺忠良	杜如松《保定陆军速成学堂的回忆》	
	直隶师范学堂	铃木米次郎	教音乐，东京高等师范学校助教兼教谕	《严修日记》	1904年严修访日时，由直隶学务处顾问渡边龙圣代聘
	直隶学校司编译处	松平康国	主笔	《严修日记》	
		小林鹤藏	译员	同上	
	直隶保定商业学堂	村木谦吉	教商务学，理财学士	《学部官报》第二十一期京外学务报告第145-146页	
		金井宽三	教商务学，法学士	同上	

续表

地区	校名	教习姓名	记要	资料来源	备注
天津	南开学校	驹形		《天津南开学校同学录·退职员司》	
		佐野		同上	
		松长		同上	
		平原		同上	
		内田		同上	
		山口		同上	疑为日本租界内的日本小学校教员，此人在《严修日记》中经常出现。
	教养局	门田铁一郎	可能教日语、体操，原陆军中尉，精通汉语	《严修日记》	在赈抚局兼课。按，门田任教养局教习，《严修日记》并无明记。但据前后行文分析，应是在该局任教。
	北洋师范学堂	斋藤保次	教历史、地理	同上	
	北洋女子师范学堂	佐口美都子	教教育学	《直隶教育杂志》第二年第九期、《顺天时报》光绪三十四年一月十二日	
	公立女学堂	丰冈梅	教音乐	同上	1908年任北洋女子师范学堂音乐教习
	严氏保姆讲习所	大野铃子	1905年到所，1908年回国	严仁清《祖父严修在天津创办幼儿教育》	
	严氏女学	川本	教日语、音乐	齐植璐《天津近代著名教育家严修》	
		山口	教手工	同上	疑为南开学校教习山口之妻

续表

地区	校名	教习姓名	记要	资料来源	备注
		野崎	教纺织	同上	
山东	山东优级师范学堂	南几道	教地理	王祝晨《清末山东优级师范学堂杂记》	
		马场	教天文、气象	同上	
		土佐林	教博物	同上	
		丰田孤寒	教教育学	同上	
江西	江西省城高等学堂	冈崎平三郎	教物理、化学，工科大学工学士，1905年8月到校，1907年2月为江西铁路公司借调。	《学务官报》第三十五期京外学务报告第306页	
浙江					
杭州	浙江两级师范学堂	铃木克己	教西洋史	《浙江两级师范和第一师范校史志要》	
	杭州蚕学馆	西原德太郎	教蚕学	朱新予《蚕学馆——中国第一所纺织学校》	
	浙江武备学堂（1906年停办，改设陆军小学堂）	斋藤季次郎	总教习	《清朝续文献通考》	
	杭州开导学堂	伊藤贤道		高平叔编《蔡元培全集》卷一	与蔡元培有交往
绍兴	绍兴中西学堂（1899年改为绍兴府学堂）	中川外雄	教日语、体操，1899年到校	《浙江省立绍兴中学五十周年纪念册》	

续表

地区	校名	教习姓名	记要	资料来源	备注
		藤乡秀树	教测绘、日语、体操，1900年到校	同上	
宁波	宁波府中学堂	石井旭溪	教体操	商务《教育杂志》宣统元年第五期	
江苏 南京	两江师范学堂	平田德太郎	教理化，理学士	《两江师范学堂同学录》	
		须田哲三	教农学，农学士	同上	
		小野孝太郎	教博物，理学士	同上	
		早濑完二	教法制，法学士	同上	
		松田茂	教日语，东京国语传习所修业生	同上	
苏州	江苏师范学堂	冈真三	教生物	《罗振玉遗稿·集蓼编》、《江苏师范学堂现行章程》	
		村井罴之辅	教图画	同上	
上海	上海务本女学堂	冈岛		吴若安《回忆上海务本女塾》	
	上海东文学社	田冈云岭	教日语	《罗振玉遗稿·集蓼编》	
		诸井六郎	教日语	同上	
	私立中国公学	稻盛荣市郎	教博物	《中国公学第一次报告书》	
		毛利教定	教图画	同上	
	南洋公学译书院	稻村新六	军事著作翻译顾问，陆军大尉	《交通大学四十周年纪念刊》、夏东元《盛宣怀传》	
		细田谦藏	译员、汉文学家	同上	

续表

地区	校名	教习姓名	记要	资料来源	备注
	商务印书馆	长尾槙太郎	编教科书，汉文学家	陆费逵《论中国教科书史》、章锡琛《漫谈商务印书馆》	
		加藤驹二郎	编教科书	同上	
		木本胜太郎	编教科书	同上	
无锡	竢实学堂	松本	教日语	《无锡教育三年》	
南通	南通民立师范学堂	木造高俊	教日语	《啬翁自订年谱》、《南通张秀直先生传记》	
	私立农学校	照井喜三郎	教农学	〔日〕驹井德三《张謇关系事业调查报告书》	
	女子师范学校	森田政子	教算术、体操、唱歌、图画、手工	《南通女子师范十周年概况》	
松江	清华女学	冈崎千代	教体操	商务《教育杂志》宣统元年第六期	
湖北					
武昌	农务学堂	野尻贞一	林学士	《严修日记》	
	陆军学堂	中村重臣		商务《教育杂志》宣统元年第十三期	
		相羽恒三		同上	
		伊东真经		同上	
	讲武堂	远藤保雄		同上	
	法政学堂	玉本熏正		同上	
		野村浩一		同上	

续表

地区	校名	教习姓名	记要	资料来源	备注
	铁路学堂	近藤益人		同上	
	湖北农务工艺学堂	峰村喜藏	教蚕学	《农学报》第149册	
		中西留应		同上	
	湖北自强学堂	吉山荣三郎	教普通学兼体兵操	程颂万《十发龛丛书类稿》	
		根岸福弥	同上	同上	
湖南					
长沙	明德学堂	永江正直	教博物	《辛亥革命回忆录》二	
四川					
成都	高等学堂	野村茂	教数学	陆殿与《四川高等学堂纪略》	
		平野	教数学	同上	
		志贺	教物理	同上	
陕西	宏道高等学堂	小山田淑助	小山田、早崎两教习主教外语、图画、格致、博物、体操等新式学堂的大部课程	《政艺丛书・政书通辑五》	
		早崎梗吉		同上	
甘肃					
兰州	甘肃文高等学堂	高桥吉造	教理化	赵元贞等《清末甘肃文高等学堂的片断回忆》	
广东	广东商务学堂	坂田定	教日文，法学士	《湖北商务报》第65册	姓名原文为阪田定，疑为坂田定之误
	广州同文馆	长谷川雄太郎	教日文，1897年到馆	《京师同文馆学友会第一次报告书》	

续表

地区	校名	教习姓名	记要	资料来源	备注
	两广优级师范学堂	津久井德次郎	教理科	沈琼楼《清末广州科举与学堂过渡时期状况》	
贵州 贵阳	贵州公立师范学堂	本藤武彦	一期教习	直隶学务处《教育杂志》1904年第二期	
		冈山源六	三期教习	同上	
		上野竹之助	三期教习	同上	
奉天	东三省讲武堂	浦澄江	兵学教官，大佐	李传玺《东北讲武堂》	

（载《日本学刊》，1992 年 06 期）

附录二　遴选与聘请日本教习

武安隆

1904年严修访日还负有遴选与聘请日本教习的任务。当他在东京的访问日程即将结束时，有志于来华执教者接踵出没于他在贵临馆的寓所，如8月4日这一天就有四人前来应聘。

与两次访日所聘教习相关的日本人士共有十一人，以下略述之。

门田镆一郎。1902年严修首次访日时就有一位门田镆一郎者随他来华，其后便常在严修日记中出现。他任教的单位应是天津民立第一小学堂、教养局和普通学社（严修创办的师资培训单位——武注），所教课程为卫生学、体操、日语等。[①]1904年2月转往北京，任职单位不详。

三角钖子。1904年8月2日日记载："伊藤伊吉君所

① 严修：《癸卯日记》二月十六日条，十月十六日条，十月三十日条；《甲辰日记》正月二十五日条，二月五日条。

绍介之三角锡（子）女史来访，谈约两小时。三角君曾毕业于高等女子师范学校，继为师范学校教习，今在芝区高等女学校为教头（日本中小学的教务主任——武注），与小川银次郎同事。科学犹深于理化。父母俱老终身不嫁。两弟在工科大学皆有声誉，学为从冠，得力于娣教为多。明年两弟卒业，三角君一身无系恋，拟赴吾国助兴女学云。"[①]按，三角锡子（1872–1921年）是明治和大正年间著名的女子教育家，曾任教于东京女学馆、横滨女学校和东京高等女学校，晚年还创办了常盘松女学校。遗憾的是，她最终未能来华任教。

小川银次郎。1904年8月1日日记载："伊藤伊吉君所介绍之文学士小川银次郎〔芝区三田町四丁目二十九番〕来访。初至时旷生未起，两人以笔谈，计谈三小时之久。君以明治二十四年大学毕业，曾为仙台第二高等学校教习，继而辞职来东京，于各私立学校为教授及管理财政。又于芝区私立净土宗教大学院教西国史及最近世界史。又于芝区私立高等女学校为干事。又在海军大学校教近世世界外交史，其学盖深于历史，其持论谓私立学校胜于官立。颇有意至吾国襄助私立学校云。汉文极通畅。"[②]小川银次郎和他的同事三角锡子一样，最后也未能获聘。

木崎盛政。1904年7月25日日记载："木崎盛政君精测绘舆地之学，曾在参谋本部，今为政教画阁之主干。是日持伊泽君名刺为介来访，携所著地图若干种。"[③]以后也未见木崎来华。

伊藤允美。1904年7月27日日记载："晚饭后，伊泽君所

① 《严修东游日记》，第228页。
② 同上，第227–228页。
③ 同上，第217页。

介绍之伊藤允美来谈，先索纸笔书挨拶（日语，寒暄之辞——武注）语，汉文颇条畅，旋嘱智怡传译。大意谓志在学汉文语，拟赴吾国而不得机缘，恳余为之留意，且言北村、牧野田（在华日本人士——武注）皆其至友。余言欲赴清必须俟有相当适宜之事项，否则如岩村、大野（在津日本人士——武注）诸君殊困难，且君抱上等学问，在本国何患无所事郁郁居异国耶。容吾归后留意代谋之。伊藤文学士也，〔明治〕三十四年大学毕业，曾在帝国图书馆司书，现在泰东同文局为局员，学清语。"①伊藤允美后果来华当教习，但不在直隶，而是去了广州的两广优级师范学堂。②

岩间德也。据1904年7月28日和7月31日日记载，根津一曾向严修推荐上海同文书院毕业的岩间德也，谓"可渡清襄赞学务"，严修与岩间也曾一度晤谈，③但其后未见来华。

山松鹤吉。1904年8月6日日记载："渡边所介绍□人来。一为山松鹤吉〔原籍三重县一志郡川合村〕，现为滋贺县师范学校教谕〔教育学〕主事，著有《实用教育学》（赠余书二部，一即此书，一即前所购《小学校事稿》也）。"又载："渡边言，山松鹤吉学问极优，惟性情是否躁急尚需考察。又言，如欲订山松为保定东文单级教习，薪水必须照中谷、关本之数。"④不过这位山松先生最后也未成行。

芝本为一良。芝本系渡边龙圣所介绍，据1904年8月5日

---

①《严修东游日记》，第220页。

② 汪向荣：《日本教习》，中国青年出版社2000年版，第102页。此书将伊藤允美误作伊藤充美。

③《严修东游日记》，第223、227页。

④ 同上，第235、236页。

日记载，芝本为一良“现在东京府立第三高等女学校教国语，曾在和歌（山）师范学校教手工，著有《手工教育论》。又自创画圆规尺，赠余一支”。严修虽与之晤谈，但对他能否应聘并无把握。[①]不过从严修《甲辰日记》九月十二日条中终于看到了这样的记载：“关本、中谷偕新到之教习儿崎、芝本来见。”可知，1904年秋，芝本终于到了保定就任直隶师范学堂的教习。[②]

永井勇助。永井为渡边龙圣介绍，1904年8月6日严修日记是这样记载的：永井勇助“博物教习也，深目（稍有野气）〔三十四年卒业〕”。[③]不久他即出任直隶师范学堂教习。[④]

关于音乐教习的遴选最有意思。1904年8月5日的日记是这样记载的：“音乐教习，渡边意中有三人：最上者多田梅雄（明治二十五年卒业，现为音乐学校教授）。次为吉田信太（二十八年卒业，现为广岛高等师范学校助教）。次为铃木米次郎（二十一年卒业，东京高等师范学校助教兼教谕）。多田风琴、钢琴皆长，余二人则风琴胜。渡边云。”次日日记又载，“多田梅雄，音乐教习也，口吃”。因为多田口吃，严修和渡边在遴选上便产生了歧见：“渡边盛称多田梅雄之耳音，而余嫌其口吃不便于教人。余意属铃木米次郎，渡边谓其耳音弗善。”[⑤]最后的结局是，按照严修的意见，聘请了铃木米次郎为师范学堂教习。[⑥]

---

①《严修东游日记》，第235、236页。

② 芝本为一良又称芝本为一郎，1905年后转而高就京师大学堂师范馆教习（日语），同时在京师第一师范学堂教日语。见汪向荣：《日本教习》，第75、77页。

③《严修东游日记》，第236页。

④ 汪向荣：《日本教习》，第79页。

⑤《严修东游日记》，第233、235、236页。

⑥ 汪向荣：《日本教习》，第80页。

上述有志来华做教习的日本人士共十一人，但最终成功应聘的只有三分之一，即四人。应该说，遴选是严格的。

在前来应聘的十一人中，门田镁一郎是1902年严修访日时，毛遂自荐并由严修自聘的。其他十人则是1904年访日时经熟人推荐的，其中三角钖子、小川银次郎是伊藤伊吉（严修长子和次子在东京的房东——武注）推荐的。木崎盛政、伊藤允美是伊泽修二推荐的。岩间德也是根津一推荐的。而其余六人即山松鹤吉、芝本为一良、永井勇助、多田梅雄、吉田信太和铃木米次郎都是渡边龙圣推荐的。渡边龙圣是袁世凯聘请的直隶总督府学务顾问，又是直隶师范学堂的总教习。从最后的结果看，入选的三人均出自他的推荐（尽管伊藤伊吉推荐的三角钖子、小川银次郎也是很强的人选，但均未能获聘），说明严修还是很尊重渡边意见的。但是，在严与渡边之间产生意见分歧时，严修又把握着最后的决定权。

（节选自：武安隆，《两度瀛山采药归——20世纪初头严修考察日本教育述略》，载《日本研究论集》，南开大学日本研究院编，天津人民出版社，2005年。）

图书在版编目（CIP）数据

日本教习／汪向荣著. — 北京：商务印书馆, 2013
ISBN 978－7－100－10256－8

Ⅰ.①日… Ⅱ.①汪… Ⅲ.①中日关系 — 国际关系史 — 研究 Ⅳ.①D829.313

中国版本图书馆 CIP 数据核字（2013）第201600号

日 本 教 习

汪向荣 著

商 务 印 书 馆 出 版
（北京王府井大街36号 邮政编码 100710）
商 务 印 书 馆 发 行
山西人民印刷有限责任公司印刷
ISBN 978－7－100－10256－8

2014年10月第1版　　开本 889×1194 1/32
2014年10月第1次印刷　　印张 13

定价：45.00元